Rick Ridgeway ist ein bekannter Extrembergsteiger, Autor, Fotograf und Filmemacher. 1978 bezwingt er als erster Mensch ohne Sauerstoffgerät den Gipfel des K2 im Karakorum, 8.611 Meter hoch und einer der schwierigsten Berge der Welt. Seitdem hat er eine Vielzahl abenteuerlicher Expeditionen in die entlegensten Regionen der Erde unternommen, unter anderem quer durch Tibet und in die Antarktis. Über seine außergewöhnlichen Reisen hat er zahlreiche Bücher und Artikel geschrieben und Dokumentarfilme gedreht, die mehrmals mit dem *International Emmy Award* ausgezeichnet worden sind. Unter dem Titel *Zaubertal Chang Tang* erschien bei Frederking & Thaler sein Bericht über seine Expedition ins tibetische Hochland, auf der Suche nach der geheimnisvollen Tibet-Antilope. Rick Ridgeway lebt mit Frau und drei Kindern in Kalifornien.

www.rickridgeway.com

www.frederking-thaler.de

Bibliografische Information Der Deutschen Bibliothek

Die Deutsche Bibliothek verzeichnet diese Publikation in der
Deutschen Nationalbibliografie; detaillierte bibliografische Daten
sind im Internet über http://dnb.ddb.de abrufbar.

NATIONAL GEOGRAPHIC ADVENTURE PRESS
Reisen · Menschen · Abenteuer
Die Taschenbuch-Reihe von
National Geographic und Frederking & Thaler

1. Auflage Juli 2007

Titel der Originalausgabe: *The Shadow of Kilimanjaro*
erschienen bei Henry Holt and Company, LLC, New York

Aus dem Amerikanischen von Wolfgang J. Fuchs, München
Text: Rick Ridgeway
Fotos: Rick Ridgeway, wenn nicht anders angegeben
Umschlagfoto oben: © CORBIS
Umschlagfoto unten: © Sally A. Morgan / CORBIS
Lektorat: Regina Carstensen, München
Umschlaggestaltung: Dorkenwald Grafik-Design, München
Herstellung: Büro Sieveking, München
Druck und Bindung: Clausen & Bosse, Leck
Printed in Germany

ISBN 978-3-89405-828-9
www.frederking-thaler.de

Das Papier wurde aus chlorfrei gebleichtem Zellstoff hergestellt.

RICK RIDGEWAY

AM FUSSE DES KILIMANDSCHARO

Aus dem Amerikanischen von
Wolfgang J. Fuchs

NATIONAL GEOGRAPHIC
FREDERKING & THALER

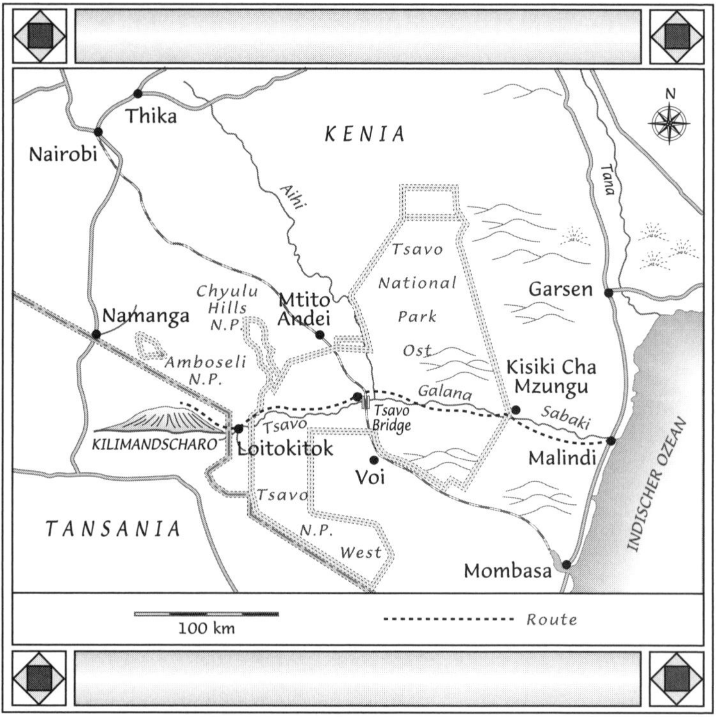

KENIA
Thika
Nairobi
Aihi
Tana
Tsavo
National
Park
Ost
Garsen
Chyulu
Hills
N.P.
Mtito
Andei
Namanga
Amboseli
N.P.
Kisiki Cha
Mzungu
Galana
Tsavo
Bridge
Sabaki
KILIMANDSCHARO
Tsavo
Loitokitok
Voi
Malindi
INDISCHER OZEAN
Tsavo
N.P.
West
TANSANIA
Mombasa
N
100 km
Route

Für Connor, Cameron und Carissa

Lernt, als ob ihr ewig leben würdet,
aber lebt, als würdet ihr schon morgen sterben.

Vorwort

Ich liebe lange Fußmärsche und würde sie, vor die Wahl gestellt, gegen die Zeiten eintauschen, die ich als Bergsteiger verbracht habe. In Punta Arenas, an der Südspitze Südamerikas, habe ich einmal auf Wetterbesserung gewartet, um zusammen mit einer Gruppe in die Antarktis zu fliegen, die den Kontinent auf Hundeschlitten durchqueren wollte. Ich saß in einer Bar mit Reinhold Messner zusammen, der als einer der erfahrensten Hochgebirgs-Bergsteiger unserer Tage gilt. Er war ebenfalls zur Antarktis unterwegs, um sie auf Skiern zu entdecken. »Mich reizen jetzt die langen Fußmärsche«, sagte er. »Die ewigen Märsche durch offenes Gebiet.«

Wenn ich an meine Reisen der letzten fünfzehn Jahre dachte, dann wollte ich gern jene wiederholen, die mich durch weite Ebenen, Wüsten und Savannen geführt hatten. Unglaublich, der Ausblick von der Eiskappe der Ellsworth-Berge in der Antarktis. Es ist der einzige auf unserem Planeten, bei dem ich buchstäblich gesehen habe, wie sich der Horizont am Rand nach unten biegt – es ist der Punkt, an dem man erkennen kann, dass die Erde rund ist. Bei einer späteren Reise in die Antarktis kam ich ins Königin-Maud-Land, ein sehr entlegenes Gebiet sagenhafter Felsspitzen, die über sechshundert Meter hoch aus dem flachen Eis aufragen wie Türme aus einem Märchenbuch. Eines Tages unternahm ich von unserem Basislager aus eine Skiwanderung, die mich in einer langen, fast geraden Linie weg von unserem Zelt führte. Ich war allein unterwegs, und als ich eine höher gelegene Stelle erreichte, blickte ich zurück über eine scheinbar endlose Eislandschaft. Am Horizont, in einer Entfernung von schätzungsweise hundertfünfzig Meilen, sah ich die Spitzen der Felstürme. In diesem Moment verspürte ich das Verlangen, weiter und weiter auf meinen Skiern dahinzugleiten. Das war kein Todestrip, denn sobald ich mir klarmachte, dass ich bei meiner ewigen Tour durch das Eis immer langsamer und steifer werden, schließlich gar erfrieren würde, verschwand mein drängendes Gefühl augenblicklich. Tatsache war jedoch, dass in dieser Verlockung etwas Wahres steckte: Ich wollte niemals mehr aufhören, auf meinen Füßen unterwegs zu sein.

Wie die Antarktis, so hat bei mir auch das Akazien-Buschland Ostafrikas unauslöschliche Bilder hinterlassen, die eine verborgene Sehnsucht anzusprechen scheinen. Wenn ich die Augen schließe und mir Ostafrika vorstelle, sehe ich Grassavannen, die von Schirmakazien umrahmt sind, Elefanten, Giraffen, Zebraherden, anschleichende Raubkatzen und, in der Ferne, die weiß umhüllte Kuppe des Kilimandscharo. Es ist eine zeitlose Szenerie, die sich in meinem Bewusstsein mit einer Anziehungskraft verbunden hat, die mich wieder und wieder in diesen Teil der Welt zurückbringt.

*

Als ich vor einigen Jahren in Ostafrika war, hatte ich Gelegenheit zu einem kurzen Marsch durch ein Dornbuschgebiet mit Iain Allan und einem Parkranger, der uns zum Schutz vor gefährlichen Tieren begleitete. Wir folgten einer *lugga*, einem sandigen Flussbett, als wir eine große Löwin, die aus dem Busch hervorgetreten war, verscheuchten. Sie lief am Rand des Böschungsgestrüpps entlang, machte dann kehrt und verschwand. Wir versuchten ihr zu folgen, um sie erneut aus der Nähe zu sehen zu bekommen. Der Ranger, ein knapp zwei Meter großer Samburu namens Mohamed, zog sein Halbautomatikgewehr zur Schulter hoch und entsicherte es, dann wagten wir es, durch den Busch zu gehen. Ich wusste aus Berichten und aus Geschichten, die mir Iain erzählt hatte, dass die Löwen im Tsavo-National-Park mehr als an jedem anderen Ort Afrikas als Menschenfresser berüchtigt sind. Aber mein Kopf benötigte keine trockenen Fakten, um sämtliche Synapsen im Angstzentrum des Gehirns auf Bereitschaft zu polen. Allein der Busch selbst ließ den Adrenalinspiegel steigen, sodass eine blitzschnelle Reaktion jederzeit abrufbar war. Ich packte die Kamera fester an und wünschte mir, sie wäre ein Speer mit einer scharfen Stahlspitze.

Da! – Auf Iains Zuruf hin wirbelte Mohamed herum, und ich blickte gerade noch rechtzeitig zur Seite, um einen kurzen Blick auf den lohfarbenen Löwenrücken etwa fünfundzwanzig Meter entfernt werfen zu können. Dann war das Raubtier in den Melden untergetaucht. »Wenigstens haben wir ihn flüchtig gesehen«, sagte Iain.

Ich hatte in diesem Augenblick mehr als nur einen knappen Eindruck von dem Löwen aufnehmen können. Ich hatte gespürt, wie es ist, wenn man durch Urwildnis marschiert. Der amerikanische Schriftsteller und Philosoph Henry David Thoreau hat nicht gesagt, dass die *Wildnis* der Welt Rettung bietet, wie oft falsch zitiert wird, sondern, dass »die Rettung der Welt in der *Urwildnis* liegt«. (Die Hervorhebungen sind von mir.) Es gibt dabei einen Unterschied, aber der ist bedeutsam. Eine Urwildnis ist noch intakt. In ihr sind alle einstigen Gegebenheiten vorhanden. Meine Hausberge in Kalifornien, vom Küstenbergzug bis hin zu den Sierras, sind vielerorts Wildnis, aber sie sind keine Urwildnis, weil die Grizzlybären fehlen. Der Grizzly ziert zwar die Fahne von Kalifornien, aber das hat nichts mit unserem Erbe zu tun, sondern ist eine Burleske darüber, was wir dem edelsten Patriarchen angetan haben, der je durch unser Land streifte. Der letzte Grizzly wurde in dem bevölkerungsreichsten Bundesstaat der USA 1922 abgeschossen, und mit ihm starb ein wichtiges Element in unserer Beziehung zu dem Land und zu den Tieren. Unsere Bestimmung ist es, mit ihnen alles zu teilen.

*

Daher war ich begierig darauf, zu Fuß eine Urwildnis aufzusuchen, in der noch alle dazugehörigen Bewohner leben. Wie wäre es wohl, einen Monat lang auf Tuchfühlung mit Tieren zu gehen, die innerhalb der Nahrungskette einige Stufen höher gestellt waren als ich? Die Gelegenheit ergab sich, als Iain plötzlich den Vorschlag machte, zu Fuß vom Gipfel des Kilimandscharo bis zum Indischen Ozean zu gehen und dabei den riesigen Tsavo, den größten Nationalpark Ostafrikas, zu durchqueren. Trotz der vielen Wilderer in diesem Park in den Achtzigerjahren sollten sich die Elefantenbestände wieder erholt haben, und, abgesehen vom Nashorn, das fast ausgerottet war, es hieß, dass das Ökosystem hier wieder in Ordnung gekommen sei. Rund 22 000 Quadratkilometer Urwildnis boten sich an – eine Wanderung durch ein ganzes Land.

Die Sache versprach einzigartig zu werden. Wenn ich an einige meiner vorherigen Abenteuer zurückdachte, waren die denkwürdigsten jene, die Überraschungen boten, nicht vorhersehbare Erfahrungen mit sich brachten oder mich Dinge lehrten, an die man im Voraus überhaupt nicht gedacht hatte. Dieser Marsch würde solch eine Reise werden. Nachdem ich dann einen Monat bei den großen Säugetieren Afrikas verbracht hatte, überdachte ich die Beziehung zu ihnen grundlegend. Dann, sechs Monate nach dem Trip zu Fuß, wollte ich nach Afrika zurückkehren, um das Verhältnis von uns – *Homo sapiens* – zu diesen Tieren noch einmal zu überprüfen, wobei ich den Menschen in seiner Funktion als Jäger und Naturschützer im Auge haben wollte.

Es sollte eine Wander-Safari im Sinne des italienischen Anthropologen und Abenteurers Fosco Maraini werden. Wahres Reisen, so hatte er einmal geschrieben, beinhaltet, dass man die Wegweiser nicht kennt und dass die neuen Welten, die man entdeckt, Wesenselemente in einem offenbaren, von deren Existenz man bis zu diesem Zeitpunkt keine Ahnung hatte.

RICK RIDGEWAY, Ojai, Kalifornien, 1998

Teil 1: Kilimandscharo

DER AUFSTIEG

Ich öffne die Augen und schaue auf den kleinen Reisewecker, der neben mir in Höhe meines Kopfes auf dem Boden steht. Anhand der Stellung der Zeiger erkenne ich, dass ich im Land der Träume gewesen sein muss, auch wenn ich mich nicht so fühle. Ich liege in meinem Schlafsack und gehe in Gedanken meine Checkliste durch: Die Stirnlampe befindet sich neben dem Wecker, und die Unterwäsche mit den langen Armen und Beinen liegt auch parat. Nach dem Aufstehen werde ich sie anziehen, darüber noch Shorts tragen. Wo sind Socken und Stiefel? Ach ja, in einer weiteren Ecke des Zeltes. Die Kameratasche ist fertig gepackt, Eispickel und Steigeisen werden in Iains Gepäck untergebacht. Alles andere gehört in den Seesack, damit ihn die Träger auf die andere Seite des Berges tragen können. Dort werden wir uns am Abend wieder alle zusammen treffen.

Ich greife nach der Stirnlampe, ziehe – wie gerade noch gedacht – die Unterwäsche an, darüber die Shorts.

»Ist es schon so weit?«, fragt Iain.

»Fünf vor zwölf.«

»O je«, sagt er mit seinem britisch-kenianischen Akzent und dem unverkennbar selbstironischen Ton.

Draußen blicke ich nach oben und sehe, dass die Wolken über dem Gipfel verschwunden sind und nur die Sterne das Lavagestein beleuchten. Mir kommt dieser Anblick wie ein unterbelichtetes Foto vor. Ich schaue weiter umher. Das Kreuz des Südens und die Magellanwolken lassen mich daran zurückdenken, wie ich mit achtzehn Jahren als angehender Matrose einen Job auf einer kleinen Schaluppe erhielt, auf der noch vier andere Jungen und der Besitzer des Bootes mitfuh-

ren. Wir segelten nach Tahiti, und während der Nachtwachen zeigte sich dieser südliche Himmel mehr und mehr.

Ich rufe meinen Begleitern zu, dass es Zeit ist und dass ich sie im Messezelt erwarte. Vom Hügel höre ich ein Stimmengemurmel, es stammt von weiteren Bergsteigern, die hier ebenfalls ihre Zelte errichtet haben. Im Messezelt ist alles vorbereitet. Ich schenke mir Tee ein und zwinge mich, etwas Zwieback zu essen. In der Zwischenzeit treffen die anderen ein. Danny sieht abgespannt aus. Er bleibt im Eingang stehen, und ich reiche ihm einen Becher mit Tee und sage ihm, dass er ihn austrinken müsse. Er ist noch nicht fertig angezogen, also schnürt ihm Bongo wortlos die Stiefel zu. Bongo erhält dafür keinen Dank, das ist aber auch nicht nötig, denn die beiden sind Brüder.

»Es ist fast eins«, sagt Iain.

Ich biete an, Dannys Tagesausrüstung zu übernehmen, weil ich nur meine Kameratasche zu tragen habe. Diese ist zwar schwer, aber ich fühle mich stark. Rustus, unser Chefträger, der uns begleiten wird, fragt, ob wir fertig sind. Wir sind es, und so geht es los. Über uns ist ein großes schwarzes Loch in Form des Berges aus dem sternenübersäten Himmel ausgeschnitten. Unsere eigene Welt reduziert sich auf den Lichtkegel, den die Stirnlampen erzeugen. Nur Danny, der noch nie einen Berg bestiegen hat, besitzt weder eine Stirnlampe noch sonst eine entsprechende Ausrüstung, weshalb jeder, der gerade hinter ihm ist, darauf achtet, sein Licht auf Dannys Füße zu richten.

Ich finde einen Rhythmus und versuche, mich diesem ganz hinzugeben, spüre aber kurze Zeit später die ersten Anzeichen eines Magenkrampfes, dann einen zweiten, dann beginnt das Unwohlsein und der Kopfschmerz, den ich nur zu gut kenne. Viele Leute gehen davon aus, dass ich gut in großen Höhen zurechtkomme, weil ich mich oft in solchen befunden habe. Tatsache ist jedoch, dass ich mich nur langsam akklimatisiere, und bei einem Anstieg auf fünftausend Meter und mehr wird mir sogar anfangs schneller übel als anderen. Wenn *ich einen Vorteil habe, dann nur den, dass ich weiß, was ich zu erwarten habe. Ich hole auf. Man hört nur das Knirschen unserer Stiefel auf dem Lavageröll und das metallische Klirren von jemandem, der seinen Eispickel als Wanderstock benutzt. Ich habe jetzt stechende Schmerzen im Kopf, und der Magen zieht sich immer noch heftig zusammen. Wenn es mir schon so geht, wie mag sich dann erst Danny fühlen, der kaum geschlafen hat und mit leerem Magen unterwegs ist, weil er sich nach dem Abendessen übergeben hat? Ich sehe ihn vor mir, wie er mit steifen Schritten mal ins Licht, dann wieder ins Dunkel tritt. Dabei lässt er die Arme schlaff herunterhängen und seine wollenen Fäustlinge sehen viel zu groß aus. Was, wenn er es nicht schafft? Wird er uns weiter begleiten wollen, wenn er weiß, dass er es noch nicht einmal zum Ausgangspunkt unseres Weges geschafft hat?*

Und überhaupt, werde ich es denn packen? Heute ist es beim Anstieg in die Höhe schlimmer als sonst. Vielleicht stimmt noch was anderes nicht mit mir? Wir machen eine Rast, bei der Iain sagt, dass wir schnell vorankommen. Er fragt auch, wie wir uns fühlen. Ich gestehe, dass mir übel ist, und Iain bietet mir an, meine Kameratasche zu tragen. Bei der Übergabe stelle ich fest, dass sie das Problem war. Der Schulterriemen hat die Blutzufuhr zu meinem Nacken unterbunden. Die Übelkeit schwindet beim Weitergehen, doch der Kopfschmerz bleibt, aber was soll's! Ich trage keine Uhr, kann aber die Zeit nach dem Stand der Sterne und dem allmählich grau werdenden Nachthimmel im Osten schätzen, der hinter der undeutlich zu erkennenden Spitze des Mawenzi-Gipfels wahrzunehmen ist. Wir steigen Fuß um Fuß hinauf, achten aber darauf, dass wir nicht mehr Energie verbrauchen als unbedingt nötig. Zwischen jedem Schritt wird tief eingeatmet. Rhythmus ist alles, Rhythmus und Schritttempo. Sind sie im Gleichmaß, lösen sich die Gedanken, und alles wirkt traumhaft; die Schwärze des Lavahügels, Akazienbestände und gletscherbedeckte Höhen vermischen sich zu neuen Bildern.

Im vagen Licht des nahenden Sonnenaufgangs kann ich erkennen, wie ein Gletscher gleich einer weißen Zunge mir scheinbar entgegenkommt. Ich erinnere mich an den Bericht eines deutschen Missionars, dessen Namen ich vergessen habe, der vor hundertfünfzig Jahren dieses Eis von sehr weit unten gesehen und es zunächst für eine Wolke gehalten hatte, ehe er erkannte, dass es Schnee und Eis war, was ihm später in Europa niemand glauben wollte. Schnee am Äquator? Niemals! Und zwanzig Jahre später kletterte ein noch unternehmungslustigerer Missionar sogar bis zu dieser Schneegrenze. Aber beim Abstieg desertierten seine Träger, er verhungerte und konnte dadurch niemandem in der Heimat seine Entdeckung melden. Und war da nicht auch die Geschichte mit einem Leoparden? Nach dem Ersten Weltkrieg fanden Bergsteiger, an einer Stelle, etwas höher, als wir es jetzt sind, auf einem Felsvorsprung zwischen zwei Gletscherausläufern die Überreste eines Leoparden. Der mumifizierte Kadaver war steif und hart wie altes Leder, und das Fell war vom ultravioletten Licht gebleicht, aber man konnte die Flecken noch erkennen. Und wie Hemingway am Anfang seiner berühmten Kurzgeschichte – Schnee auf dem Kilimandscharo *– schreibt, wusste keiner, wonach der Leopard hier oben gesucht hatte.*

Ich trage nur meine lange Unterwäsche und darüber die Shorts. Bislang fand ich dieses Outfit ausreichend warm. Aber jetzt, mit der Sonne, kommt Wind auf, und wir machen Halt, um vor dem weiteren Aufstieg unsere Anoraks aus dem Gepäck zu holen. Als wollten sie unsere Ankunft am Krater verkünden, blitzen die ersten Sonnenstrahlen über dem Horizont. Aber es ist, als befände ich mich auf dem Mond, denn das Sonnenlicht wärmt nur eine Hälfte meines Gesichts. Wir überqueren den Kraterrand und schauen in den Schlund hinunter, in dem die farbigen Mineraliensteinchen aussehen wie gemahlene Gewürze, ganz so, als müsse jedes von ihnen einen eigenen Geschmack haben. Uns gegenüber ruht auf dem schwefelhaltigen Gestein eine lange Eismauer wie ein uralter Tempel. Ich übergebe Danny sein Tagesgepäck, hole mir von Iain meine Kameratasche zurück, danke ihm zweimal für seine Hilfe und folge dann einem Weg, der sich zwischen hoch aufragenden, in sich verdrehten Lavatürmen hindurchschlängelt, bis ich eine Eiswand erreiche, die von Schlammablagerungen wie ein gestreiftes Zebra aussieht. An ihrem Fuß befindet sich ein zugefrorener Teich, groß genug, um darauf Schlittschuh laufen zu können. Iain sagt, dass wir hier vom Weg abweichen und so über die Gletscher zum Gipfel kommen würden. Wir wollen diesen Weg wagen.

Ich setze mich auf den vereisten Boden und lege die Steigeisen an, während Bongo seinem Bruder hilft. Danny hat erst zweimal in seinem Leben Schnee gesehen, und jetzt wird er in über 5700 Meter Höhe in die Kunst des Eiskletterns eingeweiht. Aber Danny beschwert sich nicht, und ich weiß, dass ihm genauso übel ist wie mir. Dennoch gehen wir beide lächelnd mit unseren Steigeisen an den Füßen über den Gletscher zur Bergkuppe, und das Knarzen des sich ins Eis grabenden Stahls hört sich so nostalgisch wie ermutigend an. Der Hang wird steiler. Wir müssen einen kleinen Hügel hochklettern, der sich unter uns abrundet und in einer Leere zu verschwinden scheint, über deren Rand man fliegen würde, wenn man auf dem Eis ausrutscht und schneller und schneller auf diesen Rand zuglitte. Ich halte inne und blicke zu Danny, doch der bewegt sich so vorsichtig, wie ich das schon früher bei Anfängern erlebt habe, bei denen man erkennt, dass alles gut läuft, weil ihnen klar ist, dass sie sich einen Absturz nicht leisten können, und sie folglich auch nicht in die Tiefe fallen. Die Sonne steht über dem Horizont, und ihr Licht spiegelt sich auf dem Eis, als ich Danny, Iain und Bongo zusehe, während hinter ihnen ein neuer Tag in Afrika anbricht.

Ich drehe mich wieder um und gehe weiter. Zu meiner Rechten sehe ich den Hauptpfad, auf dem Rustus, ein weiterer Träger und Pete gehen, der mit seiner Kamera unsere Reise filmt. Oberhalb und unter-

halb von ihnen sind rund zehn weitere Bergwanderer auf dem Weg zum etwa hundert Meter entfernten Gipfel. Wir wandern weiter über das Eis, bis unser Gletscherweg eine Biegung macht und in den Hauptpfad mündet. Einige Minuten später sind die letzten Schritte bis zum höchsten Punkt vollbracht. Es ist acht Uhr früh. Ungefähr zwanzig Bergwanderer sind hier oben, die ich nach Europäern und Amerikanern unterscheiden kann. Die Kontinentaleuropäer tragen neonfarbene Nylonjacken mit Schulterpartien in einer Kontrastfarbe, die Amerikaner hingegen Kleidung in einem eintönigen Umweltgrün, -blau oder -braun. Jeder nimmt abwechselnd das Gipfelschild in die Hand, das schon lange nicht mehr an seinem Pfosten hängt. Darauf steht: SIE BEFINDEN SICH AUF DEM UHURU PEAK, DEM HÖCHSTEN PUNKT AFRIKAS, AUF 5895 METER Ü. D. M. *Ein Italiener in hellgrüner Hose und silberfarbener Windjacke bietet sich an, unsere Kamera zu nehmen, während wir das Gipfelschild halten. Er fotografiert uns; die Gipfelaufnahme ist gemacht, und wir danken ihm. Dann kommt eine junge Amerikanerin zu uns herüber. Sie lächelt uns an und sagt: »Raten Sie mal?« Ich sage: »Was?« Sie zeigt auf einen jungen Mann und sagt: »Mein Freund hat mir gerade einen Heiratsantrag gemacht!« Ich lächle zurück und frage: »Werden Sie ihn annehmen?« Die Frau sieht ihn an und sagt mit einem spöttischen Unterton: »Ich weiß nicht …« Plötzlich lacht sie und fährt mit wärmerer Stimme fort: »Vermutlich schon.« Anschließend geht die Amerikanerin zurück zu ihrem Freund, und sie küssen sich. Eine andere Frau, die Anfang fünfzig zu sein scheint, geht mit mühevollen Schritten an mir vorbei. Da sie nur noch drei Meter vor sich hat, muntere ich sie mit den Worten: »Sie haben's geschafft!« auf. Die Frau antwortet: »Gott sei Dank!« Iain, der meine Gedanken errät, legt mir die Hand auf die Schulter und sagt in seinem verschmitzten Tonfall: »Und wir haben nur noch zweihundertfünfzig Meilen vor uns, dann werden wir auch unser Ziel erreicht haben!«*

1

Die natürliche Auslese hat uns – von der Struktur der Gehirnzellen bis zur Ausformung unserer großen Zehen – für ein Leben jahreszeitlicher Fußwanderungen durch glutheißes Land voll Dornengestrüpp oder durch die Wüste geformt. BRUCE CHATWIN, TRAUMPFADE

Iain Allan gilt weithin als der erfahrenste Bergsteiger in Ostafrika. Während seine Klassenkameraden Cricket spielten, war er als Teenager an den Wochenenden unterwegs, um den Mount Kenya zu besteigen, auf dem er bis heute (zusammen mit seinem lebenslangen Kletterpartner Ian Howell, einem britischen Auswanderer) mehr Erstbegehungen neuer Kletterrouten unternommen hat als jeder andere. Er wurde in Schottland geboren, und seine Eltern emigrierten nach Kenia, als er acht Jahre alt war. Heute lebt er in Karen, einem Vorort von Nairobi, in dem die Häuser gepflegte Gärten und große Rasenflächen haben. Seine Frau ist Ärztin und an einer Nachbarschaftsklinik beteiligt. Sie haben zwei kleine Söhne und eine Tochter im Teenageralter, die aus Iains erster Ehe stammt. Ihr Haus ist alt und im Kolonialstil gebaut. Das Bücherregal im Wohnzimmer steht voller Werke über die Geschichte Ostafrikas. Iains zweite Leidenschaft sind Filme, weshalb sich überall im Haus Videos stapeln. Um sich seinen Lebensunterhalt zu verdienen, hat Iain einen Reiseleiter-Service auf die Beine gestellt, um Bergsteiger und Bergwanderer auf den Mount Kenya und den Kilimandscharo zu begleiten. (Bei einer dieser Bergtouren lernte er seine aus Australien stammende Frau kennen.) Außerdem ist er einer der wenigen Reiseausrüster Ostafrikas, der Fußwanderungen durch die beiden großen Tsavo-National-Parks anbietet, die zusammen ein Naturschutzgebiet darstellen, das ungefähr so groß wie Israel ist.

Dass Iain seine Begeisterung für das Bergsteigen mit seinem Beruf als Touristenführer verbindet, hat seine Lust auf Berge und Felsspalten nicht verringert. Wenn wir klettern gehen, ziehe ich ihn wegen seines Schwimmreifenansatzes im Bauchbereich auf. Aber Tatsache ist, dass er immer noch wendiger ist als ich. Er liebt gutes Essen und Wein ebenso sehr wie gute Bücher und Filme, und im Busch besteht er darauf, es, wenn möglich, bequem zu haben – und das ist fast immer möglich. In dieser Hinsicht vergleiche ich ihn mit dem Herzog der Abruzzen, Luigi Amadeo von Savoyen, einem italienischen Aristokraten, der schließlich Bergsteiger und Forschungsreisender wurde. Vom Jahr 1870 bis kurz vor dem Ersten Weltkrieg unternahm Luigi Amadeo viele Expeditionen, darunter die Erstbesteigung des Saint Elias in Alaska und die Erforschung der Mondberge. Er erreichte auch die höchste Höhe, die ein Bergsteiger bis zum Jahr 1909 bei einer Expedition zum K2 schaffte. Bei der letztgenannten Besteigung ließ er sich von Trägern zum Basislager sein Messingbett schleppen, er selbst ging jedoch als Einziger weiter, als diese in 6300 Meter Höhe umkehrten.

Ich traf Iain zum ersten Mal vor zehn Jahren, als ich den Auftrag hatte, unter dem Titel *Flucht ins Abenteuer* ein Drehbuch nach den Aufzeichnungen des italienischen Kriegsgefangenen Felice Benuzzi – *Gefangen vom Mount Kenia. Gefährliche Flucht in ein Bergsteigerabenteuer* – zu schreiben, einer wahren Geschichte von drei Italienern, die im Zweiten Weltkrieg Kriegsgefangene in einem britischen Lager am Fuß des Mount Kenya waren und auf die originelle Idee verfielen, einen Ausbruch zu planen, den Berg zu besteigen und sich dann wieder zurückzumelden. Damit ich den bergsteigerischen Teil der Geschichte authentischer schreiben konnte, schickte mich der Produzent nach Afrika. Ich sollte selber rauf auf den Mount Kenya. Als meinen Bergführer stellte ich Iain an. Damals machte ich zum ersten Mal Bekanntschaft mit der Art und Weise, wie in Afrika Safaris und Bergtouren organisiert wurden – jedenfalls nach Iains Prinzipien. Wir nahmen nur eine Tagesausrüstung zum Fuß des Berges mit, an dem er seine eigene Hütte hatte (die eigentlich dem Kenya Mountain Club gehörte, aber am häufigsten von Iain genutzt wurde). Dort stand Kahin, unser Koch, am Morgen der Gipfelbesteigung um ein Uhr früh auf und bereitete uns ein kräftiges Frühstück mit Ei, Wurst und hervorragendem Brot zu, das er extra für unsere Bergtour gebacken hatte. Wir stiegen in einer alpinen Route auf, die das Eisfenster genannt wird. Als wir zur schwierigsten Stelle kamen – einem fast senkrechten Eisvorsprung –, sagte Iain mit listigem Grinsen: »Ich habe vergessen, dir etwas zu sagen. In diesem Land ist es seit Urzeiten Tradition, dass die schwierigste Partie immer dem Gast gebührt.« Ich kletterte also diesen Abschnitt voraus, und auf dem 5100 Meter hohen Gipfel spürte ich die Auswirkungen der Höhe und des Jetlags. Als wir beim letzten Tageslicht wieder Iains Hütte erreichten, war ich völlig erschöpft.

»Wie oft hast du diesen Gipfel bestiegen?«, fragte ich.

»Das war meine zwanzigste Besteigung«, sagte er. »Aber so schnell bin ich noch nie hinaufgeklettert.«

»Wie das?«

»Wir planen sonst immer einen Tag zum Akklimatisieren ein. Aber da du ein großer Himalajabergsteiger bist und noch dazu einer von diesen Hollywood-Typen, die immer in Eile sind, dachte ich, wir sollten alles beschleunigen.«

Seit meiner ersten Besteigung des Mount Kenya bin ich mehrere Male nach Afrika zurückgekehrt, um mit Iain zu klettern und Fußmärsche zu unternehmen. Ich habe seinen wunderbaren Humor genossen, ebenso sein enzyklopädisches Wissen über die ostafrikanische Geschichte, seine Gespräche am Lagerfeuer über Bücher und Filme, sein Bemühen um Komfort. Als wir vor einigen Jahren im gigantischen Parkgebiet von Tsavo-East einem Flusspferdpfad am

Galana River folgten, erwähnte Iain eine Idee, die ihm vorschwebte: So würde er gern einmal zu Fuß eine Safari vom Gipfel des Kilimandscharo zum Meer machen. Er wollte dem Wasserlauf nach Osten folgen, angefangen bei den Sturzbächen, die von der riesigen Bergkuppe in die Tiefe fallen, bis zum schnell und gerade dahinfließenden Tsavo River, der durch das wilde Gebiet von Tsavo-West führt. An dem Punkt, an dem sich der Tsavo River mit dem Athi River vereint und zum Galana River wird, wollte er das Buschland von Tsavo-East durchqueren und dann, wenn der Fluss außerhalb des Parks den Namen Sabaki erhält, auf Pfaden entlang der Flussschleifen weitergehen, bis schließlich das am Kilimandscharo entsprungene Wasser in den Indischen Ozean fließt.

»Wenn sich das wie etwas anhört, was du auch machen möchtest, dann lass es mich wissen«, beendete Iain seine Ausführungen.

Diese Idee war sehr wohl etwas, was ich realisieren wollte. Ich erkannte bei diesem ersten Besuch im Tsavo-Park, dass Safaris zu Fuß die einzige Möglichkeit waren, ein echtes Gespür für Afrikas Naturlandschaft und seine wilden Tiere zu bekommen. Ich hatte bei offenem Verdeck in einem Land Rover gestanden und in der Massai Mara eine Elefantenherde beobachtet – und im Vergleich dazu war ich zu Fuß durch das Gebiet von Tsavo-East gegangen, hatte ebenfalls einer Herde von diesen Dickhäutern zugesehen. Obwohl es faszinierend war, die Tiere in der freien Fieberbaum-Savanne vom Auto aus zu verfolgen, war ich letztlich doch nur ein unbeteiligter Zuschauer. Es war, als würde man sich in einem riesigen Zoo befinden, man selbst eingeschlossen in einem Käfig. Elefanten zu Fuß im Auge zu behalten ist etwas völlig anderes. Beim Gehen studierte ich die Windrichtung und achtete auf die Bewegung eines jeden Tieres, um sicherzugehen, dass sie uns nicht bemerkt hatten. Ich hörte ihren Atem, das Geräusch, das sie beim Wedeln mit den Ohren machten, das Knurren ihrer Mägen. Ich roch ihren Dung. Ich fühlte den sandigen Boden unter meinen Füßen, und die Akaziensträucher zerkratzten meine Beine, als wir uns der Herde näherten. Ich bewegte mich vorsichtig und achtete sorgfältig darauf, nicht auf trockene Zweige zu treten.

Daher hatte ich keinen Zweifel, dass ich diese Erfahrung zu einer einmonatigen Fuß-Safari ausweiten wollte. Ausgedehnte Ostafrika-Touren sind aber teuer. Zum Glück verdiene ich mir meinen Lebensunterhalt damit, verschiedene Tätigkeiten im Bereich Abenteuerexpeditionen auszuüben. Außerdem habe ich Erfahrung darin, wie man mit diversen Aktionen solche Unternehmungen finanziert. Dieses berufliche Interesse begann im Jahr 1976 in 7200 Meter Höhe, ich befand mich an der Lhotse-Wand im Everest-Massiv. Eine CBS-Mannschaft, die Fernsehaufnahmen von unserer Expedition machte, bat mich, mit ihnen die Wand hochzuklettern, eine Eisfläche, die ungefähr so groß ist wie ein senkrecht stehender Central Park. Als der Kameramann in Position war und mir dann das Zeichen gab, ich solle losklettern, dämmerte es mir, dass wir beide dasselbe taten. Der einzige Unterschied war, dass er für diese Tätigkeit bezahlt wurde und ich nicht.

Als ich von der Everest-Besteigung zurückkam, rief ich Mike Hoover an, den Regisseur des Films, der damals an der vordersten Front von Abenteuer-Dokumentarfilmen stand. »Das Wichtigste, das du brauchst«, sagte er mir, »sind gute Einfälle.« Die besaß ich. Tatsächlich hatte ich in meinem Schrank einen Ordner mit der Aufschrift »Gute Ideen«. Darin befanden sich Notizen, die ich mir während der Lektüre von Alexander von Humboldts 1802 geschriebener *Forschungsreise in den Tropen Amerikas* gemacht hatte, darunter Hinweise auf rätselhafte Felstürme, die aus dem Dschungel Venezuelas aufragen sollten. Auf einem Zettel hatte ich die Beschreibung einer Höhle festgehalten, die quer durch einen Gipfel ging, gleichsam wie ein Nadelöhr. In der Umgebung, so hieß es bei dem Naturforscher, lebe ein dinosaurierähnliches Wesen, das bei Nacht vom Berg käme und die Dörfer überfiele. Ich schrieb ein Exposé, Hoover schickte es an ABC Television, und wir waren im Geschäft.

Die Kletterpartie war aufregend, und obwohl in der Höhle kein Dinosaurier sein Unwesen trieb, gefiel ABC der Film. Das war der Beginn einer Reihe von Abenteuerfilmen, bei der Hoover mein Mentor war. So drehten wir 1979 eine Dokumentation über ein Ski- und Kletterabenteuer in der Antarktis, als sie noch kein beliebtes Ziel von Bergsteigern war. Man konnte nur hinkommen, wenn man eine Kreuzfahrt buchte und sich in einer Bucht mit Gletschereis samt Ausrüstung, Nahrungsvorräten für zwei Monate und zwei Schlauchbooten mit Außenbordmotor vom Kapitän aussetzen ließ. Der einzige Nachteil war, dass wir keine Rückfahrgelegenheit hatten. Wir waren zu viert, drei Männer und eine Frau, unternahmen Skitouren, kletterten und machten Erkundungstrips in unseren mitgebrachten Booten. Als die zwei Monate um waren, entdeckten wir einen britischen Eisbrecher, der gerade von einem Stützpunkt aufs offene Meer hinausfahren wollte. Wir gerieten in Panik, gaben mit den Außenbordmotoren unserer Boote Vollgas und holten das Schiff erst ein, als wir fünf Meilen von der Küste entfernt waren. Wir fuhren seitlich neben dem Eisbrecher her und schrien und winkten, aber es dauerte einige Minuten, bis uns ein an Deck befindlicher Matrose bemerkte. Der Kapitän ließ beidrehen, und die gesamte Mannschaft versammelte sich an der Reling und schaute zu den zwei vier Meter langen Booten hinunter, in denen wir uns befanden, windverbrannt und vom eiskalten Wasser durchnässt. Sie sagten nichts, und wir sprachen auch kein Wort, bis einer der Männer in meinem Boot rief: »Wir fragen uns, ob ihr etwas Bier für uns erübrigen könnt?« Sie nickten, dann ging einer von ihnen unter Deck, kam kurz darauf zurück und ließ eine Kiste McEwans Scotch Ale zu uns herunter. Wir alle, außer Beverly, die sich nicht an diesen Männerspielchen beteiligen wollte, zwangen uns, trotz der Kälte, je eine Dose zu öffnen und große Schlucke zu machen. Dann schauten wir nach oben und sagten: »Wir fragen uns auch, ob ihr uns Richtung Norden, vielleicht nach Argentinien, mitnehmen könntet?«

Bis 1980 hatte ich meinen ersten Abenteuer-Dokumentarfilm für das Fernsehen produziert, seither sind es im Schnitt ein bis zwei Dokumentationen pro Jahr. Als dann ein Filmproduzent anrief und sagte, er benötige für eine neue Abenteuerserie einen Sechzig-Minuten-Beitrag, fiel mir Iains Idee wieder ein. Dem Produzenten gefiel die Vorstellung eines Fußmarsches vom Gipfel des Kilimandscharo zum Meer, folglich rief ich Iain an, der sich sofort dafür begeisterte und sagte, er werde sich überlegen, wen man noch dazu einladen könnte. Der Erste, der ihm einfiel, war Bill Woodley. Bill war zehn Jahre lang stellvertretender Aufseher von Tsavo-East gewesen und hatte den Kilimandscharo zweimal bestiegen. Danach kontrollierte er die Mountain Parks (die jetzt in die Aberdare- und Mount-Kenya-Nationalparks aufgeteilt sind), anschließend Tsavo-West. Er hatte an diesen Orten wahrscheinlich mehr Meilen zu Fuß zurückgelegt als irgendjemand, der nicht von dort stammte. Es gab da nur ein Problem: Bill Woodley war schon 1995 gestorben.

Zwei von seinen Söhnen wandelten jedoch auf seinen Spuren, und Iain schlug vor, sie zu unserem Fußmarsch einzuladen. Damals war Bongo Woodley zweiunddreißig Jahre alt und Oberaufseher des Mount-Kenya-Nationalparks. Er hatte den Gipfel mehrfach bestiegen und sich grundlegendes Bergsteigerwissen sowie Kenntnisse in der Bergrettung erworben. Bongo hatte blondes Haar und war vom Leben im Freien sonnengebräunt. Wie sein Vater hatte er Erfahrung im Buschwandern und wusste, wie er sich in der Nähe von wilden Tieren zu verhalten hatte. Obwohl er schlecht sah und eine dicke Brille tragen musste, war er doch ein hervorragender Schütze. Bongo Woodley wuchs in der Umgebung des Mount Kenya auf, als sein Vater dort Aufseher war. Später, nachdem Bill nach Tsavo-West versetzt worden war, ging er mit seinem Vater während der Internatsferien im Busch auf Streife. Iain ging davon aus, dass Bill, wenn er noch gelebt hätte, die Gelegenheit zu diesem Fußmarsch nicht versäumt hätte. Daher nahm er an, dass auch Bongo zu diesem Abenteuer bereit sein würde. Er hatte recht. Bongo zögerte keinen Augenblick mit seiner Zusage. »Ich hatte seit Vaters Tod keine Gelegenheit mehr, durch den Busch im Tsavo-Park zu gehen«, sagte er Iain.

Bongos jüngerer Bruder Danny arbeitete ebenfalls für das Nationalparksystem, dem Kenya Wildlife Service. Er leitete ein Team, das Problemtiere in den an die Parks angrenzenden und bewohnten Gegenden kontrollierte, hauptsächlich wilde Elefanten, die die Felder von Bauern verwüsteten. Danny wuchs auf dem Rücksitz des kleinen Flugzeugs seines Vaters auf und half ihm dabei, Wilddiebe aufzuspüren. Der jüngere der beiden Woodley-Brüder hatte auch eine sonnengebräunte Haut und kurzgeschorene Haare in der gleichen Sandfarbe wie Bongo, beim Lachen wurden seine gleichmäßigen weißen Zähne sichtbar. Er trug eine ähnlich dicke Brille, wie sie sein älterer Bruder bevorzugte, und obwohl man leicht erkennen kann, dass sie verwandt sind, scheint Danny derjenige zu sein, der den Schalk seines Vaters und gewiss auch dessen Anziehungskraft auf Frauen geerbt hat. Als Teenager war Danny weit und breit wegen seiner Streiche berüchtigt, allseits galt er als aufmüpfig. Während er sich jetzt der Aufgabe verschworen hatte, Kenias Naturlandschaften und die in ihr lebenden wilden Tiere zu erhalten, fand er immer noch Gefallen an langen Partys, hatte stets Zeit für eine gute Geschichte und erzählte gern Witze, alles Eigenschaften, die ebenso für seinen Vater charakteristisch waren.

Wie Bongo sagte auch Danny sofort zu, als er zur Teilnahme am Fußmarsch eingeladen wurde. Sosehr ihn der Gedanke begeisterte, durch den Tsavo-Park zu marschieren, so sehr bereitete ihm die Vorstellung einer Besteigung des Kilimandscharo Sorgen. Danny hatte nämlich nicht nur keinerlei Erfahrung auf diesem Gebiet, er hasste auch die eisige Kälte in den höheren Regionen. Doch wenn das der Preis dafür war, dass er quer durch den Tsavo-Park und von der Parkgrenze aus weiter bis zum Ozean gehen konnte, war er bereit, diesen zu zahlen.

2

Denken Sie an Ihr Leben in der Natur. Sie sehen tagtäglich Dinge und nehmen Kontakt mit ihnen auf – mit Felsen, Bäumen, dem Wind auf den Wangen! Der festen Erde! Der konkreten Welt! Dem gesunden Menschenverstand! Kontakt! Kontakt!

HENRY DAVID THOREAU, KTAADIN

Die meisten meiner Abenteuer konzentrierten sich auf das Bergsteigen, und ein Aspekt langer Expeditionen zu abgelegenen Gebirgszügen, der mir immer gefallen hat, war jeweils der Anmarsch, der manchmal sehr lange Weg durch unberührte Natur. Der Abstieg vom Kilimandscharo herunter war sozusagen eine Reise in umgekehrter Richtung: Wir würden zuerst den Berg besteigen und dann eine Fußexpedition antreten. Iain schätzte, dass wir inklusive Auf- und Abstieg ungefähr zweihundertfünfzig Meilen weit marschieren und dafür etwas mehr als drei Wochen unterwegs sein würden. Iain sagte mir nach dem Studium der Landkarten auch, dass er für den größten Teil der Strecke, wenn der Berg hinter uns läge, unsere Lagerplätze so wählen könnte, dass sie für Fahrzeuge mit Vierradantrieb erreichbar seien. Das bedeutete, dass wir weitgehend auf Träger verzichten konnten.

»Es gibt unbefestigte Straßen, die hier und da zum Fluss führen, sodass Kahin und die Männer die Geländewagen von einem Lagerplatz zum nächsten fahren können, während wir den Trampelpfaden der Tiere längs des Flusses folgen. Es könnte ein oder zwei Stellen geben, die für sie unzugänglich sind. Dort müssten wir unsere Ausrüstung in größere Rucksäcke stecken, aber ansonsten kommen wir mit Tagesgepäck aus. Sei unbesorgt, es wird alles gut organisiert sein.«

Darüber musste ich mir wirklich keine Gedanken machen. Ich war oft genug mit Iain zusammen gewesen, um zu wissen, dass »gut organisiert« bedeutete, es würde wieder einmal ein Herzog-der-Abruzzen-Trip werden. Mit anderen Worten: Iains Leute – eine sehr kompetente, freundliche kenianische Mannschaft, die für seine Abenteuerreisegesellschaft tätig ist – würden jeden Tag unsere Zelte aufgebaut haben, ehe wir das Lager erreichten. Ferner würde es ein Gemeinschaftszelt mit Klapptisch und Stühlen geben, an den man sich zum Abendessen und zum Frühstück setzen konnte. Dann würde es eine tragbare Dusche geben, deren Wasser am Lagerfeuer gewärmt und in einem über unseren Köpfen aufgehängten zusammenfaltbaren Eimer gekippt werden konnte, ferner eine Kühlbox mit Trockeneis und Bier. Und das Wichtigste: Kahin wäre mit von der Partie, der erfahrene Lagerfeuerkoch, der unser Essen zubereiten würde. Wir müssten im Schnitt zwanzig bis dreißig Meilen pro Tag zurücklegen, und das manchmal in Backofenhitze. Aber verglichen mit den Expeditionen, die ich normalerweise unternommen hatte, würde das eine Luxusreise werden.

*

Ich hatte meine eigenen Interessen hinsichtlich des Fußmarsches. An erster Stelle rangierte der Gedanke, wie es wohl wäre, sich für längere Zeit in nächster Nähe von gefährlichen Tieren aufzuhalten und fortzubewegen. Ich hatte bei meinen Wildnisreisen schon mehrfach Begegnungen mit Raubtieren erlebt, aber sie waren alle kurz gewesen. Einmal durchfuhren wir den Casiquiare-Kanal, ein natürliches Gewässer, das den Amazonas und den Orinoko verbindet, zusammen mit einer aus Yekuana- und Yanomami-Indios bestehenden Mannschaft in Eingeborenen-Einbäumen. Als wir aus dem Kanu stiegen, um ein Nachtlager aufzubauen, zeigte ein Indio aufgeregt auf einen Pfotenabdruck am Flussufer. Er stammte von einem Jaguar und war so frisch, dass das Wasser den Abdruck im

Schlamm erst allmählich ausfüllte. Wir knüpften unsere Hängematten eng nebeneinander auf, sodass wir Seite an Seite schlafen konnten. Die ganze Nacht spürte ich, dass uns die Raubkatze beobachtete. Wie ein Fisch, den es beruhigt, inmitten des Schwarms zu schwimmen, so war ich froh, dass ich nicht an einem Ende unserer Hängemattenreihe nächtigen musste.

Diese Übervorsicht, die wie ein Summen im Ohr klingt, habe ich beim Wandern durch die Vereinigten Staaten nur zweimal wahrgenommen. Einmal in der Bob Marshall Wilderness, der größten zusammenhängenden Wildnis im Nordwesten Amerikas. Sie befindet sich in Montana. Damals bemerkte ich, dass mein Blick über die Berghänge schweifte wie ein Radar, um nach braunen, buckligen Punkten Ausschau zu halten, die auf Grizzlys hinwiesen. Eine ähnliche Erfahrung machte ich in der Sespe Wilderness, und zwar in den Bergen meiner kalifornischen Heimat. Ich unternahm dort eine Wanderung mit meinem fünfjährigen Sohn, als kurz zuvor auf unserer gewählten Strecke ein Mann von einem Berglöwen angefallen worden war. Ohne zu überlegen, ließ ich meinen Jungen nicht aus den Augen, als der Pfad durch einen felsigen Hohlweg führte.

Das Bild von einem anschleichenden Berglöwen verfolgte mich während der ganzen Tour. Wäre ich vor zweihundert Jahren ein Chumash-Indianer gewesen, hätte sich zu der Vorstellung des Berglöwen noch die des Grizzlys dazugesellt. Die Chumash hatten ein bedeutendes Dorf im Ojai-Tal, in dem ich jetzt, zwölf Meilen vom Meer entfernt, wohne. Frühe Missionare berichteten, dass man in allen Ortschaften Südkaliforniens Geschichten von Indianern hören konnte, die von Bären getötet worden waren. Und noch weiter verbreitet war es, dass man Indianern begegnete, die Narben von einer Begegnung mit einem Grizzly davongetragen, aber überlebt hatten.

Die menschliche Rasse hat sich meiner Meinung nach durch Begegnungen mit wilden Tieren weiterentwickelt. Zweifelsohne besitzen wir auch heute noch Überreste dieser Überlebensfähigkeit, selbst wenn wir die Tiere aus unserem Leben in die Höhlen des Vergessens verdrängt haben. Heute machen wir uns keine Sorgen mehr wegen herumschleichender Raubtiere, außer bei den seltenen Gelegenheiten, wenn ein Löwe den Sohn einer Familie anfällt, die in den Bergen wandern geht. Dann sind wir aufgebracht, und unsere bezahlten Vertreter jagen und vernichten das Tier, das sich aus unser primitiven Vergangenheit hervorgewagt hat, um einen derart schockierenden Affront gegen uns moderne Menschen zu begehen. Wir sind sicher. Aber um welchen Preis?

Meine Hoffnung war es, das bei unserem Fußmarsch herauszufinden.

3

Die Entstehung einer Ordnung, für die der Mensch ein Beispiel ist, wurde auch in der Zahl der Tierarten und ihrer Lebensräume verwirklicht, die eine Fülle üppiger wie auch ärmlicher Landschaften umfasst. Selbst Wüsten und Tundren vermehren die planetare Fülle. Seltsamerweise können nur der Mensch und möglicherweise ein paar Vogelarten diese Fülle würdigen, da sie durch die Welt reisen.

PAUL SHEPARD, ECOLOGY AND MAN

Wir steigen vom Gipfelrand des Kilimandscharo zu einem breiten Geröllstreifen ab, der wie ein Miniaturgletscher aus erbsengroßen Bimssteinen wirkt, die sich bei jedem Schritt, den wir darauf setzen, bergab bewegen. Wir machen große Schritte und wechseln gelegentlich in eine Folge von Sprüngen, fast wie Skifahrer, aber ohne Bretter unter den Füßen. Dadurch verlieren wir schnell an Höhe, und meine Kopfschmerzen klingen ab. Iain ist vor uns, er wartet, als er auf einen schmalen Pfad kommt, der nach Osten zur kenianischen Grenze hin abzweigt. Als ich ihn erreiche, mache ich eine Rast und genieße den Ausblick. Zur Rechten ist der Mawenzi-Gipfel, jetzt über uns, während sich zur Linken der Weg, dem wir gleich folgen werden, meilenweit über den Hang der Vulkankuppel nach unten hinzieht, bis er gleichsam wie ein sanft geschwungener Wolkenteppich abfällt, der sich bis zum Horizont erstreckt.

Von der Schwerkraft unterstützt und durchdrungen von der Erinnerung an das Morgenlicht, das auf dem Äquatoreis glitzerte, folgen wir dem Pfad in raumgreifenden Schritten. Schon nach einer Stunde kommen wir an ersten kümmerlichen Sträuchern vorbei, die zwischen den Basaltfelsen gedeihen, und Bongo hält an, um eine Spur zu untersuchen, die den Weg kreuzt. »Elenantilope«, sagt er.

»Ein paar Tage alt.« Er steht da und blickt über immergrünes Buschwerk hinüber zum Mawenzi. Iain hatte uns zuvor gesagt, dass wir in der alpinen Wüstenregion auf dem Kilimandscharo möglicherweise Waldducker sehen könnten, eine der kleinsten Antilopenarten – etwa so groß wie ein Eselhase –, oder, wenn wir Glück hätten, auch Elenantilopen, die größte Antilopenart, die ähnliche Ausmaße wie ein Ochse vorweisen kann und bis zu einer Tonne wiegt. Elenantilopen findet man in großer Zahl in einigen der in mittleren Höhen befindlichen Savannen Ostafrikas, es gibt aber auch eine getrennt lebende Population auf den höher gelegenen Plateaus an den Hängen des Kilimandscharo, die sich durch den Wuchs von langem, zottigem Haar an die Kälte angepasst hat. Diese Tiere gelten allerdings als sehr zurückhaltend. Iain sagt, bei seinen bisherigen Bergbesteigungen habe er noch nie eine gesehen. Er fuhr fort, dass Elenantilopen einst im hohen Gras zwischen Mawenzi und Kili weit verbreitet waren. H. W. Tilman, der große britische Bergsteiger, beschreibt in seinem Buch *Snow on the Equator*, dass er bei einer Alleinbesteigung im Jahr 1933 eine Herde von siebenundzwanzig Elenantilopen in der Nähe der Stelle gesehen hatte, an der wir diese Hufspuren entdeckten. Es heißt dort: »Sie schienen zwischen dem Schiefergestein gut zurechtzukommen, waren sehr scheu.«

Die Tiere leben inzwischen noch zurückgezogener, denn sie sind von Wilddieben aus dem Stamm der Chagga, die am Fuß des Berges zu Hause sind, fast völlig ausgerottet worden. Und nicht nur die Elenantilopen. Als wir auf der Umbwe-Route auf der tansanischen Seite bergauf gegangen waren, entdeckten wir im Steineibenwald kein einziges Wildtier, obwohl unser Weg abgelegen war und nur von wenigen Wanderern oder Bergsteigern begangen wurde. Höher oben am Berg scheinen Klippdachse und Leoparden als die einzigen größeren Tiere die Jahre des Jagens und der Wilddieberei völlig unbeschadet überstanden zu haben. Der Klippdachs, auch Klippschliefer genannt, ein hasenartiges Geschöpf von der Größe eines Murmeltiers, wird jetzt nur noch von Leoparden verfolgt, die sich in diese Höhen wagen.

*

Beim Anstieg hatte uns Iain im ersten Lager eine beunruhigende Geschichte von einer Begegnung mit einem Leoparden auf dem Umbwe-Pfad erzählt. »Ich war mit zwei Freunden unterwegs, einem Ehepaar, um die Heim-Gletscher-Route hinaufzugehen. Sie waren erst ein paar Wochen in Afrika. Kurz nachdem wir uns zum Schlafen gelegt hatten, hörten wir im Wald einen Leoparden, aber ich sagte ihnen, sie müssten sich deshalb keine Sorgen machen. Dann, mitten in der Nacht, setzte sich Barbara im Bett auf und sagte: ›Da draußen ist was!‹ Etwa drei Meter vom Zelt entfernt vernahmen wir ein fürchterliches Fauchen. Es war der Leopard. Ich schrie laut, woraufhin das Tier fortrannte. Daher meinte ich: ›Er ist jetzt weg, ihr braucht euch nicht mehr zu beunruhigen!‹ Doch nach weiteren zehn Minuten war er wieder da, diesmal kam er aber von der anderen Seite. Ich sagte allen, sie sollten losbrüllen, weil ich nicht wollte, dass sich der Leopard einzig an meine Stimme gewöhnte. Es gelang uns wieder, ihn zu verscheuchen, aber nach weiteren zehn Minuten tauchte er erneut auf, wir kreischten, aber in einer anderen Tonlage. So ging das bis zum Morgengrauen. Wir mussten uns jedes Mal etwas Neues einfallen lassen, um ihn zu verjagen. Aber wir hatten den Eindruck, dass er mit jedem Mal kühner wurde. Bei Tagesanbruch waren wir alle erschöpft.

Wir packten das Zelt ein und machten uns auf den Weg. Wir waren noch nicht weit, als ich vor uns dieses bekannte bedrohliche Knurren hörte. Direkt vor uns erhaschte ich dann einen Blick auf die Raubkatze, wie sie von einem Felsen sprang. Zu diesem Zeitpunkt hatte ich mehr als nur Angst, ich fürchtete um unser Leben. Eine Woche zuvor war ein Japaner, der diese Route allein bewältigen wollte, verschwunden. Obwohl man vermutete, er sei im Wald vom Weg abgekommen und abgestürzt, beschlich mich nun der Verdacht, dass ihn dieser Leopard angefallen hatte. Ich entschloss mich daher auf der Stelle, die Bergbesteigung abzubrechen und den Rückzug anzutreten. Aber auch auf dem Rückweg waren wir ängstlich und schauten immer wieder über die Schulter zurück.«

In dieser Nacht trieben sich keine Leoparden in der Nähe unseres Lagers herum, und als wir am nächsten Tag über die Waldgrenze hinaufgestiegen waren, bis in den Bereich des riesigen Kreuzkrauts – einer jurassisch aussehenden Pflanze, die bis neun Meter hoch wird und kohlförmig eingedrehte Blätter an den Enden nackter, palmenartiger Stämme hat –, sahen wir Exkremente dieses Raubtiers mitten auf dem Weg. »Hier sind überall Leoparden«, sagte Iain.

»Wahrscheinlich ist es nur *ein* Tier«, erwiderte Bongo, als er sich über die Exkremente beugte. »Sicher ein Männchen, das sich in seinem Gebiet erleichtert.« Bongo stocherte weiter mit einem Stock in den Exkrementen herum. »Das Fell darin ist etwas zu dünn für einen Klippdachs oder einen Waldducker, also war das vermutlich ein kleines Nagetier, eine Pelomys-Grasratte oder eine gestreifte Feldmaus.« Er breitete die Exkremente weiter aus und besah sie aus der Nähe. »Leoparden fressen den ganzen Tag lang Mäuse, ganz so, als wären es Mars-Riegel.«

»Wie hoch kommen Leoparden normalerweise?«, fragte ich.

»Es gibt da den berühmten Fall von einem, der oben auf der Hauptkuppe des Kibo entdeckt wurde.«

Bongo spielte damit auf den Kadaver eben jenes Leoparden an, der Anfang der Zwanzigerjahre in 5550 Meter Höhe auf der Hauptroute direkt unterhalb des Kraterrands entdeckt worden war und Hemingway zu dem berühmten Vorwort seiner Kurzgeschichte *Schnee auf dem Kilimandscharo* inspiriert hatte, in dem er schrieb, dass »in der Nähe des westlichen Gipfels der vertrocknete und steifgefrorene Kadaver eines Leoparden liegt. Niemand hat erklärt, was der Leopard in dieser Höhe gesucht hat.« Der Felsvorsprung, auf dem der Kadaver gelegen hatte, wurde als »Leopard's Point« bekannt. Als 1926 ein Pastor aus der Umgebung den Berg bestieg, prahlte er damit, er habe dem Tier ein Ohr als Souvenir abgeschnitten. Tilman berichtete 1933, nach seiner Besteigung des Berges, die vertrockneten Überreste befänden sich noch dort. »Ich habe nie irgendeine Erklärung dafür gefunden, wie er dort oben hinkam«, notierte Tilman.

*

Abgesehen von dem Klippdachs waren die Leopardenexkremente das letzte Anzeichen für ein Säugetier, das wir bis zur Entdeckung der Elenantilopenspur gesehen hatten. Ich suche nun die Hänge mit meinem kleinen Feldstecher ab und gebe ihn dann Iain weiter, aber wir entdecken beide nichts. Anschließend verfolgen wir weiter unseren Pfad. Die Strecke ist als Loitokitok-Rongai-Route bekannt – Loitokitok ist die Stadt, die dem Ausgangspunkt dieses Pfades am nächsten liegt. Der Weg führt über die Grenze von Tansania nach Kenia. Erst in den letzten Jahren hat sich die politische Entfremdung der beiden Länder so weit gelegt, dass Bergwanderer auch auf dieser Seite den Kilimandscharo hinauf- und hinuntersteigen können. Iain ist es sogar gelungen, eine Sondererlaubnis für den Anstieg auf der tansanischen und den Abstieg auf der kenianischen Seite zu erhalten. Wir sind die erste Gruppe, der man seit vielen Jahren ein derartiges Vorhaben genehmigt hat.

Unser Ziel ist Third Cave, die Dritte Höhle, einer der traditionellen Lagerplätze auf dieser Route, und schon bald erreichen wir die muschelförmige Öffnung an einer Seite des Lavaflusses. Sie sieht aus, als wäre sie von einer natürlichen Gasblase im erstarrenden Magma geformt worden. Aus dem Eingang steigt Rauch auf. Dort haben sich unsere Träger um ein Feuer versammelt.

»Wie spät ist es?«, frage ich.

»Elf Uhr dreißig«, sagt Iain.

»Unmöglich. Mir kommt es vor wie vier Uhr dreißig.«

Wir haben bereits einen Zwölfstundentag hinter uns, fühlen uns aber alle so, als könnten wir weitergehen. »Sollten wir nicht noch zu Höhle Zwei weitergehen?«, fragt Iain. »Das macht die Strecke morgen kürzer, für die wir sonst ziemlich lange bräuchten.«

Iain ist darauf bedacht, dass wir unseren Weg gut einteilen, weil wir sonst möglicherweise nicht durchhalten. Ich bin optimistischer, auch wenn mir klar ist, dass immer einer von uns durch Krankheit ausfallen oder – noch unwahrscheinlicher – von einem angreifenden Tier, etwa einem Krokodil, außer Gefecht gesetzt werden könnte. Es wäre auch möglich, dass wir Wilddieben oder Banditen begegnen und in eine Schießerei verwickelt werden. Aber was das geistige Durchhaltevermögen angeht, einen Fuß vor den anderen zu setzen, so vermute ich nach den ersten paar gemeinsamen Tagen, dass wir dazu alle fähig sind.

Die einzigen Bedenken, die ich habe, gelten der Hitze, die uns meiner Vermutung nach im Tsavo-Park erwartet. Als ich vor zwei Jahren mit meiner Familie dort weilte, war es unglaublich heiß. Meine Frau hatte gefragt, ob es eine gute Idee sei, mit unseren drei kleinen Kindern täglich einen Fußmarsch von zwei bis drei Stunden zu machen. »So groß ist die Hitze nicht«, hatte ich ihr geantwortet. Aber dann schmolz der Leim, mit dem die Gummisohlen meiner Nikes festgeklebt waren, und ich musste sie mit Isolierband wieder befestigen. »Wie hübsch, Rick«, sagte meine Frau, nachdem sie mich gefragt hatte, wozu das Klebeband gut sei. »Ich überlege gerade, was die Hitze in den Köpfen der Kinder anrichtet.« Am Abend dieses Tages fragte ich Iain, ob er im Lager ein Thermometer hätte. »Heute hatten wir 52 Grad«, sagte er. »Im Schatten! In der Sonne werden es wohl eher an die 65 Grad gewesen sein.«

Alles in allem ist Iains Hinweis auf die Etappeneinteilung berechtigt. Und als wir die zweite Höhle erreichen, sind wir wirklich erschöpft. Sie ist groß, hat einen sandigen Boden und ist am Eingang etwa 4,50 Meter hoch. Die Decke ist von den Rückständen von Hunderten von Lagerfeuern rußgeschwärzt. Sie ist ideal als Unterkunft für die Träger. Wir stellen unsere Zelte in der Nähe auf einer mit Grasbüscheln bestandenen Ebene auf und verzehren unser Essen. Der Berg ist in eine graue Wolke gehüllt. Und jetzt, nach Sonnenuntergang, sieht das Gestrüpp rings um unsere Zelte ebenfalls grau aus. Als wir in unsere Zelte kriechen, sind wir zwanzig Stunden lang wach gewesen. Als ich in meinem Schlafsack liege, verspüre ich eine plötzliche Depression, die einen merkwürdigen Kontrapunkt zur Euphorie des Gipfelmorgens und dem angenehmen Fußmarsch am Nachmittag darstellt. Es ist, als hätte sich Iains Unsicherheit meiner angenommen, sodass ich nun nicht mehr so selbstsicher bin wie noch vor einer Stunde. Es ist nicht der Gedanke, dass wir es nicht schaffen könnten, der mich in diese Stimmung versetzt hat, es mangelt mir vielmehr am üblichen Enthusiasmus.

Ich überdenke die letzten vier Tage. Insgesamt enttäuscht mich die bisherige Reise, so kommt es mir wenigstens vor. Es liegt nicht daran, dass sie nicht schön gewesen wäre. Selbst im Regen genoss ich den Marsch durch den Wolkenwald mit fast dreißig Meter hohen Steineiben, von deren Ästen Flechtenwuchs herabhing. Im Unterholz wucherten Baumfarne, die über dem Weg herunterhingen, und von den Enden der gefiederten Wedel tropfte Wasser. Am zweiten Tag dann schrumpften die Steineiben zu verkrüppelten Zwergen, und wir stiegen durch ein Meer riesigen Heidekrauts bergauf, wobei wir gelegentlich die südlichen Gletscher des Kilimandscharo sehen konnten.

Das alles hatte mir gefallen, aber dann vereinte sich am Hochlager die Umbwe-Route mit einer der beiden Hauptrouten zum Kili, und dieser Ort war mit rund fünfzehn Zelten anderer Gruppen einfach überfüllt. Abfall lag verstreut herum, und es roch, als hätte man mich in ein stark frequentiertes Plumpsklo eingesperrt. Über 20 000 Menschen steigen inzwischen pro Jahr auf den Kilimandscharo, und unter so viel Besuch leidet der Berg natürlich.

Noch enttäuschender war jedoch die Entdeckung, dass der Berg aller Wildtiere beraubt war. Ich wollte die langhaarigen Elenantilopen über eine alpine Tundra laufen sehen, eingerahmt von Gletschern im Hintergrund. Wo waren die Bergelefanten mit ihren kurzen Ohren und dem an die Kälte besser angepassten gedrungenen Körper? Wo die Stummelschanz-Affen mit ihrem frackartigen schwarz-weißen Fell?

Ich weiß, dass wir wilde Tiere sehen werden, wenn wir den Tsavo-Park erreichen. Ich weiß, dass meine Niedergeschlagenheit daher rührt, dass ich vor einundzwanzig Stunden das letzte Mal geschlafen habe. So drehe ich mich zu Iain, um gute Nacht zu sagen, aber er atmet bereits regelmäßig und tief, wie ein Mensch, der völlig erschöpft ist. Und einige Minuten später entschwebe auch ich der wachen Welt.

4

Nur weil ich Beamter bin, heißt das nicht, dass ich in einer Amtsstube sitzen muss.

BILL WOODLEY, HÄUFIG GEGENÜBER FREUNDEN GEÄUSSERTER KOMMENTAR

Die Sonne scheint auf meine Seite des Zelts, ich wache von der Wärme auf. Der Himmel ist klar, der Berg hell, und auf dem Gipfel des Kilimandscharo ist die Linie, bei der Eis und Himmel aufeinandertreffen, ein scharfer Kontrast von Weiß und Blau. Ich fühle mich nicht nur fröhlich, sondern auch wieder tatkräftig. Meine ungewissen Empfindungen waren nichts weiter als momentane negative Eingebungen gewesen. Ich mache mir einen gedanklichen Vermerk, dass ich mich davor in Acht nehmen muss, graue Landschaften unter grauem Himmel mit Schlafmangel zu kombinieren.

Der Morgen beginnt gemütlich, wir waschen und rasieren uns, ehe wir den Tagesmarsch beginnen. Der Weg führt in einer geraden Strecke weiter und senkt sich vom Rand der Kuppel hinab in ein Wolkenfeld, welches das Tiefland bedeckt. Wir gehen durch ein Labyrinth von drei Meter hohen Büschen, voller leuchtendgelber Blüten und winziger Blätter, die in Form und Farbe Oregano gleichen. In der Nähe erkenne ich das Zwitschern von Hunter's Grassängern, und als wir um eine Biegung kommen, entdecke ich, wie sie oben auf einem Gebüsch sitzen. Es sind zwei unscheinbare braune Vögel, deren Kehlen abwechselnd pulsieren, weil sie sich bei ihrem Vogelgesang in so perfekter und kontinuierlicher Harmonie abwechseln, dass ich es für das Zwitschern eines einzelnen Vogels halten würde, hätte mir Iain nicht zuvor gesagt, wie diese Vögel im Duett singen.

Gestern haben Bongo und Danny in der Nähe der Zweiten Höhle Büffelspuren entdeckt, aber ansonsten gibt es immer noch keinerlei Anzeichen von Wildtieren. Wir durchqueren die beginnende Senke eines jahreszeitlich fließenden Bachs. An ihrem Grund ist ein kleiner Olivenbaum, der wegen seiner Vorreiterposition am Rand der Baumgrenze sehr verkümmert wirkt. Wir steigen über einen weiteren Bach mit kleinen Becken klaren Wassers, die von smaragdgrünem Moos gesäumt werden. Nun stoßen wir immer öfter auf Olivenbäume, von denen viele unlängst durch ein Feuer geschwärzte Äste haben. »Honigjäger«, sagt Bongo. »Sie wollten die Bienen ausräuchern.«

Wir kommen an der Ersten Höhle vorbei, dem traditionellen Biwak des ersten Teiles des Rongai-Abschnitts der Loitokitok-Route. Der Weg mündet in eine von Geländewagen ausgefahrene Spur, die mit feinem schuhtiefem Staub bedeckt ist, der unsere Beinhaare pudert. Am Wegrand stehen blühende Proteusbäume, und Bongo deutet auf die erste afrikanische Bleistiftzeder. Diese großen, immergrünen Bäume werden bis zu dreißig Meter hoch und sind in den Zonen mittlerer Höhe auf Bergen Äquatorialafrikas weit verbreitet. Wie bei der amerikanische Red Cedar (Virginischer Wacholder) wird ihr Holz zur Herstellung von Bleistiften verwendet, und wie bei den amerikanischen Bäumen handelt es sich eigentlich nicht um Zedern, sondern um Wacholdergewächse. (Interessanterweise sind die meisten Bäume, die man gemeinhin als Zedern bezeichnet, oft etwas anderes, und es gibt auf der Welt nur vier echte Zedernarten: die Zedern des Libanon, die Atlaszedern Nordafrikas, die Deodarzedern im Himalaja und die Zypernzedern auf der ihnen den Namen gebenden Insel.)

In nur fünfzehn Minuten vollzieht sich für uns der Übergang vom Buschland in einen Galeriewald. Einer der Aspekte, der mir beim Wandern auf Gletscherbergen in Äquatorialafrika am meisten gefällt, betrifft die Geschwindigkeit, mit der man durch fast alle Klimazonen der Erde kommt. Es ist, als würde man eine Überschallreise von der Arktis bis hinunter zum Äquator unternehmen. Das Blätterdach schließt sich über dem Weg. Bongo weist auf ostafrikanische Olivenbäume hin und auf einen sehr großen Feigenbaum, den größten Baum im Wald, dessen dicker Stamm aus einem Dutzend oder mehr säulenartigen, zum Teil frei stehenden Strünken besteht, die weiter oben erst zusammenwachsen.

»Du kennst dich gut mit Bäumen aus«, sage ich zu Bongo. Er erwidert, dass die meisten auch in den Wäldern zu finden sind, die den Mount Kenya umringen. Bongo hat es sich zur Aufgabe gemacht, ihre naturkundliche Entwicklung zu studieren. Als Aufseher des Mount Kenya unterstehen ihm nicht nur der Berg, sondern auch die ihn umgebenden Moorgebiete und Wälder. Ich frage ihn, wie für ihn ein typischer Arbeitstag aussieht.

»Mein Tag beginnt normalerweise damit, dass ich am Vormittag mit meinem kleinen Flugzeug über den Berg fliege. Bei gutem Wetter sehe ich mir die drei Hauptkletterrouten an, um sicherzugehen, dass alle auf dem Berg befindlichen Gruppen in Sicherheit sind. Ich halte Ausschau nach Bränden, Tieren im Moorgebiet, die Probleme haben könnten. Dann gehe ich für den Rest des Tages ins Büro und erledige Schreibkram. Am Abend versuche ich noch einmal einen Flug zu machen oder zu einer Fahrt auf einem der Waldpfade rauszukommen.«

»Mit einem Vater als Wildhüter«, fährt er anschließend fort, »bin ich in den Nationalparks am Mount Kenya und auf der anderen Seite drüben in den Aberdares aufgewachsen. Es ist das einzige Leben, das ich je gekannt habe.«

*

Auch Bongos Vater kannte nur dieses Dasein. Aus früheren Gesprächen mit Iain wusste ich ein wenig über Bills Geschichte, und während unseres Anstiegs auf den Kilimandscharo erzählte er mir eines Abends mehr darüber. Wir lagerten am oberen Ende der Umbwe-

Route und waren alle im Freien geblieben, um das Alpenglühen auf den Gipfelgletschern zu genießen, bis die eine Flasche Whiskey, die wir zum Aufstieg mitgenommen hatten, leer war. Ich teilte mir ein Zelt mit Iain, und als wir in unseren Schlafsäcken lagen, kamen wir auf Bill Woodley zu sprechen.

»Er hat mein Leben stark beeinflusst«, sagte Iain. »Ich begegnete ihm, als ich fünfzehn oder sechzehn Jahre alt war und zum ersten Mal den Mount Kenya besteigen wollte. Er war damals Wildhüter im Park, nahm mich sehr rasch in seine Rettungsmannschaft auf und unterstützte mich, als ich anfing, Bergführungen zu machen. Dann gab es 1979 eine totale Sonnenfinsternis, deren Kernschatten über den Tsavo-Park wandern sollte, und ich führte eine Gruppe von amerikanischen Wissenschaftlern dorthin. Bill war damals schon nach Tsavo-West versetzt worden, also fuhr ich zu ihm hinunter, um die Details mit ihm auszuarbeiten. Er war erst einige Monate zuvor nach einer Magenkrebsoperation wieder zum Dienst angetreten, aber er nahm mich in seinem Flugzeug mit, damit wir uns aus der Luft alles genauer ansehen konnten. Ich weiß noch, dass ich, als wir uns über dem Tsavo River befanden, die Flusspferde an den Ufern betrachtete, die Dumpalmen und die Felswand des Kichwa Tembo, und dass sich da Bill zu mir umdrehte und sagte: ›Tolle Gegend da unten. Du solltest mal darüber nachdenken, dort Safaris zu Fuß zu organisieren.‹

Und heute sind diese Touren zu meiner Haupttätigkeit geworden. Du siehst also, ich verdanke ihm eine Menge, und nicht nur in geschäftlicher Hinsicht, sondern auch, weil er ein so ehrenwerter Mensch war. Ich glaube, in diesem Punkt hat er mich sogar noch mehr beeinflusst. Es ist schade, dass wir damals keinen Abstecher machten, um ihn zu besuchen.«

Iain spielte damit auf eine bestimmte Begebenheit vor ein paar Jahren an, als ich in Afrika war, um für das Filmprojekt *Flucht ins*

Abenteuer Drehorte zu erkunden. Iain und ich hatten den Gipfel des Mount Kenya bestiegen, und auf dem Rückweg nach Nairobi schlug er vor, dass wir unterbrechen und Bill Woodley und seine Frau Ruth besuchen sollten. Bill hatte damals bereits im Tsavo-Park aufgehört und sich in einem kleinen Haus an den Hängen des Berges zur Ruhe gesetzt. Aber wir hatten uns beim Abstieg verspätet, und ich musste einen Rückflug erwischen, also verschoben wir unser Vorhaben. Ruth starb im folgenden Jahr, und Bill nur kurze Zeit später.

»Wenn ich das noch einmal machen könnte, würde ich den Flug canceln, nicht aber den Besuch.«

Als wir am nächsten Tag auf dem Höhenweg, der die Umbwe-Route mit der Hauptstrecke verband, eine Rast einlegten, bat ich Bongo, mir von seiner Erstbesteigung des Kilimandscharo zu erzählen.

»Ich war damals vierzehn, und nur Dad, mein anderer Bruder Benjamin, zwei Ranger und ich unternahmen den Aufstieg. Nachhaltig blieb mir in Erinnerung, dass wir, als wir in der Marangu-Hütte ankamen, einen Deutschen vorfanden, der an einer Herzattacke gestorben war. Es gab noch einen Verunglückten dieser Expedition, glücklicherweise war er aber noch am Leben. Man hatte den toten Deutschen bereits auf die einzig vorhandene Tragbahre gelegt, doch dann übernahm Dad das Kommando und ließ den Leichnam von dieser nehmen, damit der Verletzte draufgelegt werden konnte. Seine Meinung hatte er Vorrang. Da bei uns zu Hause ständig von Bergrettung geredet wurde, beunruhigte mich der Vorfall nicht allzu sehr.«

»Wie hätte dein Vater diese Safari gefunden?«

»Er wäre sofort dabei gewesen«, erwiderte Danny. »Er liebte es, durch die Wildnis zu gehen.«

»Eines Tages, kurz vor seinem Tod«, fügte Iain hinzu, »sagte er mir, dass er bei seiner Ankunft im Tsavo-Park immer die Füße benutzen musste, weil es noch keine Straßen gab. Als dann Fahrpisten angelegt wurden, überlegte er, wie es wohl wäre, wenn er fliegen könnte. Und nachdem er sich vom Fliegen zur Ruhe gesetzt hatte, sagte er, es sei an der Zeit, sich wieder auf die Füße zu stellen und sich mehr zu auf diese Weise fortzubewegen. Aber da war sein Gesundheitszustand schon sehr schlecht.«

»Vielleicht geht er jetzt im Geist mit uns mit«, sagte ich.

Danny lächelte und sagte: »Mit dem Unterschied, dass er jetzt die Whisky-Flasche hat und wir nicht.«

⋆

Später fragte ich Bongo und Danny, was sie für das Wichtigste hielten, das sie von ihrem Vater gelernt hätten. »Die Liebe zum Busch«, sagte Bongo, zur freien Natur, zum Leben in den Nationalparks.« Er legte eine Pause ein und fuhr dann fort: »Und zur Integrität. Das war die Hauptsache. Bis zu seinem Sterbetag war er der ehrlichste Mann, den ich gekannt habe, und ich möchte glauben, dass davon auch etwas in mir steckt.«

Ich wandte mich an Danny. Er sagte: »Er brachte mir bei, wie ein Jäger zu denken.«

»Als Naturschützer?«

»Wir wurden dahingehend erzogen, dass man ein exzellenter Jäger sein muss, um ein ebenso exzellenter Wildhüter sein zu können. Dad war davon überzeugt, dass niemand ein Tier besser kennen würde als ein Mann, der es hat jagen müssen. Ich sehe mich als Jäger, weil ich die Lebensart mag, die sich um diese Lebensform dreht. Gefährliche Augenblicke erfahren, sich auf jeden seiner Sinne verlassen, auf das Spurenlesen, auf das Gehör, auf das Sehen und Riechen, auf die Reaktionszeit im Bruchteil einer Sekunde.«

»War dein Vater in seiner Zeit als Wildhüter denn auch Jäger?«

»Es gab immer bestimmte Momente, wo er in dieser Funktion gefordert wurde, etwa, wenn Büffel Menschen angriffen oder Elefanten die Dörfer plünderten. Dad erwarb zudem jedes Jahr eine Jagdlizenz für einen Elefanten, denn der Lohn eines Wildhüterassistenten war eher bescheiden, und ein Paar Stoßzähne brachte eine gute Gehaltsaufbesserung. Er jagte außerhalb der Parks, am Tana River beispielsweise, weil es dort legal war.«

»Sah man das nicht als Widerspruch an?«

»Nein, damals nicht.«

»Später?«

»Später wurde das Jagen generell verboten.«

Mir kam das sehr gegensätzlich vor: auf der einen Seite ein Hüter zu sein, der sich der Erhaltung wilder Tiere widmet, und andererseits ein Verfolger, der die Dickhäuter aus Sport und aufgrund ihres Elfenbeins tötet. Ein ähnlich absurdes Vorgehen war es, die Waliangulu, einen Stamm, dessen ganze Kultur um die Elefantenjagd kreist, zu verhaften und einzusperren, wenn man bei entsprechender Gelegenheit selbst auszog, um das Gleiche wie sie zu tun.

Während unseres Weitermarsches erfuhr ich noch, dass die meisten von Bills Freunden unter den Park- oder Wildhütern früher Berufsjäger gewesen waren. Sie alle hatten eine Zeit erlebt, in der man, wenn man das Leben im wilden Buschland liebte, diese Liebe auch über das Jagen zum Ausdruck brachte.

Es bedurfte einiger Überlegungen, bevor ich das verstand. Aber als ich es begriff, wurde mir klar, warum sie die Verhaftungen und Strafen für die Waliangulu rechtfertigen konnten. Naturschützer in Afrika befinden sich in einem großen Konflikt, sie müssen nicht nur auf den Wildtierbestand achten, sondern auch auf die Probleme der ländlichen Bevölkerung. Auf diese Weise lernte ich, die Zukunftsmöglichkeiten für das riesige Buschland und seine wilden Tiere besser einzuschätzen.

5

Verlieren Sie vor allem nicht die Lust dazu, zu gehen.

SÖREN KIERKEGAARD, ZITIERT IN BRUCE CHATWIN, TRAUMPFADE

Da unser Nachtquartier noch einige Meilen weiter südöstlich liegt, folgen wir erst einem Pfad durch Felder, dann durch eine Nadelholzpflanzung, die in so perfekten Reihen angelegt ist, dass die Baumstämme stroboskopisch aufblitzen. Irgendwo am Rand des Wäldchens singt eine Kettensäge ihr schrilles Lied. Wir erreichen eine weitere Straße und können bald darauf die Hütten sehen.

»Ich weiß jetzt, wo wir sind«, sagt Bongo. »Wir hätten auch die Naro-Moru-Route heruntergehen können, wir wären ebenfalls hier angekommen.«

»Diese Strecke bin ich nie gegangen«, erwidert Iain, »deshalb wusste ich das nicht.«

»Hätte uns verflixte zwei Stunden Weg gespart.«

Iain antwortet nicht, und nach einer kurzen Pause sagt Danny: »Die Träger hätten dafür aber möglicherweise eine Zulassung gebraucht.«

»Trotzdem ist es beschissen geplant«, meint Bongo.

Iain erwidert darauf immer noch nichts, und es liegt ein Rest von Anspannung in der Luft, als wir die Hütten erreichen. Es sind attraktive Bungalows, die am Rand des Waldes inmitten einer grünen Oase gruppiert sind. Sie sind erst vor Kurzem in der Hoffnung errichtet worden, dass die neu eröffnete Loitokitok-Route Scharen von Bergwanderern anlockt. Die frischen Kiefernwände riechen harzig, und die Betten haben frische Bezüge. Kaum eine halbe Stunde später kommen zwei Fahrzeuge aus Nairobi an, mit Kahin, dem Koch, den anderen Lagerassistenten und einer Menge von Lebensmitteln, die wir für die nächste Woche benötigen. Wir bezahlen unsere Kilimandscharo-Träger und deren Manager, der, wie zuvor ausgemacht, von der tansanischen Seite aus um den Berg herumgefahren ist, um sie zurückzubringen. Alles verläuft genau nach Plan, einem Plan, den Iain vor Wochen ausgearbeitet hat.

*

Ich wache beim ersten Morgengrauen auf und höre den Vögeln im Wald zu, wie sie zu zwitschern anfangen. In einem Bett zu schlafen war ein unerwarteter Luxus. Die Temperatur liegt bei 15 Grad, und ich gönne es mir, noch einige zusätzliche Minuten unter der Decke zu liegen, während ich daran denke, dass heute an diesem Punkt, drei Breitengrade unter dem Äquator, der Tag ungefähr so lang sein wird wie die Nacht.

Wir versammeln uns alle zu einem von Kahin zubereiteten schmackhaften Frühstück. Unser Koch ist ein Kikuyu, der auf einem kleinen familiären Anwesen außerhalb von Nairobi wohnt, auf dem er in der Nebensaison der Farmarbeit nachgeht. Er ist 1,75 Meter groß, und wie alle von Iains Mitarbeitern setzt er jederzeit ein Lächeln auf. Aber bei Kahin hat man den Eindruck, dass er dabei in Gedanken ganz woanders ist. Und man findet bald heraus, dass er sich tatsächlich vollkommen auf sein Kochen konzentriert. Er ist der grandioseste Koch am Grill, den ich je kennengelernt habe. Kahin hat Iain dazu gebracht, einige europäische Food-Magazine zu abonnieren. Möglicherweise ist er der einzige afrikanische Koch, der je in einem Artikel der englischen Ausgabe von *Gourmet* vorgestellt wurde. Kahin ist beim Kochen Autodidakt, er nimmt sich ein Rezept aus einer Zeitschrift vor und weiß, wie er es an die ihm vor Ort zur Verfügung stehenden Zutaten anpassen kann. Oder er liest eines und benützt es nur als Anregung für eine eigene Kreation. Und all das mit Töpfen auf offenem Feuer.

Nach dem Frühstück werben wir einen ortsansässigen Führer an, der uns auf Wegen führt, die gegenüber den Feldpfaden eine Abkürzung darstellen. Zusammen mit den Lagervorräten, die gestern angekommen sind, haben wir auch unsere Ausrüstung für den Marsch durch das Tiefland erhalten, daher tragen Danny und Bongo heute Morgen frische khakifarbene Shorts und Hemden. Danny hat zusätzlich noch Mowgli-grüne Kniestrümpfe angezogen. Sie sehen beide aus wie Wildhüter.

Wir beginnen unseren Tagesmarsch und nähern uns einem Schild, auf dem NARO MORU TRAIL steht. Iain sagt: »Wenn wir gestern diesen Weg heruntergekommen wären, hätten wir zwei Stunden einsparen können. Man bedenke, zwei ganze Stunden!«

Alle lachen, auch Bongo. Und was es am Vortag an Groll gegeben haben mag – er ist verflogen. Der Himmel ist blau, die Luft ist kühl, und ich bin guter Laune, obwohl ich weiß, dass wir heute vermutlich den unangenehmsten Tag unseres Fußmarsches vor uns haben. Wir müssen zwanzig Meilen an einer Straße entlang gehen, die um den Kilimandscharo herumführt, bis wir zu einem kleinen, Mogoini genannten Drainagegraben kommen, dessen Wasserlauf wir dann Richtung Osten auf Massai-Gebiet folgen werden.

In Loitokitok ist Markttag. Auf dem Dorfplatz präsentieren Hunderte von Bauern ihre Waren auf farbenfrohen Baumwolltüchern, die sie auf dem Boden ausgebreitet haben. Wir kommen an einer Schreinerei vorbei, die Möbel herstellt. Iain bleibt stehen, begutachtet das kleine Holzhaus und sagt dann: »Das war einmal eine Bar, die einem singhalesischen Mischling gehörte. Wenn ich auf Safari war, bin ich stets hier eingekehrt, um ein Bier zu trinken. Der alte Mann erzählte mir immer, seine Bar sei ein bevorzugter Aufenthaltsort des großen amerikanischen Jägers Hemingway gewesen. Ich nahm die Geschichte nie für bare Münze, bis er eines Tages eine Kiste unter der Theke hervorkramte und mir einen an ihn adressierten Brief zeigte. Er war unterschrieben mit ›Ihr Freund Ernest Hemingway‹.«

Es kommen nur wenige Besucher nach Loitokitok – und zu Fuß die allerwenigsten. Daher bleiben die Menschen aus der Umgebung stehen und starren uns an. Die Straße hinunter erkennen wir das Fahrzeug, in dem sich drei Ranger des Kenya Wildlife Service befinden. Sie werden uns von jetzt ab bis zum Ozean begleiten. Alle drei tragen Tarnuniformen und jeder von ihnen hat ein Halbautomatikgewehr senkrecht in die Hüfte gestemmt. Sie sollen uns auf dem Weg durch den Tsavo-Park vor Büffeln, Krokodilen und Flusspferden beschützen, und wenn wir das ferne Ranchland südlich des Tsavo-Parks durchqueren, vor somalischen Banditen und Wilddieben. In diesem Gebiet würde sie nichts davon abhalten, eine zu Fuß reisende Gruppe zu berauben und zu ermorden.

Zwei der Ranger gehören zu den stolzen und kriegerischen Stämmen Nordkenias, die in der Nilgegend beheimatet sind. Mohamed – ein Sergeant und der Älteste der drei Männer – ist ein 1,98 Meter großer Samburu, Lokiyor weist 1,90 Meter auf und gehört zu den Turkana. Galogalo misst dagegen nur knapp 1,80 Meter, er ist ein Mitglied des Rendille-Stammes. Dieser lebt ebenfalls in Nordkenia, stammt aber von Völkern hamitischen Ursprungs ab. Die drei klettern aus dem hinten offenen Land Rover und stellen sich mit seitlich abgestelltem Gewehr auf einen erhöhten Randstein, während Danny sie unserem Kameramann Pete und mir vorstellt.

Ich kannte Mohamed bereits von der Fußsafari, die ich zwei Jahre zuvor mit Iain gemacht hatte. Er machte damals einen so lebhaften Eindruck auf mich, dass ich mich in der Zwischenzeit schon fragte, ob ich ihn in meiner Vorstellung nicht zu etwas Überlebensgroßem stilisiert hatte. Aber sein Gesicht ist noch genauso, wie ich es erinnerte: die gepiercten Ohren, deren Ohrläppchen nach Samburu-Art in die Länge gezogen sind, die Messernarbe quer über die untere

Gesichtshälfte, die roten Augen, die aussehen wie die eines nachts jagenden Tieres. Damals hatte Iain es so arrangiert, dass Mohamed erstmals bei einem Hotel in der Nähe des Eingangstors zum Tsavo-Park zu uns stieß. Wir saßen am Pool mit Dutzenden anderer Touristen, als der Sergeant ankam. Damals wie heute trug er Tarnkleidung und schwarze Armeestiefel. Schmaläugig und mit regungslosem Gesicht hatte er mit langen Schritten die Lobby durchquert, ein Sturmgewehr geschultert. Mütter und Väter rückten instinktiv näher zu ihren Kindern, während Iain sein Bier abstellte und sagte: »Schau, da kommt Mohamed!« Worauf ich erwiderte: »Nein, da kommt Rambo.« Jetzt schüttle ich seine Hand, versuche ein Lächeln. Doch Mohamed blickt auf mich herunter, ohne den Hauch eines Wiedererkennens.

»Ich glaube, er erinnert sich nicht an mich.«

Iain sagt etwas auf Kisuaheli zu ihm, und Mohamed antwortet ihm, ohne seine Gesichtszüge zu verändern. »Natürlich erinnert er sich an dich«, gibt mir Iain zu verstehen. Ich werfe noch einmal einen Blick in Mohameds Richtung. Diesmal nickt er, und ich nicke zurück.

»Sollen wir unseren Marsch beginnen?«, fragt Bongo.

*

Wir folgen einem Feldweg neben einer befestigten Straße. Busse und Lastwagen verlangsamen ihre Fahrt, und Farmer hören zu pflügen auf, wenn wir an ihnen vorbeigehen. Als die Sonne im Zenit steht, sage ich allen, dass heute Herbst-Tagundnachtgleiche ist, und Iain, der eingefleischte Filmfreak, singt die Melodie von *Zwölf Uhr mittags* (»Do not forsake me, oh my darlin'...«/»Sag, warum musst du von mir gehen ...«). Es kommt einem wirklich fast so vor, als befänden wir uns mitten in einem Western, schon allein wegen der Waffen, dem Staub und der flirrenden Hitze, die in der Ferne den Asphalt in verlockende Wasserflächen verwandelt, auf denen kleine

Wellen tanzen. Zum ersten Mal bin ich auf einem Trampelpfad in einem fernen Land, und es schrillt bei mir im Hinterkopf keine Alarmglocke, die mich gegenüber Dieben aufmerksamer werden lässt. Mir wird klar, dass ich keine Angst vor Milizen oder bewaffneten Polizisten habe, denn ich selbst, der Abenteuerreisende, bin die bewaffnete Polizei.

Der Straßenbelag wird zu Erde, sodass jeder vorbeifahrende Lastwagen oder Bus eine riesige apokalyptische Staubwolke aufwühlt, die uns in ein braunes Gewand hüllt. Wir schneiden Quadrate aus Baumwoll-*kangas* und falten sie zu dreieckigen Halstüchern, die wir nach Banditenart über Mund und Nase drapieren. Der Staub fängt sich trotzdem in unserer Kehle. Es ist heiß, und bei einem Blick über unsere Schulter schimmert das Gipfeleis des Kilimandscharo in einem schmalen Streifen auf der Bergkuppe, die bereits überraschend weit entfernt aussieht. Farmen verwandeln sich stellenweise zu Dornengestrüpp, dann wieder zu Farmen. Wir kommen an einer Kolonie kandelaberartiger Euphorbien vorbei, zwölf Meter hohen Bäumen mit weit ausgebreiteten Ästen, die die Wolfsmilch-Pflanzen wie riesige Kakteen aussehen lassen. Bricht man die Zweige ab, tritt eine klebrige Flüssigkeit aus, die so giftig ist, dass ein Tropfen im Auge Blindheit bewirken kann.

Nachmittags erreichen wir den Mogoini-Wasserlauf, der in dieser Höhe und um diese Jahreszeit nur ein trockenes Flussbett voll grauer Steine ist. Wir rasten unter der weit ausladenden Baumkrone einer Tamarinde. »Das Beste wird sein, wenn wir jeden Tag um diese Zeit pausieren und abwarten bis es kühler wird, ehe wir unseren Marsch zu Ende bringen«, sagt Bongo.

»Ich würde auch die Hitze ertragen, um schneller ins Lager zu gelangen«, erwidert Danny.

Niemand antwortet, und nach zehn Minuten nehmen wir in unausgesprochener Übereinstimmung unser Gepäck erneut auf und gehen weiter auf dem Trampelpfad, welcher die Hütten der Farmer verbindet, die kleine, an den Wasserlauf angrenzende Felder bestellen. Nach einer Stunde quert der Fußweg eine schmale Straße für Geländewagen, auf der frische Reifenspuren zu einer Gruppe von Tamarinden führen, die das Ufer des Mogoini begrenzen. Es sind Iains Fahrzeuge, und wir schlagen dort unser Lager auf.

*

Unsere Augen sehen aus, als hätte man sie in unsere schmutzigen Gesichter geklebt. Unsere Füße sind von der befestigten Straße wund, und Iain und Bongo haben Stellen an den Füßen, von denen sie befürchten, sie könnten zu Wasserblasen werden. Aber wir sind dennoch alle guter Laune, und nachdem wir uns ausgeruht und gewaschen haben, sagt Danny zu mir: »Unweit von hier ist eine Gegend, in der Elefanten fast jede Nacht über die Dörfer herfallen. Ich vermute, dass ich bald dorthin geschickt werde, um die Sache zu regeln. Warum fahren wir nicht hin? Dann kannst du dir selber ein Bild von der Lage machen.«

Wie Danny ist auch Lokiyor – der Turkana-Ranger – für die Kontrolle von Problemtieren zuständig. Der jüngere der beiden Woodley-Brüder sagt ihm, er solle seine Schuhe anziehen, das Gewehr nehmen und mitkommen. Als die Ranger nach Loitokitok fuhren, hatten sie Dannys belgische FN mitgebracht, eine halbautomatische Sturmwaffe, außerdem Bongos Elefantengewehr, eine seltene Rigby .416, die seinem Vater gehört hatte. Danny greift jetzt zu seiner FN, wir springen in Iains Land Rover – und schon geht es los. Ich frage nicht, aber ich nehme an, dass wir nicht zu erwarten haben, einem wild gewordenen Elefanten zu begegnen. Die Waffen sollen wohl hauptsächlich den Dorfbewohnern verdeutlichen, dass wir Beamte des Kenya Wildlife Service sind, den man hier allgemein nur KWS nennt. Bei dem militärischen Aussehen – Tarnanzüge, schwarze Armeestiefel, Panzerwesten, halbautomatische Gewehre

– könnte man auch vermuten, man habe es mit Soldaten eines diktatorischen Regimes zu tun. Der wahre Grund ist, dass der KWS eine paramilitärische Organisation ist, die einen regelrechten Krieg gegen Wilddiebe führt und echte Kugeln abfeuert – und das nicht nur auf Tiere.

Im Land Rover erzählt mir Danny mehr über den Konflikt zwischen Elefanten und Farmern. »Diese Gegend ist Massai-Gebiet. Und die Massai haben, historisch gesehen, hier nur Ziegen- und Rinderherden gehütet. Aber während der letzten Jahre verpachteten sie einen Teil des Landes an Farmer aus anderen Stämmen, etwa den Wakamba, Kikuyu und Chagga.« (Es gibt tendenziell Ressentiments zwischen den Massai und diesen Stämmen, so wie überall auf der Welt, wenn Ackerbauern auf Viehzüchter treffen.) »Als nur Massai hier waren, existierte eine Harmonie zwischen ihnen und den wilden Tieren, aber das hat sich durch den Ackerbau geändert.«

Wir verlassen die unbefestigte Hauptstraße und folgen einem Feldweg zu einer Reihe bestellter Felder. Der silhouettenartige Umriss des Mawenzi gibt einen wunderbaren Rahmen ab, während die Sonne hinter dem Gipfel untergeht und diesen mit einem Strahlenkranz krönt. Wir halten einen Farmer an, der von seinen Feldern heimkehrt, und Danny fragt ihn nach den Elefanten. Er gibt uns zu verstehen, dass sie jede Nacht geplündert hätten, er wolle uns den angerichteten Schaden zeigen. Wir steigen aus und folgen dem Farmer. Hintereinander gehen wir auf kleinen Erdwällen zwischen den Ackerflächen, auf denen jetzt nur noch geknickte braune, bereits abgeernteté Maisstangen stehen, aber auch noch etwas Kohl, Tomaten und kleine Sträucher mit roten Chilischoten. All diese Felder sind dem wilden Buschland in den letzten zehn Jahren abgetrotzt worden. Bewässert werden sie mit Wasser, das aus dem nahen Rombo River hergeleitet wird. Wir kommen an den Resten eines Lagerfeuers und einem Stück Wellblech vorbei. Danny erklärt, dass junge Burschen abwechselnd Wache halten, Feuer machen und mit Stöcken auf das Blech schlagen, um die Elefanten zu vertreiben. »Das Problem dabei ist, dass sie die ganze Nacht auf sind und dann erwartet wird, dass sie tagsüber zur Schule gehen.«

Der Farmer führt uns zu einem Feld, das vom Bewässern noch ganz matschig ist. Er hat dort eine ortsübliche Bohnenart angepflanzt. Die erdige Fläche ist übersät mit kleinen Kratern, als hätte ein Mörserangriff stattgefunden. Es sind aber die dreißig Zentimeter tiefen Löcher, die nahrungssuchende Elefanten hinterlassen haben. »Der Farmer sagt, die Dickhäuter waren letzte Nacht hier, und sie konnten sie nicht verscheuchen«, erklärt Danny weiter. Er untersucht die Spuren und gelangt zu dem Schluss, dass es eine von einem Muttertier geführte Herde von vermutlich fünf oder sechs Tieren ist. Zu dem Farmer sagt er: »Meine Einheit wird wahrscheinlich bald hergeschickt, um sie zu vertreiben.«

Maßnahmen zur Behandlung von diesen schwierigen Tieren wurden Anfang der neunziger Jahre beschlossen, weil es zunehmend Konfliktstoff zwischen Farmern und Elefanten gegeben hatte. Ironischerweise trat dieses Problem erst auf, nachdem man den Wilddieben größtenteils das Handwerk gelegt hatte. (Der Elefantenbestand war von geschätzten 120000 Tieren zu Beginn der Siebzigerjahre durch Wilddiebstahl bis zum Ende der Achtzigerjahre auf knapp über 20000 geschrumpft, bis es endlich gelang, die Elefantenjäger zurückzudrängen. Ein Teil des Rückgangs war allerdings die Folge einer langen Dürreperiode in den Jahren 1971 und 1972.) Die Zeitschriften in Nairobi, die noch vor wenigen Jahren häufig Artikel über Wilddiebe gebracht hatten, veröffentlichten nun grell aufgemachte Schlagzeilen von Elefanten, die Farmer bedrohten, Schulkinder terrorisierten, Dorfbewohner zu Tode trampelten. Durch die Eindämmung des Wilddiebstahls, so behaupteten die Zeitungen, sei der Elefantenbestand außer Kontrolle geraten. Tatsächlich lag die Schwierigkeit nicht so sehr an einer plötzlichen Zunahme der Elefantenpopulation (denn wegen ihrer langen Trächtigkeit und Entwöhnungszeit für Jungtiere können Elefanten ihre Herde pro Jahr nur um vier bis fünf Prozent vergrößern), sondern daran, dass die Menschen immer stärker in den Lebensraum der Elefanten eindrangen. Joyce Poole, eine amerikanische Feldforscherin, die es sich zur Aufgabe gemacht hatte, Elefanten im Amboseli-Nationalpark zu studieren, erklärte das Problem in ihren Aufzeichnungen *Coming of Age with Elephants* folgendermaßen: »Nachdem der Druck durch den Wilddiebstahl entfallen war, waren die Elefanten aus den Wäldern und Naturschutzparks herausgekommen und hatten sich auf die traditionellen Wanderrouten begeben, nur um in ihren alten Weidegründen menschliche Ansiedlungen vorzufinden.«

Ohne Rücksicht darauf, wer Schuld hatte, war dem KWS klar, dass etwas getan werden musste. Die Organisation versuchte es mit gemeindebezogenen Projekten und sogar mit Umzäunungen, aber letzten Endes war es die einzige vernünftig erscheinende Vorgehensweise, eine kleine Militäreinheit in ein Problemgebiet zu entsenden, um den marodierenden Elefanten eine Lektion zu erteilen. Die Strategie dabei war, aus einer Herde ein Einzeltier auszusondern, gewöhnlich ein Jungtier, und es zu erschießen. Theoretisch sollte das den Rest der Tiere so traumatisieren, dass sie von da an Farmern und Feldern fernblieben, oft für Jahre. Joyce Poole und Danny erhielten den Auftrag, dies auszuführen.

»Eine ideale Lösung ist das nicht«, sagt Danny, als wir die Elefantenfußabdrücke im Feld des Bauern untersuchen. »Also Elefanten töten, um sie zu retten.«

*

Dutzende von Dorfbewohnern haben sich uns jetzt angeschlossen, und wir stehen alle im Kreis um die Elefantenspuren und die zerstörte Ernte herum. Jede der Frauen in der Gruppe hat mindestens drei Kinder, die sie entweder auf dem Arm hält oder die sich hinter ihrem Baumwollrock verstecken. Der Farmer, der uns begleitet hat, scheint mit jedem Blick auf die vernichtete Ernte wütender zu werden. »Sie müssen heute Nacht wieder hier erscheinen«, fordert er, indem er auf Dannys Gewehr deutet. »Kommen Sie wieder, und erschießen Sie die Elefanten. Und zwar alle.«

6

Ich baue keine Imperien, ich bin kein Missionar, ich bin nicht wirklich Wissenschaftler. Ich will nur einfach nach Afrika zurückkehren und meine Wanderungen fortsetzen.

Joseph Thomson, in einem Brief von 1896 an seinen Bruder

Beim ersten Tageslicht höre ich den ungekünstelten Gesang des tropischen Boubou, einer schwarz-weißen Würgerart, deren monochromatisches Aussehen durch einen bemerkenswert klaren oboenähnlichen Gesang ausgeglichen wird, der sich wie »huuuu-l-huu, huuuu-l-huu« anhört. Dieser Vogelruf ist wie bei den Hunter's Grassängern ein Duett zwischen einem Männchen und einem Weibchen, wobei der erste Vogel »huuuu« macht, der andere mit »l-huu« antwortet. Da das Wetter unverändert gut ist, haben wir ohne Regenschutzdach in unseren Zelten geschlafen, sodass ich jetzt durch das Moskitonetz den Himmel heller werden sehe.

»Guten Morgen, Mr. Rick.«

Es ist Chui, der ewig fröhliche Kikuyu-Lagerassistent. (Chui ist groß und schlank für einen Kikuyu, eine Bantu sprechende Stammesgruppe, die ursprünglich aus dem zentralen Hochland kommt. Iains Mitarbeiter vermuten, dass auch etwas Massai-Blut in seinen Adern fließt.) Er bringt mir gerade eine Plastikschüssel mit heißem Waschwasser. Das ist ein Service, den Iain erstmals beim Bergsteigen im Himalaja erlebt hat. Dort brachten einem die Sherpaträger jeden Morgen heißes Wasser ins Zelt, und er meinte, die Kunden seiner Wander-Safaris in Afrika würden die gleiche Gefälligkeit begrüßen. Er hat recht.

Nach dem Frühstück gesellt sich ein Massai aus dem Ort zu uns, der für die beiden folgenden Tage unser Führer sein wird. Von hier bis zur Parkgrenze gehen wir durch Massai-Gebiet, und es ist von unschätzbarem Wert, jemanden dabei zu haben, der uns durch das Gewirr von Rinderfährten geleiten kann, die im Großen und Ganzen dem Lauf des Mogoini folgen, gelegentlich zwischen Flussbiegungen aber auch querfeldein führen. Wir verlassen das Lager um 7.30 Uhr, etwas später, als ich erwartet hatte, aber es hat einige Zeit gedauert, bis Danny und Bongo ihre Gewehre bereit gemacht hatten. Man sagt mir, dass es selbst in dieser von Menschen bewohnten Gegend möglich ist, einem Elefanten zu begegnen, wahrscheinlicher aber einem Büffel. Und als wir aufbrechen, trägt Bongo sein schweres Gewehr auf der Schulter.

Unser Führer geht voraus. Für einen Massai ist er mit vielleicht 1,65 Meter verhältnismäßig klein. Er ist modisch gekleidet, trägt eine zimtbraune Jacke; Hose und der breitkrempige Hut weisen einen ähnlichen Farbton auf. Er führt einen Hartholzspeer mit sich, der an einem Ende eine sechzig Zentimeter lange und flache Klinge hat und am anderen Ende eine Stahlspitze. Wenn Massai durch den Busch gehen, sind sie nie ohne ihren Speer unterwegs, und einen Löwen mit nur einem Wurf zu erlegen ist für einen Massai-Burschen die beliebteste Methode, ein Mann zu werden, ein *morani* oder ein Krieger.

Meine bevorzugte Speergeschichte handelt jedoch nicht vom Erwerb der Männlichkeit, sondern spielt sich auf einer Viehauktion ab, zu der Hunderte von Massai gekommen sind. Ein am Ort befindlicher Regierungsbeamter hat alles für eine Filmvorführung vorbereitet, und es ist das erste Mal, dass die Anwesenden je einen Film gesehen haben. Sie sitzen wie gebannt da und starren die bewegten Bilder an. Aber dann erscheint die Nahaufnahme eines Löwen, und plötzlich springen mehrere Krieger auf, werfen ihre Speere auf die Leinwand und zerfetzen sie.

Da Massai Rinder und Ziegen hüten, verstehen sie sich aufs Gehen. Unser Führer ist da keine Ausnahme. Er schreitet munter dahin und federt jeden Schritt mit den Zehen ab, sodass sich sein Körper in kleinen Sprüngen hebt. Wir atmen alle schwer, um Schritt zu halten, außer Lokiyor und Mohamed, der Turkana und der Samburu, deren in der Nilgegend beheimatete Stämme mit den Massai verwandt sind und deren lange Beine sich nur halb so schnell wie meine bewegen müssen. Nach einer Stunde plädieren wir für eine Rast. Während wir verschnaufen, greife ich in meine Tasche mit Süßigkeiten, die ich auf die Reise mitgenommen habe, und gebe jedem Mann eine mit Schokolade überzogene Espressobohne. Unser Führer schluckt eine, sitzt einige Sekunden lang still, springt dann auf und marschiert weiter. »Toll gemacht!«, sagt Danny.

Wir kommen an der ersten *manyatta* vorbei, einem kreisförmigen Wall aus miteinander verwobenem Dorngestrüpp, das die aus Flechtwerk und Lehm gebauten Massai-Hütten umgibt. Diese hier scheint in einem schlechten Zustand zu sein, und die einzigen sichtbaren Bewohner sind ein paar kleine Kinder, die misstrauisch durch die Öffnung im Dornenwall lugen. Ich war überrascht, als ich erfuhr, dass wir auf unserem Weg auch durch Massai-Gebiet kommen würden. Damals wusste ich nicht, dass sich ihre Heimat so weit nach Osten erstreckt. Tatsächlich befinden wir uns gerade am Rand ihres Gebiets. Von hier aus verläuft ihr Territorium ungefähr nordwestlich am großen Bruchgraben des Great Rift Valley entlang an Nairobi vorbei, westlich über Mara-Grassteppen, von dort südlich bis zur Serengeti, dann wieder östlich über den Ngorogoro-Krater zurück zum Kilimandscharo. Es ist eine Region, die jeweils etwa zur Hälfte in Kenia und in Tansania liegt.

Wir folgen unserem Führer durch dichte *Acacia mellifera*, eine der kleinsten Akazien-Straucharten, die zwischen eineinhalb und drei Meter groß wird und kurze, aber sehr wirkungsvolle Dornen mit Haken hat. Jetzt, gegen Ende der Trockenperiode, ist der graubraune Dornbusch blattlos und wirkt wie abgestorben, und wir gehen im Zickzack, um einen Weg durch das Gestrüpp zu finden. Wir scheuchen einen Schwarm herrlicher Stare mit kastanienfarbener Brust und schillerndem schwarzem Rücken auf. Sie kreischen wie Papageien, während sie im Busch verschwinden. Der Massai bleibt bei einem kleineren Strauch stehen und sagt zu Bongo auf Kisuaheli: »Das ist gegen Geschlechtskrankheiten.«

»Iss lieber was davon«, scherzt Pete, unser Kameramann.

»Mach dir darüber keinen Kopf«, antwortet Bongo und spielt damit zweifelsohne auf sein Junggesellenleben am Fuß des Mount Kenya an. Etwas früher am Morgen hatte Bongo mir erzählt, wie er zu seinem Namen gekommen war. Ohne zu wissen, warum, hatte ich immer vermutet, Bill und Ruth hätten ihren Erstgeborenen nach dem Bongo, der überaus seltenen afrikanischen Waldantilope, benannt. »Als ich noch ganz klein war«, erklärte Bongo, »hielt sich mein Vater oft in entfernten Gegenden Kenias auf, und die einzige Möglichkeit, Kontakt zu halten, lief über das Funknetz des Nationalparks. Da es aber nicht erlaubt war, über persönliche Dinge zu reden, kam mein Vater auf die Idee, meiner Mutter folgende Frage zu stellen: ›Na, wie geht's dem Baby-Bongo?‹ Einmal war ein Safarigast meines Vaters der Gouverneur von Kenia, Sir Patrick Renison, und als Sir Patrick das eines Tages zufällig hörte, sagte er: ›Ach, ich wusste gar nicht, dass Sie einen Baby-Bongo haben. Den würde ich gerne sehen. Bringen sie ihn doch das nächste Mal mit, wenn Sie wieder in Nairobi sind.‹ Also nahmen Mama und Dad mich mit und stellten mich Sir Patrick vor, der sich köstlich amüsierte und mir auf der Stelle mit Whisky und Ingwerbier übers Haar strich und sagte: ›Hiermit taufe ich dich auf den Namen Baby Bongo.‹ Dieser Name blieb mir, nur dass es jetzt wenige Leute gibt, die Baby zu mir sagen können.«

»Wer denn?«, fragte ich.

»Ich suche noch«, erwiderte Bongo.

*

Die *Mellifera*-Sträucher mit ihren wirkungsvollen Dornenhaken sind für die Massai das bevorzugte Material, um damit Schutzwälle um ihre *manyattas* zu errichten. Wir kommen jetzt an Lichtungen vorbei, wo dieses Buschwerk in langen Reihen aufeinandergeschichtet liegt, um Farmland vor marodierenden Tieren zu schützen. Dieses Experiment mit dem Ackerbau ist für die Massai etwas Neues. Sie müssen es tun, da ihr Weideland mehr und mehr von Nationalparks und Ranchern kontrolliert wird oder an Bauern aus umliegenden Stämmen verpachtet wird. Konflikte mit wilden Tieren, die ihre Felder plündern, sind, wie gesagt, vorprogrammiert, außerdem ist die Feldwirtschaft etwas, für das sie häufig weder das Geschick noch eine Leidenschaft haben. »Die Wahrscheinlichkeit, dass sie Schiffbruch erleiden, ist groß«, erzählt Danny. »Das Land ist einfach zu trocken. Aber sie werden es versuchen. Die Regierung wird ihnen Unterstützung geben, was wiederum zur Folge hat, dass sie davon abhängig werden.«

Ein großer Weißbauch-Lärmvogel mit langem Schwanz fliegt von Busch zu Busch, um gegen unser Kommen zu protestieren, wobei er laut »g'way, g'way« (»Geh weg, geh weg!«) kreischt, weshalb er auf Englisch *go-away bird* heißt. Abgesehen von einigen Vögeln, sind kaum wilde Tiere zu sehen, nur das dürre Strauchwerk, gelegentlich Rinder und *manyattas*. Der Mogoini hat jetzt eine Art Schlucht in das felsige Flussbett gegraben, und den größten Teil des Vormittags verbringen wir damit, uns durch die Ebene oberhalb des Flusses zu bewegen. Doch gegen Mittag führt der Weg, dem wir folgen, in die Schlucht hinunter und am gegenüberliegenden Ufer wieder steil hinauf. Wir gelangen an einem Glücksbaum vorbei, der mit seinem Grün neben dem dürren Strauchwerk deplatziert wirkt. Es ist ein Wüstenformbaum mit einem perfekten runden Stamm, der einen perfekten runden Blätterball in perfektem Grün trägt.

Am Flussufer ziehen wir unsere Wanderschuhe aus und waten durch das klare, kühle Wasser. Weiter aufwärts sehe ich den wippenden Schwanz einer gescheckten afrikanischen Bachstelze. Am gegenüberliegenden Ufer setzen wir uns hin, um unsere Füße abzutrocknen und unsere Blasen zu versorgen. Sowohl Bongo als auch Iain haben eiternde Wunden, und wir haben noch zweihundert Meilen zu Fuß zurückzulegen. »Das könnte uns langsamer machen oder ganz stoppen«, sagt Iain.

»Wir müssen damit aggressiv umgehen«, fügt Bongo hinzu, während er Mullpflaster zuschneidet.

Nachdem die Blasen neu bandagiert sind, folgen wir unserem Massai-Führer den steilen Weg aus der Schlucht hinaus. Wir gehen schnell, aber es fühlt sich gut an, Muskeln zu spüren, die wir nicht benutzt haben, als wir über die Ebene gingen. Oben halten wir an und schauen zurück. Dort, in weiter Ferne, ist die Kuppe des Kilimandscharo zu sehen, und man kann gerade noch die Gletscher auf dem Gipfel ausmachen. Bei dieser Hitze kann ich verstehen, warum 1848 die ersten Berichte der beiden deutschen Missionare über Schnee am Äquator so skeptisch in Europa aufgenommen wurden. (Eingeborene Afrikaner hatten auch keine Ahnung von der wahren Natur des Schnees. So beschrieb ein britischer Offizier namens Richard Meinertzhagen in seinen veröffentlichten Tagebüchern aus den Jahren 1902 bis 1906 Kikuyu-Stammesmitglieder aus der Gegend des Mount Kenya, die glaubten, »der Schnee komme aus dem Boden und müsse sehr heiß sein – weißglühend, um genau zu sein«.)

Beim Blick in die entgegengesetzte Richtung sehen wir rechts von uns die Taita Hills und zur Linken die Felsnadeln der Ngulia Hills sowie eine charakteristische Formation mit einem fast rechteckigen Vorsprung, bekannt als Kichwa Tembo, der Elefantenkopf. Irgendwo dort draußen fließt der Mogoini in den Tsavo River, und der Tsavo führt dann unter dem Kichwa Tembo vorbei. Obwohl diese Gebirgsformation sehr entfernt erscheint, fasse ich Mut, weil ich weiß, dass sie nicht weiter entfernt ist als der Kilimandscharo. Es ist nur nötig, unermüdlich einen Fuß vor den anderen zu setzen. Dabei fällt mir ein, was Iain zu Beginn unseres Marsches gesagt hat: »Langsam, langsam fängt man den Affen.«

Wir befinden uns mitten in der größten Tageshitze, und ich trinke meine Wasserflasche leer. Der Boden ist heiß und trocken. Wir betreten eine Gegend mit *Commiphora africana*, einer anderen Dornbuschart, die von der ostafrikanischen Küste aus landeinwärts in einigen Wüstenregionen so dominant ist, dass ihr Verbreitungsgebiet manchmal als das *Commiphora*-Gehölz bezeichnet wird. Es handelt sich dabei um eine kleine, Laub abwerfende Baumart, welche die meiste Zeit des Jahres kahl und blattlos aussieht, bis zu sechs Meter hoch wird und einen Stamm mit graugrüner Rinde hat, die man abziehen kann wie trockenes Pergament. (Enge Verwandte dieses Dornbuschs, die in Äthiopien und Arabien wachsen, sind die Quelle von Weihrauch und Myrrhe.) Anstelle der *Commiphora* tritt bald der Wart-ein-bisschen-Strauch, eine Schwarzdornart, die ihren Namen der Tatsache verdankt, dass die unter den großen Dornbüschen wachsende kleine Dornbuschart drahtige Zweige mit hakenförmigen Dornen hat, die sich in der Kleidung oder der Haut verfangen. Und haben einen die Dornen erst einmal erwischt, hängt man fest. Es bleibt einem dann nichts anderes übrig, als »ein wenig zu warten«, während man die Dornen sorgfältig im exakt entgegengesetzten Winkel, in dem sie eingedrungen sind, entfernt. Dieser Busch war die Plage aller Ostafrikaforscher der ersten Stunde, und selbst der britische Entdecker Frederick Lugard bezeichnete den Strauch vor hundert Jahren in seinen Tagebüchern als »wait-a-bit«.

»Die Armee hat einen anderen Namen dafür«, sagt Bongo. »Sie nennt ihn den ›Wo-zur-Hölle-denkst-du-dass-du-hinstichst-Dorn‹.«

Wir gehen bergauf, bergab, bergauf, bergab – und werden auf der Kuppe eines Hügels mit einem weiten Ausblick auf die Savanne belohnt. »Siehst du die Palmen in der Ferne?«, fragt Iain. »Dort beginnt der Tsavo-Park.«

Die Dum-Palmen lassen auf eine Oase schließen, ja mehr noch, auf das Versprechen wilden Landes, in dem noch wilde Tiere leben. Bis jetzt haben wir noch nichts gesehen. Der graue Boden ist übersät mit kleinen Lavabrocken, und in einem ausgetrockneten Flussbett spiegeln metallisch glänzende Sandablagerungen die Strahlen der Sonne. Auf einem weiteren Hügel entdecken wir wieder eine neue Akazienart mit dunkler, rauer Rinde und Zweigen, die mit schwarzen, knotigen Wucherungen verziert sind. »Pfeifdorn«, sagt Iain. »Er lockert bald auf und lässt zwischen den Büschen freien Boden zu.«

»Hier sind frische Elefantenspuren«, ruft Danny plötzlich. »Also halt die Augen offen!«

»Mache ich«, erwidert Bongo, als wir an großen Fußabdrücken von Elefanten vorbeikommen, die unseren Weg kreuzen. Auch ich bin wachsam. Aber wenn hier wilde Tiere sind, dann sind sie scheu und gut verborgen. Ich frage mich, ob die geringe Zahl von Tieren mit den Massai zusammenhängt. Liegt ihr Vieh mit den wilden Tieren im Wettstreit um Gras und Futter? Oder haben die Massai auf der Jagd nach Fleisch und gesellschaftlicher Anerkennung die Tiere in die Parks getrieben? Was auch der Grund sein mag, es sind einfach keine da, oder nur verschwindend wenige. Aber zweifelsohne waren sie einmal hier.

*

Ich blicke ringsum und sehe nichts als trockenen, graubraunen Busch. Wir gehen noch eine Stunde weiter und scheuchen schließlich ein einsames Impala (eine Schwarzfersenantilope) auf. Ich erhasche gerade noch einen Blick auf sein zimtfarbenes Fell, als es durch den Pfeifdorn bricht. Wir halten an, während Bongo unsere Position ortet, eine Karte zu Rate zieht und uns zeigt, welche Richtung wir einschlagen müssen. Wir erreichen ein schmales, ausgetrocknetes Flussbett, das wir rechter Hand liegen lassen. Als wir um eine Biegung kommen, sehen wir eine Baumgruppe von *Acacia xanthlophloea*, dem großen, mit grüner Rinde wachsenden Fieberbaum, der seinen Namen angeblich daher hat, dass die frühen Forschungsreisenden in seinem schützenden Schatten ihre Malaria ausschwitzten. Neben dem Fluss erspähen wir die grauen und blauen Nylonwände unserer Zelte.

Wir verbringen den Spätnachmittag damit, unsere Füße im kalten Flusswasser einzuweichen, und am nächsten Morgen schimpft eine Horde Meerkatzen von den Fieberbäumen herab, als wir das Lager verlassen. Wir folgen einem primitiven Feldweg und sehen im Schmutz ein Gewirr von Rinderspuren und dazwischen die im Kanterschritt gemachten Hufabdrücke einer einzelnen Giraffe. Ein kleiner Massai-Junge in einem blau gescheckten *Shuka*-Umhang winkt vom Straßenrand aus; er hütet mit einem Hirtenstab in der Hand die ihm anvertrauten Ziegen. Wir gehen über den freien Rand einer breiten *lugga*, die Richtung Norden auf die Chyulu Hills zuführt. Obwohl die Rhumblinie zu unserem Ziel nach Osten weist, lässt eine Hügelkette voller Dornbüsche vermuten, dass es einfacher ist, das ausgetrocknete Flussbett weiter als Pfad zu benutzen, bis wir uns nach rechts wenden können. Sobald die Hügel niedriger werden, verlassen wir das trockene Flussbett und gehen querfeldein durch Strauchwerk und über Lavabrocken. Zum ersten Mal seit Tagen entdecken wir Gras, das in hohen Büscheln wächst.

»Seht mal da!«, sagt Iain und zeigt voraus. In knapp fünfhundert Meter Entfernung kann ich ein lohfarbenes Tier ausmachen, das aber zu weit weg ist, um es mit bloßem Auge bestimmen zu können. Ich nehmen meinen Feldstecher zur Hand, als Iain sagt: »Ein Fransenohr-Spießbock.« (Ich staune oft darüber, wie Iain mit dem bloßen Auge auch über weite Distanzen wilde Tiere identifizieren kann. Er hat mir einmal erklärt, dass das weniger mit großer Sehschärfe zu tun hat als vielmehr mit dem Erkennen charakteristischer Details wie Form, Farbe, Bewegung und Aufenthaltsort.) Zu unserer Rechten sehen wir zwei Straußenmännchen, die aussehen wie Landschiffe, die durch die Steppe kreuzen. Links von uns befindet sich eine Herde von etwa zwanzig grasenden Impalas. Von Rindern ist nichts zu sehen. Das Gras ist jetzt an manchen Stellen kniehoch, und selbst am Ende der Trockenperiode wirkt das Land frisch und wild.

Ohne die Angelegenheit zu diskutieren, übernimmt Mohamed nun die Führung, Lokiyor die Nachhut. Wir sind erst einige Meter weit gekommen, als der Samburu anhält, auf einen Fußabdruck zeigt und »Simba!« sagt. Bongo kniet sich auf den Boden hin und untersucht den Pfotenabdruck. »Löwe. Erst vor Kurzem.«

Mohamed sucht das Gras und den hohen Busch mit den Augen ab. Er schaut uns an und nickt ganz leicht, dann geht er weiter vor uns her und hält das Sturmgewehr auf Hüfthöhe im Anschlag, den Zeigefinger am Abzug und den Daumen bereit zum Entsichern. Nach ein paar Sekunden hebt er die Hand und signalisiert uns anzuhalten. Er steht aufrecht da, das Gewehr an der Seite. Er kneift seine roten Augen zusammen und studiert die Chyulu Hills zu unserer Linken, die flachen Hügel zu unserer Rechten. Dann durchschneidet er die Luft mit seiner großen, flachen Hand in einer Linie und sagt: »Hapa Ni Mpaka.«

Wir sind jetzt im Tsavo-Gebiet.

Teil 2: Tsavo

7

Man erwacht in der Frühe und weiß: Hier bin ich, wo ich sein sollte.

KAREN BLIXEN, JENSEITS VON AFRIKA

Es ist erst zwei Stunden her, dass wir die unmarkierte Grenze zum Tsavo-Park überschritten haben, und wir haben bereits mehrere Antilopenarten gesichtet: Impala, Grantgazelle, Hirschantilope und Spießbock. Letztere sollen mit ihren lanzenartigen, über ein Meter langen Hörnern die Legende vom Einhorn angeregt haben. Wir folgen einem fünfzig Meter vom Fluss entfernten Hügelstreifen, von dort aus sehen wir über dem ufernahen Busch periskopartig die Hälse zweier Giraffen aufragen und hören das tubaähnliche Schnauben mehrerer Flusspferde. Wir entdecken auch den grauen Rücken von drei Elefanten, die ausschauen wie Walrücken und aus dem hohen Busch auftauchen. Als sie uns wittern, entfernen sie sich mit einer eigentümlichen Grazie.

Wir gehen im Gänsemarsch hinter Mohamed her, der abrupt stehen bleibt und gleichzeitig die Hand hebt, um uns zu bedeuten, wir sollen anhalten *und* still sein. Er hebt sein Gewehr in Brusthöhe, und Bongo, Danny und Lokiyor tun es ihm gleich. Durch die Dornbüsche hindurch sehen wir undeutlich einen dunklen Schatten, den ich innerhalb eines einzigen Pulsschlags als Kaffernbüffel erkenne, die am leichtesten erregbare Spezies von Afrikas Megafauna. Das Tier steht regungslos da und fixiert uns mit den Augen. Wie angewurzelt bleiben wir stehen und warten ab, was der Büffel als Nächstes macht. Wir warten zehn, zwanzig, dreißig Herzschläge lang.

Plötzlich schnaubt das Biest, wendet sich von uns ab und galoppiert mit Getöse durch den Busch davon. Das löst weiteres Getöse aus, und wir erkennen, dass da nicht ein Büffel ist, sondern eine ganze Herde. Unsere einzige Bewegung ist eine leichte Drehung, um dem Klang des knackenden Buschwerks und der trommelnden Hufe zu folgen. Dann erhaschen wir vor uns einen Blick auf jedes einzelne der vorbeistürmenden Tiere – zehn, zwanzig, dreißig Stück –, ihre donnernden Hufe und den von ihnen aufgewirbelten Staub. Wir verharren in unserer Haltung, bis sie vorbei sind, und als wir sie in etwa hundert Meter Entfernung über eine Hügelkuppe laufen sehen, senken Mohamed und die anderen ihre Gewehre, dann gehen wir weiter.

Plötzlich hält der Samburu ruckartig an und reißt sein Gewehr zur Schulter hoch. Wir folgen seinen Augen, die zu einem großen Büffel wandern. Das Tier ist zurückgeblieben. Wir stehen direkt zwischen ihm und dem Rest seiner Herde. Das Biest schnaubt und schüttelt den Kopf, während Mohamed uns Zeichen macht, wir sollen einfach weitergehen. Wir folgen dem Sergeant, der schnell, aber vorsichtig marschiert und dabei seitwärts schaut, um den Büffel im Visier zu behalten. Nach dreißig Schritten senken er und die anderen Ranger ihre Gewehre.

»Willkommen in der heißen Zone«, sagt Iain in einem Tonfall, aus dem keine Besorgnis klingt, sondern die Begeisterung, dass wir endlich im wilden Afrika angelangt sind.

*

Es ist auch im wörtlichen Sinn eine heiße Zone. Bis zum frühen Nachmittag steigt die Temperatur auf 41 Grad. Wir machen Rast, und Bongo stellt mit seinem GPS unsere genaue Position fest. Während er an dem Gerät herumfummelt, frage ich, ob ich mir sein Gewehr ansehen darf.

»Es ist gesichert«, sagt er.

»Ein ziemliches Gewicht, um damit zweihundertfünfzig Meilen weit zu marschieren.«

»Mein Vater trug es auf wesentlich längeren Strecken.«

»Hat er keinen Träger dafür beschäftigt?«

»Nur wenn er mehr als ein Gewehr dabeihatte. Bei einer bezahlten Jagdsafari war es die Aufgabe des Waffenträgers, das Gewehr des Kunden zu tragen, nicht das des Fremdenführers. Normalerweise war auch ein Fährtenleser dabei, und der Waffenträger und Fährtenleser waren diejenigen, mit der meisten Erfahrung im Busch. Wenn ein Tier verletzt war, durfte ihm der Kunde nicht in den Busch folgen, das übernahmen der Führer, der Waffenträger und der Fährtenleser.«

»Der einzige mir bekannte Fremdenführer, dessen Erfahrung im Busch dem der Afrikaner gleichkam, war Dad«, sagte Danny. »Manchmal gingen nur er und Elui, und Elui war unbewaffnet.«

Ich hatte Bongo und Danny schon einmal Elui erwähnen gehört, wusste aber nicht viel über ihn.

»Elui war ein Wakamba-Jäger und ein erfahrener Fährtenleser, der Dad viel von dem beigebracht hat, was er über den Busch wusste«, bemerkte Danny. »Dad war neunzehn, als er Elui begegnete, und sie blieben den Rest ihres Lebens gute Freunde. Als ich noch ein Junge war, kam der Fährtenleser oft nach Kamboyo (ins Parkhauptquartier von Tsavo-West), um Dad zu besuchen. Dann saßen sie unter einem Baum und erzählten bis tief in die Nacht Geschichten.«

Als Bongo unsere Position festgestellt hat, gebe ich ihm sein Gewehr zurück und wir gehen weiter. Bald wird aus dem Pfad ein staubiger Weg für Geländewagen. Rechts von uns, in ein oder zwei Meilen Entfernung, wirken die grünen Baumkronen von den Dum-Palmen wie eine Linie, die laut Iain dem Flusslauf des Tsavo folgt.

»Und wo ist das Lager?«, fragt Bongo.

»Am Fuß des Rhodesian Hill. Noch ungefähr neun Meilen.«

»Keinen Augenblick zu früh«, erwidert Bongo.

»Die Strecke von diesem Platz bis zum nächsten Lager ist sehr leicht, sodass wir nicht allzu viel Energie dafür aufwenden müssen.«

»Sollten wir so weitermachen, schaffen wir es vielleicht nicht bis zum Ziel.«

In Bongos Bemerkung liegt ein kritischer Unterton, den Iain einfach wieder übergeht. Ich beobachte seinen Gesichtsausdruck, um zu sehen, ob ich dort Anzeichen von Frustration über die sich häufenden kritischen Anmerkungen Bongos ablesen kann. Jedoch scheinen sie Iain nicht weiter zu bekümmern. Er ist aber kein Mensch, der Konflikten ausweicht. Daher erwäge ich die Möglichkeit, dass es einen teuflisch heftigen Streit geben könnte, wenn sich bei ihm Wut aufstaut und dann entlädt.

Iains Mitarbeiter haben ein Lager in einem Hain von Fieberbäumen errichtet. Eines seiner Fahrzeuge hat Nachschub an frischen Lebensmitteln aus Nairobi gebracht. Wir sitzen im Schatten, die Gemüter kühlen ab, die Laune bessert sich, und Bongo entfernt den Staub, der in sein altes Rigby-Gewehr eingedrungen ist.

8

Das Wild bedeutet zugleich Jagd und Schicksal der Gejagten, Waidwerk und Trophäe. Früher tötete der Jäger nur aus Notwehr und um seinen Hunger zu stillen. Und wenn das Wild von einer Gegend in eine andere zog, wurde es nicht abgeschossen oder vergiftet. Heute gibt es nur wenige Gegenden, wohin man das Jagdwild treiben könnte. Vor fünfzig Jahren noch mussten Menschen vor den wilden Tieren geschützt werden; heute muss man versuchen, die wilden Tiere vor den Menschen zu schützen. PETER BEARD, DIE LETZTE JAGD

Es ist der erste Tag, an dem wir nur durch den Tsavo River gehen werden. Nach dem Frühstück beruft Bongo eine Versammlung ein, um Sicherheitsvorkehrungen zu besprechen.

»Es ist wichtig, unsere Reihenfolge, in der wir weiter wandern sollten, festzulegen«, sagt er. »Also, Mohamed geht voraus, ich folge ihm und Lokiyor übernimmt die Nachhut.«

»Jeder Unbewaffnete«, ergänzt Danny, »muss sich darüber im Klaren sein, bei Gefahr so schnell wie möglich hinter eine Person mit Gewehr zu kommen.«

»Wir sollten auch versuchen, sehr leise zu sein«, sagt Iain. »Geht vorsichtig, steigt über Dinge am Boden, sprecht im Flüsterton.«

Wir verlassen das Lager und waten durch den Fluss an einer seichten und breiten Stelle in der Nähe einer Sandbank. Die Luft ist kühl und für einen Fußmarsch perfekt. Ich bleibe hinter Bongo und halte meine Kamera in Bereitschaft. Sollte uns ein Tier angreifen, würde Mohamed es wahrscheinlich mit seinem halbautomatischen Sturmgewehr stoppen, während Bongo mit dem Elefantengewehr unsere Rückversicherung ist, wenn etwas an dem Samburu vorbeikäme. Falls wir angegriffen würden, wären die einzigen Tiere, die wir wahrscheinlich erschießen müssten, allenfalls Flusspferde oder Büffel. »Elefanten drehen fast immer ab, wenn man einen Schuss über ihre Köpfe abfeuert«, hatte Danny zuvor gesagt. »In dieser Hinsicht sind sie intelligenter.«

*

Intelligent oder nicht, ich hatte bereits genug über Elefanten erfahren, um mir der Gefahr bewusst zu sein, die sie für unsere Wander-Safari darstellten. Am Tag, an dem ich in Narobi gelandet war, um mich auf unseren Marsch vorzubereiten, meldeten die Schlagzeilen der Lokalzeitungen, dass der bekannte amerikanische Tier- und Modefotograf Peter Beard von einem wütenden Elefanten mit den Stoßzähnen verletzt worden war. Dazu gab es ein Foto, wie er auf die hintere Fläche eines Land Rover gehoben wurde, sich die Hüfte hielt und vor Schmerzen krümmte.

»Genau das, was Peter immer aufregend findet, wenn es anderen passiert«, kommentierte Iain in amüsiertem Tonfall.

Peter Beard war einer von Bill Woodleys besten Freunden gewesen, zudem ist er eine Art Ehrentaufpate von Danny. Dieser schlug vor, wir sollten Peter im Krankenhaus besuchen damit ich ihn für unser Video interviewen könnte. »Wir stürmen zur Tür hinein«, sagte Danny augenzwinkernd, »du hältst ihm die Kamera vor die Nase, und ich fange an, ihm Fragen zu stellen.«

Tags darauf fuhren Bongo, Danny und ich mit der Videokamera in der Hand ins Nairobi Hospital und suchten Peters Zimmer auf. An der Tür war ein Freund von ihm postiert. »Ich weiß, dass ihr ihn gern sehen würdet«, sagte er, »aber zu viele Presseleute haben schon versucht, hier reinzukommen, und Peter hat große Schmerzen.« Wir beschlossen, dass es vielleicht nicht der richtige Zeitpunkt war, ihm einen Streich zu spielen, und gingen wieder.

Ich traf Peter aber ein Jahr später in seinem Haus in Montauk, an der Spitze von Long Island. Trotz mehrerer Operationen und

Metallnägel in der Hüfte ging er, ohne zu hinken, und der einzige Hinweis auf seine Verletzung war, dass er sich einen Augenblick lang steif fühlte, wenn er sich nach längerer Zeit aus einem Stuhl erhob.

»Ich war mit meinem Freund Calvin Cotter drunten an der tansanischen Grenze«, erzählte er mir. »Dort unten war viel geschossen worden, sei es von der Tierkontrollabteilung, sei es von Großwildjägern. Wenn ich mir das Video von dem Angriff ansehe, kann ich erkennen, dass der Elefant total verkorkst war – die ganze Herde stand unter Stress. Mein Fehler war, dass ich das nicht schon damals gesehen habe.«

Peter und Calvin waren aus dem Auto gestiegen, um sich der Herde zu Fuß zu nähern, so wie Peter das schon Dutzende Male gemacht hatte, um seine Fotos zu schießen. Einer der Leute, die im Auto geblieben waren, hatte eine Videokamera dabei. Man erkennt auf dem Film, wie das Muttertier den Angriff beginnt und sich Calvin und Peter umdrehen, um den Rückzug anzutreten. Die Elefantenmutter hat die Ohren aufgestellt, ihren Kopf erhoben und trompetet. All das sind Zeichen für einen Scheinangriff, den Jäger und Feldbiologen als »Demo«, als demonstrativen Angriff, bezeichnen. Tatsächlich bleibt die Elefantin stehen und kehrt zur Herde zurück.

»Dann hat sie sich plötzlich umgedreht und ist wieder auf uns losgegangen«, sagte Peter. »Jetzt war ihr Kopf gesenkt, was ungewöhnlich war, und wir fingen zu laufen an. Sie war weit entfernt, aber als ich über meine Schulter zurückblickte, war sie uns immer noch auf den Fersen. Als ich mich das dritte Mal umschaute, wusste ich, dass das keine Demo mehr war. Wir trennten uns. Cotter lief in die eine Richtung, ich in die andere, so hatte jeder von uns eine Chance von fünfzig zu fünfzig. Dann spürte ich ihren Atem in meinem Genick, und schon war sie über mir. Ich sah einen Ameisenhügel und sprang darauf zu.

Ich spürte nicht, wie sich ihr Stoßzahn durch mein Bein bohrte, aber als sie ihren Kopf auf mich drückte, fühlte ich die Knochen nachgeben, Rippen knacken und das Becken knirschen. Der Druck war unglaublich. Und dann sah ich nichts mehr. Ich bin überzeugt, das kam von dem Blut, das mir in den Kopf gepresst wurde. Ich konnte nichts erkennen, aber ich spürte, dass sie noch da war und dann auch noch die anderen Elefanten herankamen. Ich konnte ihr Stampfen hören.«

Während Peter regungslos dalag, liefen die Elefanten eine Minute unschlüssig umher und zogen schließlich ab. Cotter kam herbeigelaufen, das Auto fuhr zu Peter, man lud ihn auf und brachte ihn ins Nairobi Hospital. Auf dem Weg dorthin fing er wieder an zu sehen, erst auf einem Auge, dann auch auf dem anderen. Der Stoßzahn hatte die Hauptschlagader im Bein knapp verfehlt, aber er blutete trotzdem noch stark. Als sie das Krankenhaus erreichten, war kein Puls mehr feststellbar. Er erhielt über ein halbes Dutzend Blutkonserven, und der Chirurg nagelte sein Becken zusammen. Nach einer weiteren Operation wurde er nach New York verlegt. Bei einem dritten chirurgischen Eingriff, der neun Stunden dauerte, rekonstruierte man seine Hüfte mit Titanplatten und Schrauben.

»Hätte die Elefantenmutter es gewollt, es hätte von ihrer Seite nicht mehr viel gebraucht, um mich umzubringen«, sagte Peter. »Es war ein Hinweis darauf, wie klein und armselig der Mensch doch gegenüber der wahren Stärke ist.«

*

Wir marschieren in die Morgensonne hinein, und ich beobachte zwei Giraffen, wie sie im Gegenlicht in ihrem merkwürdigen Zeitraffergang im Fieberbaumwald verschwinden. In *Jenseits von Afrika* schrieb die dänische Schriftstellerin und Kaffeefarmerin in Kenia, Karen Blixen, sie habe immer wieder zugesehen, wie sich Giraffen in ihrer unnachahmlichen Anmut über die Savanne bewegten, als ob es sich nicht um eine Tierherde handle, sondern um eine Familie seltener langstieliger, gefleckter Riesenblumen.

Als die erste lebende Giraffe 1827 nach Europa kam, wurde sie in Paris von schätzungsweise 10 000 Menschen bestaunt. Giraffen sind die am höchsten gewachsenen Tiere der Welt, leben jedoch im Schnitt nur zehn Jahre. Sie sind in gemischten Gruppen von Männchen und Weibchen unterwegs, wobei die Herdengröße zwischen wenigen Einzeltieren bis hin zu fünfzig Tieren schwankt. Es ist nicht ungewöhnlich, dass man Giraffen sieht, die sich »halsen«. Dabei stehen sie Seite an Seite, schauen in dieselbe Richtung und kreuzen oder wickeln ihre Hälse umeinander. Das ist kein Liebesritual, sondern eher eine Art grazilen Sparrings zwischen rivalisierenden Männchen. Forscher haben auch herausgefunden, dass Giraffen in den Akazienwäldern für die Fortpflanzung der Bäume wichtig sind, weil sie mit ihren Lippen und Nasen die Blütenpollen transportieren.

Wir kommen an einer *Acacia melliflora* vorbei, die von äsenden Elefanten zerrupft und entblättert wurde, danach an einer Gruppe junger Dum-Palmen, deren Blattwerk ebenfalls stark reduziert ist. Iain deutet auf große Klumpen von Palmwedeln, welche die Elefanten zerkaut und dann ausgespuckt haben, wahrscheinlich um so an deren nahrhaften Saft zu kommen.

»Elefantenkaugummi«, sagt er. Einen Augenblick später bleibt er abrupt stehen und flüstert: »Da drüben!«

Wir schauen in Richtung Fluss und erblicken die grauen Rücken zweier Elefanten vor dem Hintergrund ausgewachsener Dum-Palmen, die das Flussufer säumen. Wir halten an und beobachten sie durch Ferngläser. Es sind zwei Weibchen, zwei Jungtiere und zwei noch sehr kleine Elefanten.

»Wahrscheinlich ist mindestens ein weiteres erwachsenes Muttertier in der Gegend«, sagt Iain.

Die Tiere sind etwas weniger als hundert Meter entfernt. Plötzlich hebt das Muttertier seinen Rüssel wie ein Periskop.

»Sie hat uns gewittert.«

»Gehen wir weiter«, sagt Danny.

Wir schlagen ein schnelles Tempo an und schauen im Gehen über unsere Schulter zurück. Das Muttertier scheucht die anderen Tiere von uns weg zu dem Dum-Palmenhain. Sie verschwinden hinter den Palmen, und wir verlangsamen wieder unsere Schritte. Plötzlich vernehmen wir hinter uns lautes Trompeten. Als wir uns umdrehen, kommt das Muttertier zwischen den Palmen heraus direkt auf uns zugestürmt. Iain und ich begeben uns schleunigst hinter Danny, Bongo und Mohamed, die ihre Gewehre angelegt haben, dann versammeln sich auch die anderen hinter uns. Zwischen uns und der Elefantin liegen noch immer gut hundert Meter – etwa die gleiche Entfernung, welche das Muttertier hatte, als sie ihren Angriff auf Peter Beard startete und ihn fast erdrückte.

»Zurückweichen!«, befiehlt Bongo.

Wir folgen der Anordnung und halten die Elefantin im Blickfeld, dabei achten wir darauf, dass keiner stolpert. Sie hat die Ohren aufgestellt, trompetet und kommt dann schnurstracks auf uns zu. Achtzig Meter ... siebzig Meter ... sechzig Meter.

»Sollen wir schießen?«, ruft Bongo zu Danny hinüber.

Fünfzig Meter.

»Warte noch!«, ruft Danny zurück.

Dann wird die Elefantin langsamer und bleibt stehen. Bongo gibt Zeichen, dass wir weiterhin zurückgehen sollen. Bongo und Danny befinden sich links und rechts von Mohamed, der die ganze Zeit über stumm geblieben ist, den Blick auf die Elefantin geheftet, das Gewehr im Anschlag und den Finger am Abzug gehalten hat. Das Muttertier trompetet wieder, rührt sich aber nicht von der Stelle.

»Das machen sie oft«, sagt Danny, als wir weit genug entfernt sind, um unser Marschtempo wieder aufnehmen zu können. »Verschwinden und dann plötzlich angreifen.« Er blickt noch einmal zurück. Die Elefantin ist jetzt zu den Palmen zurückgekehrt. »Sie wollte nur sichergehen, dass wir abhauen.«

⋆

Der Fluss fließt an den südlichen Ausläufern der Chyulu Hills vorbei. Die Taita Hills sind zu unserer Rechten in zwanzig Meilen Entfernung. Wir verlassen das Ufer, um den Weg abzukürzen. Dabei überqueren wir eine Lavazunge, die von den Chyulus nach einem Ausbruch vor zweihundert Jahren heruntergeflossen ist. Es ist die Art Lavagestein, das Geologen nach einem hawaiianischen Wort *Aa-Lava* nennen. Ich habe das immer als den Laut erachtet, den man ausstößt, würde man mit bloßen Füßen über diese Steine gehen. In der Tat laufe ich momentan fast barfuß weiter, weil ich zur Vermeidung von Blasen beschlossen habe, heute nur meine Teva-Sandalen anzuziehen. Sie sind sehr bequem, aber ich muss darauf achten, dass ich nicht mit den Zehen die heißen Steine berühre.

Bald stoßen wir auf einen Elefantenpfad, der die Lava überquert und einem x-beliebigen Pfad im Volcanoes National Park auf Hawaii ähnelt: Das Kommen und Gehen der Elefanten hat das raue schwarze Gestein zu feinem grauem Schotter zerrieben, auf dem die Gummisohlen meiner Sandalen bei jedem Schritt knirschen. Wir passieren ein weißes Knochengerippe. Danny identifiziert es als von einer Hirschantilope stammend.

Es ist heiß. Wir verlassen die Lava und gelangen in eine kleine *lugga*, in der ein Paar Buschwürger kreischen. Die dichte Akazie öffnet sich auf eine von einer Quelle bewässerte Wiese, die von *Phoenix reclinata* umstanden ist, einer wunderbaren Dattelpalmenart, die im tropischen Afrika beheimatet ist. Sie steht in dichten Gruppen schlanker Stämme beisammen, die in sumpfigen Gegenden wachsen und dazu neigen, sich zu biegen und zurückzulegen. Wir treten auf einen Rasen smaragdgrünen Hundszahngrases, der von äsenden Tieren gemäht worden ist, und gehen am Schädel eines Kaffernbüffels vorbei. Laut Danny müsste ein Löwe diesen Büffel erlegt haben.

»Das ist eine ideale Gegend für einen Löwen«, ergänzt Iain. »Dort drüben im hohen Gras können sie auf der Lauer liegen und brauchen nur auf das Wild zu warten, das diesem Grün nicht widerstehen kann, selbst wenn es um die drohende Gefahr weiß.«

Wir verlassen die Wiese und folgen einem Wildtier-Trampelpfad durch ein Dickicht aus *Mellifera* und Schwarzdornsträuchern. Es geht vorbei an Quarzfelsen, deren Kristalle in der Sonne blitzen. Eine Stunde später erreichen wir eine holprige Landstraße, überqueren den Fluss auf einer alten Brücke, die während des Ersten Weltkriegs zur Verteidigung gegen Truppen aus Deutsch-Ostafrika gebaut worden war, und erreichen schließlich die Stelle, wo die Mzima Springs in den Tsavo River münden.

Die Mzima Springs beginnen rund fünf Meilen flussaufwärts und zählen zu den Weltwundern der Natur. Inmitten eines ansonsten dicht mit graubraunen Dornbüschen bestandenen Tals am Fuß der Chyulu Hills entspringen die kalten Quellen, aus dem pro Tag über zweihundertfünfzig Millionen Liter Wasser strömen. Dieses bildet einen Fluss, dessen Ufer *Reclinata*-Palmen säumen. In seinem kristallklaren Wasser kann man Flusspferde beobachten. Hier hat der britische Wildtierfilmer Alan Root Aufnahmen gemacht und wurde bei einem Unterwasserdreh von einem der Tiere derart ins Bein gebissen, dass ein großer Fetzen Fleisch herausgerissen wurde.

Wir rasten am Zusammenfluss von Mzima und Tsavo; das klare Mzima-Wasser vereint sich an dieser Stelle mit dem roten Tsavo. Danny sitzt auf einem Baumstamm und zündet sich eine Zigarette an.

»Ich kam als Kind oft hierher«, sagt er, »und glitt mit einem Autoreifen über diese Stromschnellen, bis ich eines Tages ein verflucht großes Krokodil in diesem Becken sah.«

»Danny war die ganze Zeit hier unten«, ergänzt Bongo. »Mit seinen Freundinnen.«

Ich kenne die Geschichte ihrer Familie inzwischen gut genug, um zu wissen, dass Bongo auf die Zeit anspielt, als ihr Vater nach Kamboyo ins Park-Hauptquartier von Tsavo-West versetzt worden war.

⋆

Als Bill von den Gebirgsparks nach Tsavo-West kam, war er neunundvierzig Jahre alt. Ein knappes Jahr später wurde bei ihm Magenkrebs diagnostiziert. Er flog nach England, in einer Klinik wurden seine Speiseröhre und ein Teil seines Magens entfernt. Zwei Monate später war er wieder in Kenia. »Er konnte nicht mehr im Liegen schlafen«, erzählte mir Danny. »Er musste sich im Bett aufsetzen, und man hat ihm gesagt, dass er wahrscheinlich nicht mehr sehr lange leben würde.«

»Aber er hat immer positiv gedacht«, ergänzte Bongo. »Unglaublich positiv.«

Das positive Denken bewies, dass sich die Ärzte irrten. Er bezwang den Krebs, aber er wurde nie wieder ganz gesund. In den nächsten zehn Jahren suchten ihn eine Reihe von Leiden heim: Schlaganfall, Gehirnmalaria, Beinbruch und Epilepsie. Das alles hinderte Bill und Ruth jedoch nicht daran, Freunde zu empfangen und neue Menschen kennenzulernen. Das Woodley-Haus in Tsavo-West blieb stets offen für einen beständigen Zustrom alter Armeekumpel, Parkwächter, Schriftsteller, Feldbiologen, Filmemacher, Politiker, Farmer und Safariführer.

Außer mit Peter Beard sprach ich über Bill noch mit alten Freunden von ihm, die in Nairobi und Umgebung lebten.

Sie sagten mir: »Alle Parkaufseher Afrikas, die ich im Verlauf von vierzig Jahren getroffen habe, waren sich darin einig, dass keiner ein größeres Interesse an Menschen zeigte als Bill Woodley.«

Sie sagten auch:

»Er steckte voller Spaß.«

»Er war ein großartiger Geschichtenerzähler, ein echter *raconteur*.«

»Er hat ganz einfach die Menschen geliebt.«

»Wenn der Teufel hereinmarschiert wäre, hätte ihm Bill Woodley einen Drink spendiert.«

Iain Allan erzählte mir: »Als ich einmal Bill und Ruth besuchte, war eine Delegation aus Österreich zum Abendessen da, der Botschafter dieses Landes und mehrere andere hochrangige Beamte. Bill und die Gäste tranken auf der Veranda ihren Aperitif, als der Hausdiener herantrat und Bill etwas ins Ohr flüsterte. Offensichtlich war Elui an der Hintertür aufgetaucht, nachdem er gerade Tsavo-East durchquert hatte. Das war es dann. Bill saß den Rest des Abends draußen bei Elui, gegenseitig erzählten sie sich Geschichten. Die anderen Gäste bekamen Bill Woodley nicht mehr zu sehen.«

Bill war berüchtigt für seine Unzuverlässigkeit. »Wenn er losfuhr, um jemanden zum vereinbarten Termin zu treffen, konnte es passieren, dass er unterwegs einen Bekannten traf und sie ins Reden kamen. Darüber geriet dann die erste Person in Vergessenheit.

Man nannte das die »Woodley-Zeit«. Jeder akzeptierte es als Teil von Bills Wesen.

Erhielt man eine Dinnereinladung, wusste man nie, wann die Speisen aufgetragen wurden. Bill fing einfach zu erzählen an und hörte nicht mehr auf. Wangungu kam ab und zu, um zu schauen, ob er servieren könnte, runzelte meist die Stirn, um wieder in der Küche zu verschwinden und das Essen warm zu halten. Die Gäste fingen dann an, sich nach und nach zu Wangungu zu schleichen, um sich einen Happen zu holen.«

»Das kam daher, dass er sich für alles interessierte«, sagte ein anderer. »*Das* war Woodley-Zeit.«

⋆

»Bill ist der Grund, warum wir diesen Marsch machen«, erklärte mir Iain.

»Wie?«

»Erinnerst du dich daran, dass ich dir einmal erzählt habe, wie er mich in seiner Cessna mitgenommen und den Vorschlag gemacht hat, ich könne doch entlang des Tsavo River Safaris zu Fuß anbieten. Unsere erste veranstalteten wir 1979, und sie war sehr erfolgreich. Dann, beim dritten Marsch, lagerten wir unterhalb des Kichwa Tembo, als dieses unglaubliche Unwetter losbrach. Es goss zehn Stunden lang. Am Morgen klarte das Wetter auf und Mohamed, der schon bei den ersten beiden Wander-Safaris unser Hauptranger war, sagte: ›Wir sollten den Hang hinaufsteigen und schauen, wie es Richtung Kilimandscharo aussieht.‹ Ich werde diesen Anblick nie vergessen. Der Kilimandscharo war mit Neuschnee bedeckt, wobei die Schneegrenze weit über tausend Meter tiefer lag als normal. Ich wusste in dieser Sekunde, dass wir ein Problem hatten. Wir liefen zurück ins Lager und hauten ab, ehe die Flutwelle kam.

Ich hatte damals noch nicht das Wissen, fing aber an zu begreifen, wie eng der Kilimandscharo mit dem Tsavo-Tiefland verbunden ist, wie das Wasser wie ein roter Faden alles zusammenhält. Daraus erwuchs der Gedanke, diesem Faden zu folgen, angefangen beim Gipfel des Kilimandscharo und dann am Wasser entlang den ganzen Weg bis zum Meer.«

9

Zu Fuß unterwegs, spürt man den Puls Afrikas durch die Stiefelsohle. Man ist ein Tier mitten unter Tieren, auf der Hut vor schattendunklen Orten und einer plötzlich in der Luft lastenden Stille.

PETER MATTHIESSEN, DER BAUM DER SCHÖPFUNG

Wir verlassen den Zusammenfluss und schlagen einen Weg für Wagen mit Allradantrieb ein, der parallel zum Wasser verläuft. Es ist Mittag und heiß. Der Marschrhythmus – eins-zwei, eins-zwei – wirkt in Verbindung mit der Hitze nahezu hypnotisierend, und weil er meinen Betäubungszustand spürt oder sogar teilt, sagt Bongo: »Um diese Tageszeit lässt unsere Wachsamkeit nach. Da passiert es dann öfter, dass man angegriffen wird.«

Ich hole tief Luft, reiße meine Augen auf und zwinge mich, aufmerksam zu bleiben. Wir verlassen den Weg und streifen durch dichtes Gestrüpp. Unsere Hemden haben Schweißflecken.

Iain sagt: »Ich glaube, wir gehen besser zurück zum Wasser, um den Pfaden der Flusspferde zu folgen.«

»Der Fluss macht zu viele Biegungen«, erwidert Danny.

Iain antwortet nicht. Also schreitet Mohamed weiter durch den Busch, während wir ihm folgen. Obwohl der Samburu nur wenige englische Worte beherrscht, muss er Iains Bemerkung verstanden haben, denn mir fällt auf, dass sich unsere Marschrichtung ganz leicht in Richtung Fluss gewendet hat. Ich frage mich, was sich Mohamed in dieser schwierigen Situation denkt: Als Sergeant des Kenya Wildlife Service ist er rangniedriger als Bongo und Danny, andererseits arbeitet er aber auch als Hauptranger für Iain, wenn er seine Wander-Safaris durch den Tsavo-Park führt. Bedenkt man dazu noch die vorhandene Hierarchie zwischen Weiß und Schwarz, dann beeindruckt mich stark, dass der Sergeant eine so große Seelenruhe an den Tag legt.

Mohamed, der ungefähr fünfzig Jahre alt ist, kennt Bongo und Danny seit einer Ewigkeit. Als Bill Woodley 1978 nach Tsavo-West kam, war der Samburu bereits dort. Er fiel Bill rasch ins Auge, weil er zäh war, sich gut im Busch auskannte und sich als hervorragender Schütze erwies. Mohamed wirkte auf den Hüter treu und pflichtbewusst, und die Narbe, die vom Ohrläppchen zum Kinn verlief, konnte nur bedeuten, dass er nichts für somalische Wilddiebe übrig hatte.

Die Geschichte der Narbe ist jedem bekannt. Mohameds Patrouille hatte »Kontakt« mit Wilddieben. Er selber hatte einen von ihnen gefangen und saß auf dessen Brust, als ein anderer zu fliehen versuchte. Der Samburu drehte sich um, weil er sehen wollte, was los war. In diesem Moment zog der Wilddieb, auf dem er hockte, ein verstecktes Messer hervor und wollte damit Mohamed den Hals durchtrennen. Dieser senkte rechtzeitig den Kopf, um die Klinge mit der Wange abzufangen. Dabei wurde eine Seite seines Gesichts aufgeschlitzt, aber er packte die Hand des Wilddiebs und drückte zu, bis ihm das Messer entfiel. Anschließend nahm er seelenruhig die scharfe Waffe in die Hand und schnitt damit dem Somali die Kehle durch.

Als Bill Woodley Iain erstmals vorschlug, Wander-Safaris zu machen, hatte er ihm auch empfohlen, zehn Tage lang am Tsavo entlang zu marschieren, um die Route zu erkunden und Lagerplätze auszuwählen. »Du wirst dazu einen bewaffneten Ranger als Begleiter brauchen, und ich habe da auch schon den passenden Mann. Er heißt Mohamed.«

Damals war Iain achtundzwanzig Jahre alt. Er hatte sich als Bergsteiger und Tourenführer auf dem Mount Kenya und dem Kilimandscharo seinen Ruf erworben, aber er wusste so gut wie nichts über Fußmärsche im Busch. Als ich Iain nach seinem ersten Erkundungsgang fragte, berichtete er mir: »Mir wurde plötzlich klar, dass sich der Gedanke, Safaris zu Fuß zu unternehmen, exotisch anhörte. Zudem hatte die ganze Angelegenheit noch einen anderen Aspekt, an den ich bislang nicht gedacht hatte: Sie war gefährlich. Am Berg war immer alles unter Kontrolle und kalkulierbar, da war ich Herr der Lage. Das ist einer der Gründe, warum ich manchmal beim Fliegen Panik empfinde – ich bin nicht verantwortlich für das, was dort geschieht. Und nun ging ich am Tsavo River entlang, überall waren Flusspferde, und hinter mir stiefelte dieser große Bursche, der zwar eindrucksvoll wirkte, aber nichtsdestotrotz war er für mich eine unbekannte Person. Ich war der Passagier und er der Pilot.«

Iains Sorge währte nur rund dreißig Minuten. »Mir wurde klar, dass Mohamed den Busch genauso lesen konnte wie ein Felskletterer das Gestein. Ich konnte es an der Art und Weise sehen, wie er sein Gewehr hielt, wie er sich konzentrierte, wie er durch den Busch glitt, wie ihn Stille umgab. Am zweiten Tag hatten wir dann unsere erste Begegnung mit einem massigen Flusspferdweibchen, dem wir später den Namen Isabella gaben. Es trieb sich unterhalb des Kichwa Tembo herum und griff gern an. Bei dieser ersten Safari kam sie aus dem Wasser geschossen, man hatte den Eindruck, es hätte eine Unterwasserexplosion gegeben. Mohamed gab mir zu verstehen, dass ich mich hinter ihn stellen sollte, er selber blieb regungslos stehen. Isabella kam immer näher, bis sie knapp drei Meter von uns entfernt abrupt bremste. Mohamed schrie sie an, dann lief sie zum Fluss zurück. Bei unserer zweiten Safari passierte dasselbe. Beim dritten Mal war sie dann etwas zu nahe, und Mohamed feuerte einen Schuss über ihren Kopf hinweg ab. Das Weibchen raste zum Fluss zurück, der Samburu lief ihr hinterher, fluchte und rief ihr zu, wenn sie das noch einmal mache, würde dies ihr letztes Mal sein.«

Seither hat Mohamed an fast allen Wander-Safaris von Iain als Führungsranger teilgenommen. »Wir sind gemeinsam ungefähr tausend Meilen gegangen«, sagt er. Wenn Iain auch Mohamed absolut vertraut, teilen Bongo und Danny, die seit fast ebenso vielen Jahren mit dem Sergeant im Busch auf Patrouille waren, diese Zuversicht nicht uneingeschränkt, insbesondere dann nicht, wenn sich Mohamed in der Nähe von Städten oder Dörfern aufhält. »Wir müssen ihn im Auge behalten, wenn wir Gebiete erreichen, in denen es Palmwein und *miraa* gibt«, hatte mir Danny gesagt. Er spielte beim Letzteren auf das aus dem Kathstrauch gewonnene Rauschmittel an, das man in Somalia kaut, das aber auch bei den Samburu und Turkana beliebt ist. »Anderenfalls betrinkt er sich und gerät außer Kontrolle.«

Danny ist sich eher bei Lokiyor vollkommen sicher. Er ist ein Turkana aus dem riesigen Wüstenlandstrich im Nordwesten Kenias, nahe der Grenze zu Uganda und zum Sudan. Wie die Massai stammen die Turkana aus der Nilregion und wurden früher sogar als noch kriegslustiger eingeschätzt als diese. Heute bewahren viele Turkana ihre Bräuche. Die Frauen tragen zum Beispiel immer noch perlenbestickte Röcke und Halsketten aus kleinen Straußeneiern und Kaurimuscheln, die wegen ihrer Ähnlichkeit mit einer Vagina bei vielen Stämmen in Nordkenia als Fruchtbarkeitssymbol gelten. Wie alle hamitischsprechenden Völker, zu denen auch die Samburu zählen, sind die Turkana groß und schlank. Lokiyor ist dreißig, und sein Gesichtsausdruck ähnelt dem eines Falken. Er hat die Angewohnheit, seine Augen zusammenzukneifen, und wenn er an einem Gespräch teilnimmt, hält er seinen Kopf völlig ruhig, während seine Augen von Person zu Person wandern, sodass er einen seitlich ansieht und man das Gefühl erhält, er kann einen auch sehen, wenn man hinter ihm steht. Er wurde 1989 vom KWS angeworben, als Richard Leakey, der neu ernannte Direktor, jene Ranger und Aufseher ausmusterte, die unfähig, korrupt oder beides zugleich waren. 1992 hatte sich Lokiyor der Problemtier-Kontrolleinheit angeschlossen, bei der er unter Dannys Führung arbeitete und zur Ausbildung zu Joyce Pool nach Amboseli geschickt wurde. Dort sollte er lernen, wie man Alter und Geschlecht von Elefanten bestimmt, um aus einer marodierenden Herde das Tier auswählen zu können, das für einen Abschuss am geeignetsten war.

»Mohamed ist gut«, hatte mir Danny gesagt, »aber Lokiyor ist einer der Besten, die ich je gesehen habe. Bei einer Auseinandersetzung mit Wilddieben oder angesichts eines erbosten Elefanten ist er derjenige, den man neben sich haben möchte.«

*

Mohamed hat uns tatsächlich zum Fluss geführt. Danny möchte ihn überqueren, um die nächste Biegung abzukürzen. Bongo ist jedoch anderer Ansicht und beharrt darauf, auf der Seite zu bleiben, auf der wir jetzt sind.

»Jenseits des Flusses ist es aber viel einfacher«, kontert Danny.

»Wenn wir darüber diskutieren müssen, dann bitte ohne beleidigten Unterton«, erwidert Bongo, obwohl ich einen solchen in Dannys Stimme nicht feststellen konnte. Aber zwischen den beiden Brüdern ist natürlich schon so manches vorgefallen, sodass ich die feinen Nuancen im Tonfall kaum vernehmen würde. Mir fällt in diesem Zusammenhang ein, was Danny am Abend über einen leicht erregbaren Freund des Vaters erzählte: »Sein Auto hatte eine Panne. Weil die Reparatur so viel Zeit beanspruchte, frustrierte ihn das so sehr, dass er seinen Leuten befahl, Äste abzuschneiden, um …«

»Nein, du bringst da alles durcheinander«, unterbrach ihn Bongo. »Dem Auto fehlte eigentlich nichts. Er steckte in einer *lugga* fest und konnte nicht herauskommen. Also beauftragte er seine Helfer, aus Ästen Stöcke zu fertigen. Anschließend ordnete er an, dem Fahrzeug eine gehörige Tracht Prügel zu verabreichen.« Wir hatten alle gelacht, sogar Danny, der nicht zeigte, ob es ihn störte, dass ihm sein Bruder die Pointe der Geschichte weggenommen hatte.

Auch jetzt gibt Danny am Ende klein bei, wir bleiben auf unserer Flussuferseite. Wir folgen einem Nilpferd-Trampelpfad und durchwandern eine ausgetrocknete Lateritmulde, deren Boden tiefe Risse hat. Links von uns markiert eine Gruppe von *Reclinata*-Palmen das Flussufer. Im getrockneten Schlamm queren wir einen Elefantenpfad, auf dem Fußspuren mit genügend Details in die rote Erde eingetreten sind, sodass ich die Hautfalten der Füße erkennen kann. Sie bilden ein Muster, das bei jedem Tier so individuell ist wie der Fingerabdruck eines Menschen.

Mohameds Hand schnellt hoch, während er gleichzeitig sein Gewehr in Anschlag bringt. Wir halten an. Durch den Busch erblicken wir einen großen schwarzen Schatten, es ist der eines Kaffernbüffels. Er ist nahe genug, dass wir ihn schnaufen hören. Wir bleiben wie angewurzelt stehen, starren auf seine unheilvollen Augen und warten darauf, was er als Nächstes tun wird. Das Tier schnaubt laut, senkt den Kopf, macht dann kehrt und trampelt durch den Busch – in eine von uns entgegengesetzte Richtung. Augenblicklich setzen Mohamed und die anderen ihre Gewehre ab. Und es geht weiter.

Kaffernbüffel sind wegen ihrer Übellaunigkeit berüchtigt. Danny hatte mir erzählt, dass sein Vater einmal flussabwärts von unserer jetzigen Position gewandert sei, als er hinter sich Hufschläge hörte. Er drehte sich um und erblickte einen heranstürmenden Büffel. Es blieb keine Zeit mehr, dem Tier auszuweichen, der ihn im nächsten Augenblick umrannte, auf ihm herumtrampelte, ihn mit seinen Hörnern stieß und, als ob das noch nicht gereicht hätte, ihn auch noch anpisste und anschiss. Zum Glück war Bills Hund Susie mit von der Partie. Sie war ein halber Rhodesian Ridgeback und schnappte die ganze Zeit nach den Beinen des Büffels. Das lenkte ihn schließlich lange genug ab, sodass Bill zum nächsten Gestrüpp laufen konnte und der entstandene Schaden auf ein paar üble Schrammen beschränkt blieb. (Auch Susie kam unverletzt davon.)

Ich bin sehr wachsam und bleibe das auch. Das hier ist etwas anderes als eine Rucksackwanderung in der Sierra Nevada. Sie gleicht noch nicht einmal der Wanderung, die ich in der Bob Marshall Wilderness unternommen hatte, bei der ich immer nach Grizzlys Ausschau hielt. Dort konnte man vielleicht einmal im Monat auf einen Bären stoßen, aber hier haben wir mehrmals täglich Begegnungen mit gefährlichen Tieren, und diese Konfrontationen erzeugen eine Spannung, die mich dazu zwingt, beim Gehen all meine Sinne zu schärfen.

*

Während wir Meile für Meile vorankommen, mache ich im Geist eine Bestandsaufnahme meines körperlichen Zustands: Die Beine sind nicht mehr wund, die Haut ist nicht mehr verbrannt, ich gewöhne mich daran, einen ganzen Tag lang ohne Mittagessen zu marschieren und nur zwei Liter Wasser zu trinken. Meine Füße haben von Tag zu Tag mehr Hornhaut. Bis jetzt geht es sich in den Sandalen ganz gut.

Ich denke, dass ich kein Problem damit haben werde, noch weitere zwei Wochen zu wandern, bis zum Ziel unserer Reise. Ich habe den Eindruck, wenn es darauf ankäme, könnte ich mich auch noch zwei weitere Monate von meinen Füßen tragen lassen. Es ist ein schönes Gefühl, die Erde zu spüren, ich liebe es, wenn sich mein Oberkörper beim Hochheben der Arme abkühlt. Ich mag die Anspannung, wenn wir im dichten Busch sind und zur Wachsamkeit gezwungen werden, wenn wir ein Flusspferd oder einen Büffel sehen. Aber am meisten gefällt mir der Rhythmus, in dem ich jeden Tag stundenlang durch eine Landschaft gehe, die mich seit Jahren in Bann gezogen hat.

Ich war einmal als Gast von Robert Halmi – einem Fernsehfilm-Produzenten, der viele Berichte in Afrika gedreht hat – in seinem Haus am Fuße des Mount Kenya eingeladen. Wir sprachen über die Anziehungskraft der ostafrikanischen Landschaft, die so viele von uns verhext. »Ich kam erstmals in den frühen Fünfzigerjahren hierher«, sagte Robert Halmi. »Ich habe mich sofort in diese Gegend verliebt, weil hier etwas ist, das man wiederzuerkennen meint.«

Im letzten Monat, bevor ich zu diesem Fußmarsch vom Gipfel des Kilimandscharo aufbrach, recherchierte ich über diese Region. In einer alten Ausgabe von *National Geographic* stieß ich auf ein Foto von Fußabdrücken in versteinerter Vulkanasche, die Mary Leakey, die berühmte britische Archäologin und Paläoanthropologin. auf der Laetoli-Ebene in Tansania südlich der berühmten Olduvai-Schlucht entdeckt hatte. Es waren die Abdrücke aufrecht gehender Primaten, zweier Erwachsener und eines Kindes, die nebeneinander marschierten. Sie waren vor 3,6 Millionen Jahren entstanden, also zu einer Zeit, als die Anfänge unserer Spezies heraufdämmerten.

In dem Foto der Fußabdrücke hatte ich etwas wiedererkannt, etwas, das auch Halmi erlebt hatte. Es war, als wären diese Primaten aus der grauen Vorzeit herausgetreten, um ihre Schritte zu hinterlassen und dann wieder im Buschland Richtung Horizont zu verschwinden. Und wahrscheinlich gehen sie da draußen immer noch umher.

Während ich jetzt unterwegs bin, muss ich an diese Stein gewordenen Schritte denken. Ich blicke nach unten, um einer tiefliegenden Schwarzdornranke auszuweichen. Dabei beobachte ich, wie meine Füße Abdrücke in der roten Erde hinterlassen, und ich spüre eine zum Greifen nahe Verbindung. Meine Gedanken fliegen durch die Generationen, als würde man schnell einen Kalender durchblättern – 20000, 50000, 100000 Generationen –, und dann sehe ich die Familie meiner Ahnen zweibeinig durch ebendieses Dornbuschland wandern, ihrem Schicksal entgegen.

Mehr noch als all die Schädel von Hominiden, die man in Afrika als Bindeglied zu unseren Vorfahren gefunden hat, ermöglichen mir diese Fußabdrücke, vor meinem geistigen Auge zu sehen, wer wir einst waren und was wir am Anbeginn unserer Zeit taten. Ist dann dies die Vertrautheit, die so viele Menschen empfinden, wenn sie in Afrika sind? Ist vielleicht das die Ursache meiner Sehnsucht nach langen Wanderungen durch weite, offene Gegenden? Und wenn ja, nährt sich dann mein Drang, durch dieses Gebiet zu Fuß zu gehen, aus einer tiefen Erinnerung an unsere Vorfahren?

Wer weiß! Der Gedanke ist zu weit hergeholt, um zu mehr als zu einem Tagtraum zu taugen. Aber während ich meinen Kameraden auf einem Trampelpfad durch Dornengestrüpp zurück zum Fluss folge, kommt mir noch ein Einfall, besser gesagt, eine Frage, die mich nicht loslässt: Folge ich vielleicht bei meinem Wanderungen einem Trieb, der Herdentiere dazu bestimmt, von einem Weidegrund zum nächsten zu folgen?

*

Eine Stunde vor Sonnenuntergang erreichen wir unser bislang schönstes Camp. Das Zelt, in dem wir unsere Mahlzeiten einnehmen, ist so aufgestellt, dass man auf eine Flussbiegung schauen kann. Und die Safari-Stühle sind natürlich derart angeordnet, dass wir die Dumpalmengruppe am gegenüberliegenden Flussufer genießen können sowie die rötlichen Felsen von Ngulia, die im Hintergrund zu sehen sind. Am anderen Flussufer klettert eine Pavianhorde an den Palmen hinauf, reißt die Früchte ab und wirft sie dann zu Boden, bevor sie wieder herunterkommt, um sie zu fressen. »Ich habe diese Dinger mal versucht«, sagt Danny. »Sie sind grauenhaft süß. Du kannst zusehen, wie die Paviane ein paar Bissen davon nehmen und dann die Fasern ausspucken.«

Man hört oft Geschichten von Elefanten, die im Tsavo gärende Dumfrüchte fressen und davon betrunken werden (obwohl ich niemanden fand, der das bestätigen konnte), aber diese Paviane scheinen sich wie ganz normale Paviane zu verhalten. Außer von Früchten ernähren sie sich hauptsächlich von jungen Grasschösslingen und verschiedenen Teilen der Akazienbäume, seien es Blätter, Blüten oder Samenkapseln. Paviane sind jedoch Allesfresser, und man hat erwachsene Tiere dabei beobachtet, wie sie kleine Vögel jagen, Dikdiks und sogar Tiere von der Größe der Impalas. Zwei amerikanische Anthropologen, Sherwood Washburn und Irven DeVore, die viele Jahre mit dem Studium von Pavianen zugebracht haben, beschrieben einmal, wie ein erwachsenes Männchen eine junge Thomson-Gazelle erlegte: »Es packte sie, hob sie über seinen Kopf und schleuderte sie zu Boden. Dabei brach die Bauchdecke auf, und das Männchen begann zu fressen. Zwei Stunden später waren nur noch Haut, Zähne und große Knochen übrig.«

Ich baue mein Zelt unter einer großen Flussakazie in der Nähe des Ufers auf. Das Regenschutzdach lasse ich weg, denn der Nachthimmel ist wolkenlos. Der sanfte Wellenschlag an der Schlammbank lullt mich in den Schlaf. Gegen ein Uhr nachts erwache ich vom gutturalen Brüllen eines Löwen, der dem Camp nahe ist. Sehr nahe.

10

Die aber gejagt werden,
Erkennen dies als ihr Leben,
Als ihren Lohn: Gehen
Zu dürfen unter Bäumen im Wissen
Um das, was über ihnen glorreich sich wölbt,
Und keine Angst zu spüren,
Sondern von Hingabe und Billigung
Erfüllt zu sein ohne Schmerz.

James Dickey, The Heaven of Animals

Ich lausche, dann ist es still. Ich schlafe fast schon wieder ein, als der Löwe erneut brüllt. An seinen langen Atemstößen erkennt man, dass nur ein großes und kräftiges Tier dazu in der Lage ist. Ich bin hellwach und versuche die Position des Löwen zu orten. Er brüllt wieder, und es scheint diesmal eher aus der Richtung hinter unserem Camp zu kommen. Der Löwe umkreist uns. Bedeutet das, dass er sich heranpirscht? Ich starre durch das Moskitonetz hinauf zum Nachthimmel. Würde ein Löwe dieses Zelt als Hindernis empfinden? Ich bin sicher, es würde ihn nicht einmal einen Pulsschlag lang aufhalten. Das Lager ist ruhig, aber die anderen sind sicher genauso wach wie ich.

Das Brüllen hört auf, und ich versuche, den Löwen aus meinen Gedanken zu verbannen, um wieder einschlafen zu können. Immer wieder sage ich mir, dass Danny, Bongo und die Ranger wach sind und die Gewehre bereithalten, wenn Gefahr besteht. Dann erinnere ich mich daran, wie ich vor einigen Jahren mit Iain den Mount Kenya bestieg. Wir begannen gerade mit der ersten Etappe, als wir die Meldung erhielten, ein deutscher Bergsteiger aus der Gruppe vor uns sei in der Nacht von einem Löwen aus seinem Zelt verschleppt worden. Der Mann schrie, und als seine Gefährten herbeieilten, sahen sie gerade noch, wie der Löwe den Bergsteiger an einem Bein Richtung Wald zerrte. Auf dem gleichen Lagerplatz befand sich auch eine Truppe aus Südafrika. Einer von ihnen erkannte sofort, was da im Gange war, packte einen Kochtopf und stürmte auf den Löwen zu. So laut er konnte, schlug er auf den Topf ein, dabei stieß er die ganze Zeit über irgendwelche Schimpfworte aus. Der Löwe ließ den Deutschen los und verschwand, aber das Opfer war so übel zugerichtet worden, dass es später sein Bein verlor. Damals war Bongo bereits Aufseher im Mount-Kenya-Nationalpark. Er kam am nächsten Morgen mit seinem Gewehr, dem .416er Rigby, und begab sich in Richtung Bambus. Drei Tage später tauchte er mit dem toten Löwen auf.

Ich versuche mir wieder einzureden, dass die anderen einschätzen können, ob die Situation gefährlich ist oder nicht. Mir fällt in diesem Moment wieder einmal eine Beobachtung von Richard Meinertzhagen ein, die er während einer Safari machte. Während dieser Expedition, es war im Jahr 1902, holte sich ein Löwe einen Träger aus seiner Unterkunft und fraß ihn auf. Anschließend muss ich an eine besonders abscheuliche Geschichte denken. Sie handelt von zwei Löwen aus dem Tsavo-Gebiet, die sich, man schrieb das Jahr 1900, in der Nähe einer dort gebauten Eisenbahnlinie aufhielten. Die Tiere griffen indische Arbeiter an, die eine Brücke über den Tsavo River bauten. Jede Nacht überfielen sie ein anderes Zelt und töteten auf diese Weise nachweislich achtundzwanzig Menschen. Wenn ich es mir genau überlege, sind es nur noch drei Tagesmärsche bis zur Tsavo-Brücke.

Ich liege da und lausche: Der Löwe muss weitergezogen sein. Ich erinnere mich an einen Spruch der Massai: »Der Tag ist für die Menschen, die Nacht hingegen für die wilden Tiere.« Ich sinke in einen unruhigen Schlaf.

*

Am Morgen wache ich vor Tagesanbruch auf. Beim ersten Licht begebe ich mich ins Messezelt, um Kaffee zu trinken. Als die anderen nach und nach erscheinen, frage ich sie, ob sie den Löwen gehört haben.

»Ach ja«, sagt Bongo, »ich liebe das Geräusch, wenn ein Löwe in der Nacht brüllt.«

»Die Köche sagen, sie hätten am Rand des Camps Spuren gefunden«, fügt Iain hinzu.

»Du meinst, wir waren nicht in Gefahr?«

»Das weiß man nie«, erwidert Bongo. »Aber es wäre sehr ungewöhnlich gewesen, wenn das Tier jemanden aus dem Lager geholt hätte.«

Ich trinke meinen Kaffee und frage mich, wie es wohl für den Deutschen war, aus dem Zelt geschleppt zu werden. Ist er aufgewacht, als er hörte, wie der Löwe die Zeltleinwand mit seiner Pranke zerfetzte? Oder haben die Kiefer um sein Bein zugeschnappt, als er noch im Tiefschlaf dalag? Was würde ich in einem solchen Fall tun?

Es ist interessant, dass man sich – Erzählungen zufolge – von der Wirklichkeit distanziert, wenn man von einem Raubtier gepackt wird, egal, ob es ein Löwe, Tiger, Hai oder Bär ist. Vielleicht ist dieser Mechanismus vergleichbar mit der Schicksalsergebenheit von Beutetieren in den Fängen von Raubkatzen. Es gibt zahllose Beispiele von Antilopen oder Zebras, die, einmal von einem Löwen oder einer Löwin gekrallt, passiv dastehen, während das Raubtier sie auszuweiden beginnt und bei lebendigem Leib verspeist.

*

Wir beginnen den Marsch, indem wir den Fluss an einer Furt in der Nähe unseres Lagerplatzes durchqueren. Wie bei solchen Aktionen üblich, beschäftigt uns am meisten die Frage, ob sich Krokodile in unmittelbarer Umgebung aufhalten. Flussauf- und abwärts halte ich Ausschau nach irgendwelchen Anzeichen einer Bewegung. Das Wasser ist kühl, für die Füße ist es ein angenehmes Gefühl. Danny verliert mit einem Mal das Gleichgewicht, sein Munitionsgürtel wird nass, und er flucht. Am jenseitigen Ufer trocknet er die Patronen, während wir uns hinsetzen, die Füße abtrocknen und Blasen verbinden, ehe wir wieder Wanderschuhe anziehen. Bongo und Iain haben riesige Blasen, durch die rohes Fleisch schimmert.

Mohamed geht voran, Bongo und ich folgen ihm. In einer Hand trage ich meine Videokamera. Der Busch wird immer dichter. Mohamed nimmt sein Gewehr hoch und hält es quer vor seiner Brust, den Finger am Abzug. Ich schalte die Kamera auf Standby und höre das Surren des Bandeinzugs. Bongo hält das alte .416er Rigby so hoch, dass der Gewehrkolben beim Gehen auf seiner Hüfte aufliegt und er die Hand am Griff hat. Sein Daumen liegt auf dem Entsicherungshebel, an dessen Ende in Gold das Wort »safe« (»sicher«) eingraviert ist. Ich nenne diese Haltung »Nummer zwei«. Wir gehen vorsichtig und wachsam, schlängeln uns um *Mellifera* und Schwarzdorn herum, bis sich das Gestrüpp so weit öffnet, dass wir die Umgebung besser einsehen können. Mohamed und Bongo setzen ihre Gewehre wieder ab, und ich schalte die Kamera aus, um Batterien zu sparen. (Wenn Mohamed das Gewehr abgesetzt hat, die Nummer-drei-Haltung, dann trägt er es lässig mit einer Hand an seiner Seite, wobei seine Finger locker das Magazin umspannen. Bei der Nummer-eins-Haltung hat er das Gewehr an der Schulter im Anschlag und der Lauf weist Richtung Busch. Dies geschah bisher erst zweimal, wobei wir stets einen Büffel aus nächster Nähe gesichtet hatten.)

Ich sehe, wie Mohamed locker dahinschreitet, zwei Wasserflaschen in den Hüfttaschen seiner Feldweste. Die meisten Menschen weiblichen Geschlechts finden ihn hinreißend. (Ich weiß das, weil meine Frau, als sie Mohamed zum ersten Mal sah, ihn mit großen

Augen anstarrte und kaum noch fähig war, ein »Guten Tag!« über die Lippen zu bringen.) Wie bei den meisten Samburu verbreitert sich sein Gesicht nach unten hin leicht birnenförmig. Von hinten sehe ich, dass sich seine Kiefer beständig bewegen – die gleiche Angewohnheit ist mir auch bei Lokiyor aufgefallen. Durch die Löcher in seinen lang gezogenen Ohrläppchen kann ich den Himmel sehen.

Es ist bewölkt, und die Temperatur ist angenehm kühl. Vom Fluss her höre ich den einsamen Ruf eines Vogels, den ich nicht kenne, und ich frage mich, ob er von uns oder von etwas anderem aufgescheucht worden ist. Wir kommen am Dunghaufen eines Dikdik vorbei, einem Haufen von Kötteln dieser zarten Windspielantilopen, mit dem die Tiere, die kaum größer als Hasen sind, ihr Revier markieren. Die Waliangulu glauben, wie auch andere ostafrikanische Stämme, dass die Dikdiks diese Kugelhäufchen machen, weil einst der oberste Dikdik in einen Haufen Elefantendung getreten und darin stecken geblieben war. Um sich zu rächen, befahl er allen anderen Antilopen, sich an derselben Stelle zu erleichtern, auf dass ein Haufen entstünde, der groß genug wäre, dass ein Elefant hineintreten und nicht mehr rauskommen würde. Dikdiks, die in der Lage sind, Flüssigkeit allein über die Nahrung aufzunehmen, gibt es im trockenen Dornbuschgebiet des Tsavo in Hülle und Fülle. Iain sagt, dass sie sich stark vermehrt haben, seit die Wilddieb-Kriege in den Achtzigerjahren die Elefantenherden verkleinert haben. Dadurch blieb mehr Buschwerk erhalten. Je dichter aber das Gestrüpp ist, unter dem sich die Dikdiks verstecken können, desto mehr Schutz haben sie vor Raubtieren, besonders vor Adlern.

Während der nächsten Stunde scheuchen wir zwei dieser winzigen Antilopen auf. Eines der Tiere ist ein Männchen mit zwei kleinen Stummelhörnern. Als es direkt vor uns aus dem Busch bricht, ist es so nahe, dass ich an den Winkeln der Rehaugen seine speziellen Drüsen sehen kann. Diese kleinen schwarzen Punkte sondern eine Flüssigkeit ab, wenn Zweige sie berühren. Auf diese Weise markieren Dikdiks ihr Revier.

Windspielantilopen leben in kleinen Familienverbänden, das heißt ein Elternpaar und ein oder zwei Jungtiere. Soweit bekannt ist, scheinen diese liebenswerten Tiere in Monogamie zu leben. Ein Forscher beobachtete ein Männchen, das seine Gefährtin vermutlich an ein Raubtier verloren hatte. Es blieb auf Dauer ein Junggeselle, auch wenn es vermutlich leicht für ihn gewesen wäre, eine neue Gefährtin anzulocken.

Wir durchqueren ein weiteres Mal den Fluss. Als wir am anderen Ufer sind und die Böschung hinaufklettern, erhaschen wir einen Blick auf die unglaublich langen Schwanzfedern des Paradies-Fliegenschnäppers, die fast ausschließlich im trockenen Buschland Tsavos zu finden sind. Nach einer Stunde kommen wir an einem kleinen Immergrün-Gewächs mit bleistiftgeraden Ästen vorbei. Danny bezeichnet es als *mswaki*, als Zahnbürstenbaum. Mohamed schneidet ein Aststück von ungefähr fünfundzwanzig Zentimetern Länge ab, schnitzt an dem einem Ende mehrere Kerben ein, um so eine Art Bürste herzustellen, mit der er sich dann über die Zähne fährt. Wir anderen machen es ihm nach und führen im Anschluss daran mehrere Minuten lang eine vormittägliche Zahnputzaktion durch. »Du musst kräftig bürsten«, sagt Iain. »So wie Mohamed.« Wir drehen uns zu dem Samburu um, der um seinen Mund herum Schaum erzeugt hat. Er lächelt befangen, was den Schaum noch weiter auf seine Lippen treibt.

Den ganzen Vormittag über befanden wir uns auf Wild-Trampelpfaden, und ich merke, wie wunderbar es doch ist, dass dieser Teil des Landes noch so wild ist. »Zu einem kleinen Teil könnte das wirklich mein Werk sein«, sagt Danny. »1991 standen Hilfsgelder aus Japan zur Verfügung, mit denen in den Parks Straßen gebaut werden sollten. Man schickte mich los, ich sollte mir ein genaues Bild über den wahren Bedarf machen. Ich empfahl in meinem Bericht, sowohl die Nordseite von Tsavo als auch von Galana in ihrem ursprünglichen Zustand zu belassen. Man hörte auf mich und verzichtete darauf, hier Straßen anzulegen. Es ist sehr schön zu sehen, dass dieses Gebiet noch genau so aussieht wie damals. «

Eine halbe Stunde später verwandelt sich der Trampelpfad plötzlich in eine planierte Straße. Diese Tatsache steht in vollem Widerspruch zu Dannys vorheriger Behauptung, diese Gegend sei wegen seines Berichts unberührt geblieben. Leugnen wäre zwecklos, aber wir sind alle höflich genug, nichts zu sagen. Schließlich bricht Danny das Schweigen und sagt: »Verflucht kurzsichtig von denen.«

»Wieso wurde hier eine Straße gebaut?«, fragt Iain. »Sie bringt doch nichts ein. Parks, die Geld abwerfen, bevorzugen ein einfaches Prinzip: Touristen springen in einen Minibus, lassen sich zwanzig Minuten lang fahren, dann treffen sie auf Löwen, die unter einem Baum liegen und fotografiert werden können. So etwas lässt der Tsavo nie zu, dafür ist er zu wild. Die Leute werden nie hierherkommen, weil die Tiere in diesem Gebiet so schön scheu sind. Also hätten sie alles ebenso gut im alten Zustand belassen können.«

Wir wandern weiter auf einer Spur, die ein Bulldozer hinterlassen hat. Am Straßenrand sehen wir zu Haufen zusammengepresste Dornensträucher. An einer Stelle, bei der die Straße vom Wasser wegführt, kehren wir auf unseren Flusspferdpfad zurück.

*

Mohamed springt zurück und bedeutet uns anzuhalten. Bongo dreht sich zu uns um, legt den Zeigefinger an die Lippen und formt lautlos die Wörter: »Seid leise!« Mit der anderen Hand zeigt er in eine bestimmte Richtung. Zehn Meter neben uns liegt unter einem *Mellifera*-Busch ein dösendes Flusspferd. Das Tier schläft weiter, und wir atmen so lautlos, wie es uns möglich ist. Es sieht wie ein riesiger schlafender Hund aus, dessen schwergewichtiger Kopf das fleischige Unterkinn flachdrückt. Mohamed, Danny, Bongo, Galogalo und Lokiyor nehmen alle die Nummer-eins-Haltung ein: Das Gewehr ist an der Schulter angelegt und entsichert, der Finger am Abzug. Bongo bedeutet uns weiterzugehen, über Zeichen macht er klar, dass wir auf herumliegende Zweige achten sollen. Wir bewegen uns langsam seitwärts, unsere Blicke wechseln vom Boden zum Flusspferd und wieder zum Boden. Das Tier wacht zum Glück auch weiterhin nicht auf, denn noch ist unsere Marschkolonne nicht in voller Länge an ihm vorbeigezogen. Ich schaue zu Lokiyor, er hat das Flusspferd genau im Visier. Seine Augen sind auf das Flusspferd fixiert wie das Zielkreuz eines Fernrohrs. Ich hebe vorsichtig einen Fuß, dann den anderen. So kommen wir Schritt für Schritt voran.

Als wir weit genug von dem dösenden Tier entfernt sind, sagt Bongo mit leiser Stimme: »Wenn wir es aufgeweckt hätten, wäre es mit ziemlicher Sicherheit auf uns losgestürmt. Wir hätten es erschießen müssen.«

Als wir schweigend weitergehen, überlege ich mir, was es bei mir ausgelöst hätte, wäre dieser Fall eingetreten. Ich frage mich, ob es gerechtfertigt ist, ein Tier zu töten, nur damit man durch einen wilden Teil Afrikas gehen kann wie einst die ersten Forscher? Sicher werden durch solche Erschießungen im Verhältnis weniger Tiere erlegt als bei Großwildjagden, die auch heute noch veranstaltet werden.

Die Alternative ist, die afrikanische Tierwelt von einem Fahrzeug aus zu betrachten, wie das ohnehin schon fast alle tun. Aber das würde bedeuten, dass man in der Folge noch mehr Straßen durch die Wildnis bauen würde – und das stellt für mich keine attraktive Alternative dar. Die Gegend einfach abzuriegeln und sie ganz den Tieren zu überlassen ist auch keine Möglichkeit, denn dann würde der wirtschaftliche Nutzen fehlen. Es würde nicht lange dauern, bis die Wildnis ein einziges Gebiet mit Weide- oder Ackerflächen wäre.

Also sind Safaris zu Fuß vielleicht die beste Entscheidung für eine Gegend wie den Tsavo, selbst wenn damit das Risiko verbunden ist, hin und wieder ein Tier erschießen zu müssen. Aber auch für Fußwanderer gibt es gefährliche Situationen. Vor mehreren Jahren marschierte Iain mit vierzehn Leuten an demselben Flussabschnitt entlang, dem wir jetzt folgen. Ohne Vorwarnung stürmte ein Flusspferd aus dem Busch, rannte den anführenden Ranger um, ehe dieser sein Gewehr anlegen konnte. Anschließend ging das Tier auf eine Frau mittleren Alters los, packte sie mit seinem Riesenmaul an der Hüfte und schüttelte sie wie eine Stoffpuppe. In der Zwischenzeit hatte sich der Ranger aufgerafft, sein Gewehr aufgehoben und damit begonnen, auf das Tier zu schießen, das die Frau noch immer festhielt. Endlich ließ das Flusspferd sie fallen und lief zurück ins Wasser, in dem es vermutlich verendete.

»Die Frau hatte einen komplizierten Oberschenkelhalsbruch«, erzählte mir Iain, »außerdem einen gebrochenen Arm und ein beträchtliches Stück der rechten Pobacke verloren. Meine Frau, die Ärztin ist, war bei dieser Tour dabei, ebenso zwei approbierte Krankenschwestern, sodass wir rasch Druckverbände anlegen, sie stabilisieren und sofort abtransportieren konnten. Wir hatten sie innerhalb von fünf Stunden im Nairobi Hospital, was ich in Anbetracht der Wildnis für beachtlich schnell hielt. Diese Frau gehört wahrscheinlich zu den ganz wenigen Menschen, die sich je im Maul eines Flusspferdes befunden haben, überlebten und davon erzählen können.«

⋆

Als wir das Lager erreichen, bleiben noch zwei Stunden Tageslicht. Wir waschen unser Gesicht, entspannen in den Safari-Stühlen vor einem von Chui entfachten Feuer und kommen, wie es nach Begegnungen mit gefährlichen Tieren nur angebracht ist, auf das Thema Jagd zu sprechen.

»Ich erinnere mich, dass dein Vater sehr stolz auf dich war, als du deinen ersten Büffel erlegt hast«, sagt Iain zu Bongo. »Die Details weiß ich nicht mehr so genau, aber es war irgendwo hier in der Nähe, stimmt's?«

»Ja, an den Hängen des Kilimandscharo. Ich war damals dreizehn Jahre alt, und wir waren losgegangen, um ein Sisal-Anbaugebiet zu kontrollieren. Es war ungefähr halb sechs an einem nebligen Morgen mit Nieselregen, als ein Feldwächter an unser Autofenster klopfte – wir hatten im Geländewagen übernachtet. Dad sagte zu mir, ein Büffel befände sich auf den Feldern. Ich hatte ein Gewehr Kaliber .30-06 und Dad das .416er. Es war so abgesprochen, dass Dad auf die Brust schießen würde, um dem Tier noch ein oder zwei Minuten zu lassen, ehe es zusammenbrach, was mir Gelegenheit geben sollte, Erfahrung mit einem Herz- oder Kopfschuss zu sammeln. Also folgten wir dem Wächter, und mein Vater traf die Schulter des Büffels. Er rannte in den dichten Busch, wo wir ihn schnaufen und stöhnen hören konnten. Dad ging in eine Richtung, der Wächter und ich in eine andere. Dann sah ich das Tier auf dem Boden liegen, ich hielt den Büffel für erledigt. Plötzlich stand er jedoch auf und kam auf uns zu. Sofort machten wir kehrt. Ich hörte dann einen Schuss und sah, dass Dad noch einmal auf ihn gezielt hatte, aber nur in die Flanke. Wieder wollte er angreifen, aber ich hatte nun Zeit, ihm in den Kopf zu schießen. Er brach zusammen, aber in der Zeit, in der ich nachlud, stand er erneut auf. Ich zielte noch einmal auf ihn, doch er lief immer weiter. Also musste ich noch ein weiteres Mal das Magazin füllen und auf ihn losfeuern. Jetzt war er erledigt. All das ereignete sich etwa auf einer Distanz von zehn Metern. Sämtliche Leute, die auf der Plantage tätig waren, kamen angelaufen. Sie waren über den Tod des Büffels sehr froh, und mein Gesicht wurde mit Blut eingeschmiert. Die Arbeiter sagten, Dad werde alt und langsam, daher sei es gut, frisches Blut zu haben. Er war sehr zufrieden, ich natürlich auch über mich, weil ich nicht wissen konnte, wie ich reagieren würde. Ich hätte an diesem Tag leicht selbst das Opfer sein können.«

*

Wie immer am Äquator ist die Dämmerung sehr kurz, und die Finsternis ist schlagartig da. Ich krieche in mein Zelt, lehne mich gegen die aufklappbare Rückenstütze. Dann schalte ich meine Stirnlampe an und trage in mein Tagebuch Dannys Geschichte vom erlegten Büffel ein.

Ich überlege, dass er von seinem Vater nicht nur dessen Humor geerbt hat. Der jüngere der Woodley-Brüder hatte bei der Frage, was denn das Wichtigste sei, was er von seinem Vater gelernt hätte, geantwortet: »Zu denken und zu leben wie ein Jäger.« Mir wird jetzt klar, dass genau dies der Punkt ist, der Vater und Sohn am stärksten verbindet.

Ich schalte die Stirnlampe aus. Die einzigen Geräusche kommen von ein paar Zikaden und vom sanften Wellenschlag des Flusses am schlammigen Ufer. Ich denke wieder einmal über den Zusammenhang von Jagd und Artenschutz nach. Es ist ein schwer zu fassendes Problem, und ich merke, dass es mehr als nur einiger Überlegungen vor dem Einschlafen bedarf, um es zu verstehen – wenn überhaupt.

11

Er gewahrte deutlich die Grausamkeit der Natur, vor der unsere Kultiviertheit und Frömmigkeit nichts weiter als Luftblasen sind, die auf trüben Wassern schnell flussabwärts treiben. Sie platzen, doch der Strom fließt unbeirrt weiter.

E. M. Forster, The Longest Journey

Am Morgen erwache ich, bevor es hell wird – es ist zu einer Gewohnheit geworden –, und lausche den Zikaden, dem leisen Plätschern des Wassers am Flussufer, dem tubaähnlichen Protest eines einsamen Flusspferds unweit unseres Lagers. Wir frühstücken und verlassen das Lager um halb acht.

Zehn Minuten nachdem wir aufgebrochen sind, entdeckt Bongo ein kleines Loch im Boden, das von einem Ring frisch ausgegrabener Erde umgeben ist. Eine kleine Staubwolke fliegt aus dem Loch. »Ein Nacktmull«, sagt Bongo. Ich lasse mir den Namen des Tieres in seinen einzelnen Wortteilen durch den Kopf gehen, »nackt« und »Mull«, und gelange zu dem Schluss, wenn eine Bezeichnung eines Tieres für Voreingenommenheit sorgen könnte, dann müsste dieser Sandgräber ein Imageproblem haben.

Bongo kommt dem Tier zu Hilfe. »Es sind die einzigen Säugetiere, die sich wie Insekten verhalten«, sagt er mit leiser Stimme, während wir zuschauen, wie noch mehr Erde aus dem Loch fliegt. »Sie leben in Kolonien von hundert oder mehr Tieren mit einer ausgewählten Anzahl von etwa vier oder fünf Männchen, die zum Begatten der, wenn man so will, Königin da sind. Diese Königin bringt bis zu dreißig Nacktmulle gleichzeitig zur Welt, die einfach aus ihr herausmarschieren. Sie leben von Knollengewächsen, und ihr Tunnelsystem kann sich bis zu fünf Meilen weit erstrecken. Sie verlassen nie die Erde, und Schlangen sind ihr Hauptfeind.«

Wir sehen auch weiterhin Erdwölkchen aus dem Loch aufsteigen. »Sehr interessant, diese Nacktmulle«, schließt Bongo.

Wir durchqueren den Fluss und folgen einem Flusspferdpfad.

»Auf dieser Seite ist die nächste Straße vierzig Meilen entfernt«, sagt Iain.

Wir sind still und wachsam. Ich will ein Schnappfoto machen, deshalb sage ich: »Mohamed!« Er dreht sich sofort herum, das Gewehr im Anschlag – und mir ist unwohl, weil ich seinen Namen nicht in einem harmloseren Tonfall gerufen habe. Ein Kletterhopf fliegt auf einen Zweig einer in der Nähe befindlichen Flussakazie. Diese Akazie ist ein hoher Uferbaum mit nadelspitzen Dornen, die fast acht Zentimeter lang sind. Weiter vor uns gackert eine Schar von rotschnäbeligen Nashornvögeln wie Hühner auf einem Bauernhof. Wir passieren einen Haufen Elefantendung, den Danny mit »von heute Morgen oder noch frischer« kommentiert. Mohamed führt uns vom Fluss weg. Danny ruft ihm zu, deutet ihm, dass er wieder zurück an den Fluss wolle, aber Mohamed sagt auf Kisuaheli, dass er hier eine weite Schleife mache und dies eine Abkürzung sei. Der Samburu kennt diese Gegend besser als jeder andere aus unserer Gruppe, und wir folgen ihm, während er entspannt die Nummer-drei-Haltung einnimmt.

Ein Thermometer, das wir mitführen, zeigt an, dass die Temperatur auf 43 Grad geklettert ist. Wir gelangen wieder zum Fluss – und damit dankenswerterweise in den willkommenen Schatten der Uferbäume. Schweiß trocknet auf unseren Hemden und hinterlässt Salzflecken. Vor uns ist der einsame möwenähnliche Schrei eines afrikanischen Fischadlers zu hören. Hinter mir imitiert Danny so lange den Vogel, bis er über uns erscheint. Er schlägt zweimal mit den Flügeln, wendet und schwebt wieder über uns hinweg, sodass wir seinen weißen Kopf und seinen lohfarbenen Rumpf sehen können. Über uns schimpft eine Horde Meerkatzen im Baumgeäst, weil wir in ihr Revier eindringen. Wir werden von einer Gruppe untergetauchter Flusspferde beobachtet, die ihre Glubschaugen und lächerlich kleinen Ohren preisgeben, die sie clownesk drehen. Jenseits des Flusses entdecken wir vier weitere Flusspferde, die unter einem Baum schlafen. Wir bleiben stehen und sehen ihnen zu, bis ein sehr kleines Tier aufwacht, die anderen weckt und alle missvergnügt ins Wasser tapsen.

Wie gewöhnlich lassen wir das Mittagessen aus, weil in dieser Hitze ohnehin keiner von uns Appetit hat. Wir machen nur gelegentlich kurze Pausen, um Wasser zu trinken. Am Nachmittag erreichen wir unseren für heute vorgesehenen Rastplatz, einen Ort namens Maji Ya Chumvi, »Salziges Wasser«. Das Lager ist am anderen Flussufer neben einer Salzablagerung, die bei den Tieren der Gegend beliebt ist. An der Stelle, wo der Fluss seicht genug zum Durchwaten ist, führt ein breiter Wildtierpfad zum Wasser. Wir sammeln uns und jeder zögert, den ersten Schritt zu tun.

»Die Sache mit Krokodilen ist die«, sagt Bongo, »dass sie ihre Opfer gern belauern. Hier haben sie die Chance dazu.«

Aus der Vielzahl der Spuren rings um uns herum wird klar, dass eine große Zahl von Tieren die Gewohnheit hat, an der Stelle, an der wir stehen, den Fluss zu überqueren. Wir schauen flussabwärts und -aufwärts, aber in beiden Richtungen ist der Wasserlauf eng und tief. Wir gehen geschlossen zurück zur Furt und ziehen die Schuhe aus, wobei Bongo zu Mohamed und Lokiyor etwas auf Kisuaheli mitteilt. »Was hast du ihnen gesagt?«, frage ich ihn. »Sie sollen die Augen offen halten und auf Bugwellen achten.« Wir durchqueren den Fluss in derselben Reihenfolge, in der wir zuvor marschiert sind. Alle sind stumm, als wir durch das trübe Wasser waten und unseren eigenen Gedanken nachhängen. Auf der anderen Seite sagt Iain, als wolle er unseren kollektiven Seufzer der Erleichterung zum Ausdruck bringen: »Alsdann, willkommen im Camp.«

*

Es ist zu heiß, um etwas anderes zu tun, als in dem wenigen Schatten zu lagern, den das *Mellifera*-Gestrüpp spendet. Maji Ya Chumvi liegt am Ende eines holprigen Feldwegs, der zurück zur Straße führt, auf der man die Ngulia Safari Lodge erreichen kann, ein Touristenhotel, das sich an einen felsigen Aussichtspunkt hinter dem Kichwa Tembo schmiegt. Als es kühler wird, schlagen Bongo und Danny vor, dorthin zu fahren. »Ich glaube, wir müssen unsere Biervorräte aufstocken«, sagt Bongo schelmisch, und Danny fügt hinzu, dass wir auch durch das Nashorn-Schutzgebiet kämen.

Wir stehen im Land Rover bei geöffnetem Dach, und die kühlende Brise, die sich bei der Fahrt über die Straße ergibt, ist uns willkommen. Wir fahren mit nur dreißig oder vierzig Stundenkilometern, aber nach so vielen Tagen des Wanderns erscheint es einem wie das Doppelte. Es ist noch immer so heiß, dass kein Wild ins Freie tritt, aber diese Fahrt ist dennoch eine nostalgische Erinnerung an frühere Afrikareisen. Obwohl ich sie nicht gegen unsere Tour zu Fuß eintauschen möchte, ist mir klar, dass trotz eines notwendigen Ökotourismus auf dem afrikanischen Kontinent Wander-Safaris durch Buschland bei Tageshöchsttemperaturen von 43 Grad nicht unbedingt populärer werden.

Wir biegen ab und folgen einem Feldweg, der an einem Elektrozaun entlang führt und das Ngulia-Nashornschutzgebiet umschließt. Während unserer Wanderung mussten wir uns an jeder Biegung Gedanken machen, ob wir auf ein Flusspferd oder einen Büffel stoßen würden. Wir machten einen weiten Bogen um Elefanten, um keine Angriffe zu provozieren, wateten nur bei flachen Sandbänken durch den Fluss, um Krokodilangriffe zu vermeiden, hofften, dass die Löwen, die nachts um unser Lager herumschlichen, nicht allzu hungrig waren – aber wir brauchten uns keine Sorgen zu machen, dass uns ein Nashorn angreifen könnte. Während der Siebziger- und Achtzigerjahre gelang es somalischen Wilddieben, die ins Tsavo-Gebiet einfielen, in dem über 20000 Quadratkilometer großen Gebiet der beiden Tsavo-Parks sämtliche Nashörner abzuknallen. Es überlebte nur einige wenige Tiere, die sich in ein abgelegenes Tal in Tsavo-West zurückgezogen hatten. Sie wurden dann gefangen und in dieses Wildreservat gebracht. Hier werden sie von stark bewaffneten Rangern bewacht, die ständig entlang der Einfriedung Streife gehen.

Während der Vierziger- und Fünfzigerjahre, ja sogar noch in den Sechzigern hätte es einer beträchtlichen Menge Phantasie bedurft, um sich das Tsavo-Ökosystem ohne Nashörner vorzustellen. Nun versuche ich mir auszumalen, wie das Land aussah, als es noch überall das am prähistorischsten aussehende Säugetier Afrikas gab. Es fällt mir schwer. Später, der Fußmarsch war längst beendet, fragte ich einige Leute, die in den Fünfzigerjahren in dieser Region waren, wie viele sie denn gesehen hätten.

»In der Gegend am Tsavo River? Ich habe da einmal an einem Vormittag vierundsechzig Stück gezählt.«

»Sie waren lästig. Es waren so viele, dass man nichts unternehmen konnte, ohne dass man auf einen Baum getrieben wurde.«

»So viele wie Flöhe.«

»Sie stellten auf der Mombasa-Autobahn eine ständige Gefahr dar.«

*

Wir gelangen zum Tor des Nashorn-Schutzgebiets, das mit einer aus Metall gestanzten Silhouette eines Nashorns versehen ist. Der Wächter salutiert, als er Danny und Bongo erblickt. Wir steigen aus und gehen zum Elektrozaun. Er ist nur anderthalb Meter hoch. »Wir haben im Lauf der Jahre verschiedene Möglichkeiten erprobt«, sagt Danny, »aber die hier ist die kosteneffizienteste, und sie funktioniert. Der Zaun ist so gebaut, dass anderes Wild darüber springen oder darunter durchkriechen kann. Und wenn man den Strom führenden Draht anfasst, passiert nicht viel. Schau!«

Danny berührt den Draht. Ich folge ihm darin, ziehe aber sofort meine Finger zurück, als ich ein sehr kräftiges Kribbeln spüre. Dann erkenne ich aber, dass meine Reaktion mehr aus einer Besorgnis heraus resultiert denn aus einem Elektroschock. »Wenn du aber den Strom führenden Draht berührst und anschließend die Erdleitung, bekommst du zwischen 6000 und 8000 Volt ab«.

»Meinem Vater wurde 1986 die Leitung des Nashornprojekts übertragen«, fährt er fort. »Er entdeckte Spuren von Wilddieben, welche die der Nashörner überlagerten. Wir fanden sogar ein noch lebendes Tier, dem ein Pfeil in der Lippe steckte. Alle diskutierten, was man in dieser Lage tun könnte, und während sie argumentierten, stellte Dad einfach einen Zaun auf, fing die verbliebenen Nashörner und steckte sie in das umfriedete Gebiet hinein. Um sie zu sichern, haben wir heute Bodenpatrouillen, Aussichtsplattformen und eine Flugüberwachung.«

Danny ist in seinem Element: »Studien haben ergeben, dass Nashörner rund hundertzwanzig verschiedene Pflanzenarten fressen, und eine ideale Gegend mit gutem Wasser kann zwei Nashörner pro Quadratkilometer satt machen. Hier im Schutzgebiet haben wir zwischen achtzig und neunzig dieser Pflanzenarten. Also denken wir, dass die Gegend rund 1,5 Nashörner pro Quadratkilometer ernährt. Im ursprünglichen Schutzgebiet hatten wir sechs Nashörner. Die Somalis brachen aber auch dort ein und erlegten eines, ein anderes entwischte. Dann weiteten wir das Reservat auf zwanzig Quadratkilometer aus und zäunten auf diese Weise automatisch das entflohene Nashorn mit ein. Wir fingen noch zwei weitere ein, und die Gruppe bekam dann allmählich Nashornkälbchen. Inzwischen sind andere Nashörner von Amboseli, Nairobi und der Solia-Wildtier-Ranch hierhergebracht worden. Das Schutzgebiet ist jetzt vierundsiebzig Quadratkilometer groß, und es leben darin siebenundzwanzig bis zweiunddreißig Tiere. Genauer können wir das nicht sagen, weil es schwer ist, sie zu zählen.

Da sich die Nashorn-Population im Reservat vergrößert hat, wurden einzelne Tiere von hier unten nach Tsavo-East in die Freilassungszone transportiert. Unser Ziel ist nicht diese Art Zoo, die innerhalb eines Nationalparks letztlich doch vorherrscht.«

*

Wir fahren auf dem Weg zur Ngulia Lodge weiter am Zaun entlang, und obwohl wir den Busch sehr genau mustern, entdecken wir kein Nashorn. Die Straße windet sich auf einen Felsabsatz hinter dem Kichwa Tembo hinauf, und als wir ankommen, leuchtet die Lodge im spätnachmittäglichen Sonnenschein. Von der neben der Bar gelegenen Veranda aus können wir nach Norden und Osten über Tsavo-West blicken. Dahinter sehen wir den Landstrich, den wir in den nächsten beiden Wochen durchqueren werden. In der entgegengesetzten Richtung erstreckt sich eine grasbewachsene Hochebene bis hin zu den Chyulus, und im Schein der Abendsonne stapfen drei Elefanten gemächlich zu einem Wasserloch unterhalb der Terrasse, wie sie das anscheinend jeden Abend machen. Die Hotelgäste versammeln sich, Drinks in der Hand, und knipsen Fotos. Ich schaue zu, wie die Elefanten ihren Rüssel mit Wasser füllen und es dann in ihr Maul spritzen. Ich stelle mir vor, wie anders es wäre, wenn ich die gleiche Szene sähe, die Lodge aber nicht da wäre, wenn ich zu Fuß hier wäre, hinter einem Busch versteckt, die Windrichtung prüfte und jede Regung der Tiere studierte, um sicherzugehen, dass sie mich nicht bemerkten …

Wir kehren an die Bar zurück und bestellen noch eine Runde Bier. Bongo deutet ans Ende des Tresens. »Dort saß Dad immer. Er konnte auf einem Auge nicht so gut sehen, hatte von dort aus dennoch den Überblick. Es gefiel ihm, Menschen zu beobachten.«

Es ist eine Reisegruppe von Abercrombie & Kent da, der prominenten ostafrikanischen Ausrüsterfirma. Ihr Führer ist ein älterer Herr, der Bill kannte und sich nun sehr freut, Bongo und Danny zu sehen. Er begrüßt sie enthusiastisch und ist beeindruckt, als er von unserem Fußmarsch hört. Als er sich wieder an die Bar begibt, höre ich ihn leise zu einem Freund sagen: »Ganz wie der Alte, die beiden. Schön, das zu beobachten.«

*

Der Vollmond steht über der Dornbuschebene, als wir zurückfahren. Danny und ich sitzen mit Bierflaschen in der Hand auf dem Dach des Land Rover und lassen die Füße ins Wageninnere baumeln. Die Kumuluswolken am Nachthimmel wirken gespenstisch weiß, und das Mondlicht, das zwischen ihnen zur Erde fällt, erscheint wie ein Flickenteppich, der sich bis zu den fernen dunklen Bergen erstreckt. Es sieht aus wie auf dem Meer bei Vollmond und Passatwind: die funkelnden silbernen Wellen, der Horizont mit dem dunklen Umriss einer Vulkaninsel. Ich erinnere mich, dass ich im Alter von achtzehn Jahren mein erstes großes Abenteuer erlebte, als ich mit fünf Freunden auf dem Pazifik segelte. Nun blicke ich hinaus über das Tsavo-Gebiet und erinnere mich an eine Vollmondnacht in Papeete, als jenseits des Kanals die steilen Gipfel Mooreas als finstere Silhouetten vor dem hellen Nachthimmel aufragten. Ich erinnere mich, wie sich die Welt anfühlte, als sei sie voller Abenteuer, die dort am Horizont warteten. Jetzt habe ich die gleiche Empfindung, obwohl seitdem so viele Jahre vergangen sind und mein Haar schon grau zu werden beginnt. Dieses riesige Dornbuschland, das im Mondlicht leuchtet, ist frisch und jung, und es ruft mich. Ich drehe mich um – und da ist Danny, der irgendwie spürt, was ich in diesem Moment fühle. Er lächelt, und mit einer Handbewegung zeigt er über ganz Tsavo hinweg und sagt: »Das hier, Rick, das ist mein Leben!«

12

Das Tsavo-Buschland ist zäh. Es schärft den Charakter seiner Tiere, bis dieser seine reinste Form bekommen hat.

Daphne Sheldrick, in einem persönlichen Gespräch

Am nächsten Morgen habe ich einen bösen Kater. Alle anderen scheinen keine Probleme in dieser Hinsicht zu haben und necken mich, während ich langsam auf einer Scheibe Toast herumkaue. Ich trinke viel Wasser, dann brechen wir auch schon auf. Wir durchqueren erneut den Fluss an der Tierfurt und gehen auf den Flusspferd- und Büffelpfaden am Südufer weiter. Es ist heute bewölkt, und es sieht so aus, als könnte es auch regnen. Mir käme das angesichts meines Katers sehr gelegen. Wir hören das geschäftige Rufen des Honiganzeigers, eines kleinen, unscheinbaren Vogels, der Bienenwachs und Bienenlarven frisst. Der auch Bienenkuckuck genannte Vogel wird in Afrika weithin verehrt, weil er die Honigsammler zu Bienenstöcken führt. Diese achten darauf, dass – in Anerkennung der Dienste des Vogels – etwas Bienenwachs für den Bienenanzeiger zurückgelassen wird. Es heißt, wenn man das nicht tut, führt er einen beim nächsten Mal zu einem schlafenden Büffel.

Der Fluss fließt geradeaus und schnell dahin. Dum-Palmen säumen die Ufer, und Tiertrampelpfade vereinfachen das Gehen. Einige Abschnitte sind sogar von *Cynodon dactylon* bedeckt, dem Hundszahngras, von dem ich noch aus meiner Kindheit in Kalifornien weiß, dass es sich darin weniger angenehm spielt als im gewöhnlichen Vieh- oder Rispengras. Aber hier in Afrika ist es das bevorzugte Weidegras von Büffeln und sogar von Elefanten, die es hier am Ufer so kurz abgegrast haben, dass es eine Art Rasen bildet, der unseren Füßen eine gepolsterte Erholung bietet. Ich trage auch weiterhin meine Sandalen, und die anderen verkünden, dass ihre

Blasen besser werden oder sich zumindest ein Gleichgewicht eingestellt hat: So schnell, wie die alten Blasen heilen, treten neue auf.

Wir befinden uns in einem Gebiet, in dem es von Flusspferden und Büffeln wimmelt, und überall liegt Tierdung herum. »Ich habe in meinem ganzen Leben noch nie so viel Scheiße gesehen«, sagt Pete, unser Kameramann. Ein Strichelohr-Fleckenspecht ruft rechts von uns aus einem Baum, und Danny sagt, das bringe Glück. »Dad erzählte uns, dass die Waliangulu immer behaupteten, es sei sehr schlecht, wenn man bei der Elefantenjagd den Specht von links rufen hört. Dann breche man am besten die Jagd ab. Aber wenn man ihn von rechts vernimmt, bedeutet das, dass man viel Elfenbein bekommen wird.«

Die Waliangulu waren Elfenbeinjäger, die mit Langbögen die Dickhäuter erlegten. Danny hofft noch immer, mehr über diese Bogenjäger herauszufinden.

»Hat dein Vater ihre Sprache gesprochen?«, frage ich.

»Sie hatten eigentlich keine eigene Sprache, sondern übernahmen einfach die der Stämme, in deren Umgebung sie lebten, nämlich die der Orma und Giriama. Also unterhielt sich mein Dad mit ihnen auf Kisuaheli, versuchte aber, so viel wie möglich über ihre Kultur in Erfahrung zu bringen«, erzählt Danny. »Er besuchte ihre Dörfer und versuchte Informationen zu sammeln, saß unter einem Baum und trank mit ihnen Palmwein, und so kamen sie miteinander aus. Einmal wollte er sogar mit ihnen Marihuana rauchen, aber das unterband der Häuptling, weil Dad daraufhin etwas wild wurde und seine Munition ins Feuer warf.«

»Wurde ein Wilddieb gefasst, kam er vor Gericht«, erklärt Bongo weiter. »Obwohl Dad die Verhaftungen vornahm, verteidigte er die Waliangulu fast immer vor Gericht, indem er darauf hinwies, dass die traditionell Jäger seien und man sie nicht als Wilddiebe bezeichnet könne. Man müsse das alles in der richtigen Relation

Der Kilimandscharo, von der tansanischen Seite aus gesehen

Iain Allen und Bongo Woodley auf dem Eisfeld am Gipfel des Kilimandscharo. Im Hintergrund ragt der Mawenzi-Gipfel auf.

Nur noch zweihundertfünfzig Meilen zu gehen … Iain, Bongo, Rick und Danny auf dem Gipfel (v. li. n. re.).

Durchquerung des Tsavo River. »Wir suchten immer Stellen, die seicht und breit waren.«

Bongo Woodley

Bill Woodley mit zwei seiner drei Söhne – Bongo und Benj – am Lake Turkana, 1975
(Foto: Peter Beard, Woodley Collection)

Rick Ridgeway im Camp *(Foto: Peter Fuszard)*

Danny Woodley

»Diese Begegnungen mit Nashörnern haben genügt, um mir vorstellen zu können, wie es wohl gewesen sein musste, von einem Dinosaurier angegriffen zu werden.«
(Foto: Clive Ward)

Bill Woodley in Portugiesisch-Ostafrika (Mosambik), 1947 *(Foto: Woodley Collection)*

Elefanten aus nächster Nähe: »Ich hörte ihr Atmen, das Geräusch, das sie beim Wedeln mit den Ohren machten, das Knurren ihrer Mägen.«

Wanderung durch smaragdgrünes Hundszahngras, vorbei am Schädel eines Kaffernbüffels, Tsavo-West

sehen. Dad versuchte auch, ihnen Jobs als Waffenträger bei Berufsjägern zu verschaffen oder sie selbst bei der Jagd zu beschäftigen, wenn er die Lizenz für einen Elefantenabschuss hatte. Manchmal war er wochen- oder monatelang auf der Fährte eines großen Elefanten unterwegs. Nur er allein mit seinen Waliangulu-Trägern und -Spurenlesern.«

*

Am anderen Flussufer steht ein einsamer Baobab, ein Affenbrotbaum, auf einem vorspringenden Felsen, dessen große, tausendjährige Masse sich eindrucksvoll vom Himmel abhebt. Affenbrotbäume wachsen in den Küstenregionen Ostafrikas und sind bis zu zweihundert Meilen landeinwärts zu finden. Wir stoßen jetzt öfter auf sie. Für die Waliangulu sind diese Bäume heilig. Sie glauben, dass sie von Geistern bewohnt werden, und ein sehr großer Affenbrotbaum, dessen Stamm einen Umfang von bis zu fünfundzwanzig Metern hat, kann 3000 Jahre oder älter werden – und wäre damit wahrscheinlich älter als die Kultur der Waliangulu.

Der Wildpfad, dem wir folgen, führt durch einen Bestand junger Dum-Palmen. Die dichten Palmwedel versperren uns die Sicht, sofort hebt Mohamed sein Gewehr und nimmt die Nummer-eins-Haltung ein. Ich schalte die Videokamera auf Standby. Mohamed geht langsam voran, hält den Finger am Abzug und reckt seinen Hals bei jeder Biegung. Ich überlege, dass in einem solchen Dickicht der Abstand zwischen Entdeckung und Katastrophe vermutlich eine einzige Sekunde beträgt.

Wir atmen alle erleichtert auf, als wir aus dem Palmendickicht in einen Bereich von Zahnbürstenbüschen gelangen. Mohamed entspannt zur Haltung Nummer zwei, aber ich bemerke, dass seine Augen immer noch wie ein Radar von links nach rechts und zurück schwenken. Vor uns ertönt durch den Busch der fast menschlich wirkende Schrei eines Pavians,»Hey-ha! Hey-ha!«, mit dem er die anderen vor unserem Nahen warnt. Vor uns landet auf einem Baum ein Kampfadler. Als wir näher kommen, filme ich diesen großen Vogel mit seinem massigen Körper und dem dunklen, haubenartigen Kopf. Dieser Adler ist einer der Hauptjäger der Dikdiks, und jetzt sitzt er auf einem Ast und richtet sein Auge auf mich, während ich ihn mit der Kamera heranzoome. Plötzlich höre ich Mohamed »Mamba! Mamba!« rufen, was auf Kisuaheli »Krokodil« bedeutet. Ich setze rasch die Videokamera ab und sehe, wie Mohamed, Iain, Danny und die anderen neben einem über zwei Meter langen Krokodil durch den Busch laufen. Ich folge ihnen gerade noch rechtzeitig, um das Reptil in den Fluss gleiten und verschwinden zu sehen.

»Es war ein ziemliches Stück vom Fluss weg«, sagt Bongo, »und es hat als Rückweg zum Wasser einen sehr merkwürdigen Pfad gewählt. Das Tier wirkte auch irgendwie langsam und müde.«

»Vielleicht ist es krank«, meint Danny.

»Ich weiß nicht. Jedenfalls zeigte es ein sehr seltsames Verhalten.«

Wir gehen zu der Stelle, an der die anderen das Krokodil im Busch aufgescheucht hatten. Bongo ruft: »Kommt her und schaut!« Wir sehen, wie sich der ältere der Woodley-Brüder über den Kadaver eines vor Kurzem getöteten Dikdiks beugt, von dem nur noch das hintere Viertel übrig ist. Danny und Bongo unterhalten sich mit den Rangern auf Kisuaheli. Danach sagt Bongo zu mir: »Wie es scheint, hat der Adler, den du gefilmt hast, die Antilope erlegt, dann kam das Krokodil aus dem Fluss gekrochen und wollte dem Adler das Dikdik stehlen. In diesem Moment tauchten wir auf.«

In den zusammengerechnet rund hundert Jahren Erfahrung, die Bongo, Danny, Iain und die Ranger zusammen im Tsavo-Gebiet gesammelt haben, hat noch nie jemand erlebt oder davon gehört, dass ein Krokodil einem Adler die Beute abjagen wollte. »Das ist sehr ungewöhnlich«, wiederholt Bongo noch einmal.

*

Wir marschieren weiter durch eine Mischung aus Flussakazien, dem niedrigeren Schwarzdornuntergehölz und den großen, hydraköpfigen Dum-Palmen am Flussufer. Ich höre den klagenden Ruf eines Blauhals-Mausvogels, der in den Zweigen über uns unsichtbar bleibt. Neben meinem Fuß sehe ich etwas Buntes aufblitzen, bücke mich und hebe eine einzelne Feder eines Eisvogels auf, die so elektrisierend blau gefärbt ist, dass sie wie von innen beleuchtet wirkt. Wir wandern eine sandgefüllte *lugga* hinunter. Der Himmel ist immer noch bewölkt, und es ist schwül. Plötzlich springt Mohamed zurück und gibt ein Handzeichen, alle sollen still stehen bleiben. Er deutet aufgeregt in die Mitte einer Senke. Im ersten Augenblick sehe ich gar nichts, dann kann ich aber die lohfarbene Gestalt eines ausgewachsenen Löwen ausmachen, der auf dem Sand schläft.

Dies ist eine weitere glückliche Begegnung für mich, und wir nähern uns dem Tier langsam und leise. Der Wind steht günstig für uns. Wir schleichen uns unter einer großen Flussakazie zentimeterweise bis auf zwanzig Meter an den Löwen heran. Er schläft immer noch. Wir halten an und beobachten, wie sich seine große Brust hebt und senkt, umkreist von Fliegen. Iain flüstert: »Ich glaube, ich rieche erlegte Beute. Oder jemand furzt ganz grauenhaft.«

Dann spürt uns der Löwe. Hat der Wind gedreht, hat er uns flüstern gehört, oder zwitschern die Vögel anders? Er erhebt sich, blickt uns an, und wir haben zwei Sekunden lang Augenkontakt. Sein Fell ist so kurz, dass er fast unbehaart aussieht. Es ist ein Männchen, das wie alle ausgewachsenen männlichen Löwen im Tsavo-Gebiet keine Mähne hat, sondern ein nur knapp drei Zentimeter langes Kopfhaar und längere Haarstoppeln am Unterkiefer. Jetzt springt er auf und läuft in den Busch.

Wir schauen uns an, blicken zur Stelle, an der er gelegen hat, während Danny den Boden befühlt. »Ein zufriedener, satter Löwe«, sagt er. Mohamed folgt der Löwenspur und ruft uns einen Augenblick später zu sich. Wir gehen zu ihm hin und sehen den Samburu über einem Büffelkadaver stehen. Das hintere Viertel ist aufgefressen, aber es ist noch eine Menge Fleisch übrig. Fünfzehn Meter entfernt entdecken wir die vergrabenen Eingeweide. Danny sagt, dass das üblich sei. Von hier zum Kadaver führt eine tiefe Schleifspur, was vermuten lässt, dass der Büffel an der Stelle erlegt wurde, an der die Eingeweide verbuddelt wurden.

»Wahrscheinlich wurde der Büffel von mehr als einem Löwen erlegt«, meint Bongo. »Beim Reißen eines solch großen Tiers geht es sehr gewalttätig zu. Kein schöner Anblick!«

*

Wir stehen um die Überreste des Büffels herum, das einzige Geräusch ist das Summen der Fliegen.

»Irgendwie passend«, sagt Bongo, »dass wir ausgerechnet heute auf diesen Löwen trafen.«

Am Abend werden wir knapp eine Meile oberhalb der Tsavo-Brücke lagern. In der nächsten Stunde sollen wir jene Felsenschlucht passieren, in der Lt. Colonel J. H. Patterson die »Menschenfresser vom Tsavo« gejagt hat, jene beiden Löwen, die 1898 monatelang den Bau der Uganda-Eisenbahn verzögerten, weil sie die indischen Bauarbeiter terrorisierten. Dies im Sinn, starre ich auf den Büffelkadaver hinunter und stelle mir vor, dass es sich um die Überreste eines teilweise aufgefressenen Menschen handelt. Ich frage mich, ob die beiden Löwen, welche die Eisenbahnarbeiter angriffen, die Eingeweide ihrer menschlichen Opfer ebenfalls in der Nähe vergruben. Wenn ich mir den Büffel und seine Eingeweide noch einmal ansehe, fällt es mir überaus leicht, mir vorzustellen, wie Patterson zumute war, als er die menschlichen Überreste fand.

»Wahrscheinlich beobachtet der Löwe uns jetzt gerade aus dem Busch«, sagt Danny.

In Anspielung auf den Hollywoodfilm, der durch Pattersons Geschichte angeregt wurde – *Der Geist und die Dunkelheit* mit Michael Douglas –, lächelt Iain und sagt: »Ich frage mich, ob er der Geist oder die Dunkelheit ist.«

13

Ein Kontinent altert schnell, wenn wir ihn erst einmal betreten haben.

ERNEST HEMINGWAY, DIE GRÜNEN HÜGEL AFRIKAS

Wir wandern um klobige Granitfelsen herum, die bis ans Flussufer reichen, und betreten einen Niederwald, der von Felsausläufern eingerahmt wird. In diesem Gebiet stellte Patterson viele Tage lang den Löwen nach. »Er war Tag und Nacht unterwegs«, sagt Iain. Er kennt sich in der Geschichte des Tsavo genau aus, und keine Begebenheit fasziniert ihn mehr als Pattersons mühseliges Unterfangen, die beiden Menschenfresser zu erledigen. »In der Nacht verharrte er in Verstecken oder kletterte auf Bäume und wartete auf sie«, fährt Iain fort. »Tagsüber unternahm er alles, um sie im Busch ausfindig zu machen, indem er der Blutspur ihres neuesten Opfers folgte. Und häufig führte die Suche in diese Schlucht, die einer der Lieblingsaufenthaltsorte der Menschenfresser war.«

Als wir diesen Ort verlassen, betreten wir eine breite Ebene, die in der Ferne vom Yatta Plateau begrenzt wird, einem Steinabbruch, der in der geologisch jüngeren Vergangenheit aus Eruptionskanälen im über hundert Meilen entfernten zentralen Hochland entstand. Nun wird der Pfad zu einem befahrbaren Feldweg, und nach einer weiteren Stunde hören wir durch den Busch das nicht hierherpassende Geräusch von vorüberfahrenden Lastwagen. Bei der Planungsphase unseres Fußmarsches hatte Iain gesagt, dass wir auf den grob geschätzten zweihundertfünfzig Meilen unser Strecke nur drei geteerte Straßen überqueren würden: jene, die von Loitokitok aus den Kilimandscharo umringt, weiterhin die Küstenautobahn, die an der Stelle, an der wir sie überqueren wollen, etwa eine Meile landeinwärts vom Strand verläuft, und diese hier, die Mombasa-Autobahn, die Verkehrsader, welche die Hafenstadt Mombasa mit Nairobi und dem übrigen Landesinneren von Kenia verbindet.

Nach einigen Minuten sehen wir in hundert Meter Entfernung die Dächer der Lastwagen über den Busch hinwegschweben, vergleichbar mit einer Filmszene aus *Lawrence von Arabien*, in der sich obere Bauten von Schiffen über die Sanddünen hinwegbewegten, als sie durch den Suezkanal fuhren. Wir überqueren die Autobahn. Lastwagenfahrer bremsen, und Reisende in Bussen drängen sich an die Fenster, um die Ranger und die *mzungus* anzustarren, die vom Dornengestrüpp zerfetzte Kleidung tragen, mit rotem Staub bedeckt und allesamt gut bewaffnet sind.

Wir erreichen die Flussbrücke. Zweihundert Meter entfernt verläuft die Eisenbahnstrecke parallel zur Autobahn. Die Brücke und die Eisenbahn trugen zur Entwicklung der britischen Ostafrika-Kolonien bei, später zu der eines unabhängigen Kenia. Bevor die Eisenbahn gebaut wurde, gab es jedoch eine scharfe Kontroverse zwischen jenen, die die Bedeutung der Strecke für die Zukunft Ostafrikas erkannten, und jenen, die sie als ein auf die Spitze getriebenes Beispiel des britischen Imperialismus erachteten, weshalb sie die Eisenbahnlinie »Irrsinnsexpress« nannten.

*

Am nächsten Morgen marschieren wir eine Weile an der Eisenbahnstrecke entlang, danach gehen wir querfeldein durch Dornengebüsch zurück zum Fluss. Die Entscheidung, diese Abkürzung zu wählen, wurde am Abend zuvor von Danny und Bongo getroffen. Weder Iain noch ich wurden gefragt, und Iain sagte mir später, er habe eigentlich den Tsavo River bis zum Zusammenfluss mit dem Athi folgen und dann am Galana River weiterwandern wollen, denn an diesem Abschnitt des Flusses sei er noch nie gegangen. So, wie es jetzt aussieht, schreiten wir schnurstracks zum nächsten Lagerplatz und verpassen auf diese Weise den Zusammenfluss.

»Ich habe mich gefragt, warum man mich bei den Entscheidungen übergeht«, sagte Iain. »Ich denke, es könnte etwas mit den unterschiedlichen Rängen der in der Wildnis tätigen Menschen in Kenia zu tun haben. Da gibt es Leute wie Danny und Bongo, die für relativ wenig Lohn für die Parks arbeiten. Unter ihnen stehen Safariführer wie ich, die in den Parks arbeiten, aber viel Geld verdienen. Und noch eine Stufe tiefer rangieren die Feldbiologen, weil sie sich mit der Theorie befassen.«

»Bedenke aber auch, dass Tsavo für Bongo und Danny so etwas wie Heimat bedeutet«, erwiderte ich. »Sie betrachten sich in dieser Gegend als die größeren Experten, auch wenn du ebenfalls schon sehr oft hier gewesen bist. Wahrscheinlich benötigen sie daher keinen Rat.«

»Das ist mir schon klar. Am Mount Kenya zögert Bongo nicht, auf mein Wissen zurückzugreifen. Wahrscheinlich akzeptieren sie dort meine Erfahrungen als Bergsteiger, so wie ich hier ihre als Jäger, die im Busch aufgewachsen sind, hinzunehmen habe.«

Während der Marsch weiterging, dachte ich noch über einen weiteren Punkt nach, der möglicherweise dazu beitrug, dass Bongo und Danny einfach die Leitung der Safari übernahmen und einseitige Beschlüsse tätigten: So konnte es sein, dass sich die Woodley-Brüder für unsere Sicherheit verantwortlich fühlten, weil wir jeden Tag tendenziell in Gefahr schwebten. Mich erinnerte das an Situationen, die ich manchmal beim Bergsteigen erlebt hatte, wenn erfahrene Bergsteiger zusammen mit Neulingen in einem Team sind. Ich ging einmal mit dem berühmten britischen Bergsteiger Chris Bonington auf eine Expedition, gemeinsam mit zwei relativ unerfahrenen Männern, die die Tour finanziert hatten. Als wir befürchten mussten, dass sich ein gefährlicher Sturm zusammenbraute, beschlossen wir, eine Schneehöhle zu graben. Mit dem Hinweis, dass wir sehr stabile Zelte mitführten, stellte einer unserer Kunden die Schneehöhlen-Entscheidung in Frage. Chris drehte sich zu ihm um und bemerkte sehr langsam: »Sie haben keine Ahnung, wie schnell hier etwas passieren kann. Ich schon.« Wir alle wussten, dass Chris bei seinen Klettertouren mehr enge Freunde verloren hatte als vielleicht irgendein anderer heute aktiver Hochalpinkletterer. Er äußerte diese Vorhaltung in einem so schneidenden Ton, dass unsere Kunden ohne Widerworte die Schaufeln nahmen und zu graben anfingen. Wenn ich daran zurückdenke, wird mir klar, wie sehr Bongos Verhalten demjenigen Boningtons ähnelt, und mir fällt auf, dass die von Lawinen und Stürmen ausgehenden Gefahren sich nicht grundsätzlich von denen unterscheiden, die bei einer Wander-Safari von Flusspferden und Büffeln vorstellbar sind.

*

Die Gleisstrecke ist in einem sehr guten Zustand, es sieht aus, als wären ihre Ränder mit dem Lot eines Landvermessers gezogen worden. In sämtlichen Stahlschwellen ist die Jahreszahl 1953 eingestanzt, aber die Originalschwellen von 1899, das behauptet Iain, wären aus indischem Teakholz gewesen. Es sei zusammen mit den Arbeitern auf Dampfschiffen über das Arabische Meer gebracht worden.

Die Schwellen liegen für den Schritt von einer zur nächsten zu eng beisammen und für den von einer zur übernächsten zu weit auseinander, folglich gehe ich auf dem Schotterbett. Wir hören einen näher kommenden Zug, der nur fünfzig Meter vor uns in einer Kurve auftaucht. Schnell treten wir beiseite. Als der Morgengüterzug aus Mombasa vorbeifährt, steckt der Lokführer den Kopf aus seinem Fenster und schaut mit großen Augen zu uns zurück.

»Dieser Zug richtet einen ziemlichen Schaden beim Wild an«, sagt Danny. »Allein in den letzten drei Jahren verloren zwölf Elefanten durch ihn ihr Leben. Einmal wurde ein kleiner Elefant von ihm erfasst und mitgeschleift, und als der Zug langsamer wurde, versuchten das Muttertier und ein Jungtier das Kleine zu retten, kamen dabei aber ebenfalls um.«

Die Eisenbahnzüge stellen aber schon seit Fertigstellung der Strecke eine Gefahr für die wilden Tiere dar. 1909 schrieb Theodore Roosevelt in seinem Buch *Afrikanische Wanderungen eines Naturforschers und Jägers*: »In der Abenddämmerung überfuhren wir fast eine Hyäne. Vor ein oder zwei Jahren hatte der Zug in der Nacht tatsächlich eine Löwin überrollt, und der Schaffner trug ihren Kopf triumphierend herein. In der Tat kam es beständig zu Unfällen! In der Nacht gab es eine Unterbrechung im Telegrafendienst, weil einige Giraffen beim Überqueren der Gleise die Drähte heruntergerissen und einen Mast umgestoßen hatten; und Elefanten haben diese Leistung schon öfter vollbracht. Zwei- oder dreimal wurden bei Nacht Giraffen angefahren. Einmal wurde ein Nashorn getötet, wobei die Lokomotive beschädigt wurde, ein anderes Mal hatte ein Nashorn gerade noch rechtzeitig die Schienen verlassen, einmal wurde eines angefahren und schwer verletzt. Aber die Löwen waren die Hauptquelle unangenehmer Aufregungen.«

Wir sind den Schienen fünf Meilen weit gefolgt, als Bongo sagt, dass wir jetzt querfeldein gehen können. Nur fünfzig Meter von den Schienen entfernt werden wir wieder von den *Commiphora*-Gewächsen verschluckt. Da die Eisenbahnstrecke die Grenze markiert, sind wir jetzt in Tsavo-East, der großen Dornbuschwildnis, die Mervyn Cowie, der erste Direktor von Kenias Naturschutzzonen, für einen Nationalpark vorgeschlagen hatte.

Als Bill Woodley und Pete Jenkins als Junior-Hilfsaufseher im neuen Park angestellt wurden, war Tsavo ein einziges Reservat. Die beiden Männer fuhren im April 1948 bei strömendem Regen in Nairobi mit einem Ford los, dessen offene Ladefläche mit Vorräten überladen war. Sie kamen in der Stadt Mtito Andei an, einem Haltepunkt an der Mombasa-Straße, die in den neuen Park führte. Dort trafen sie den Parkaufseher Ronald Stevens, einen Apotheker aus Nairobi, dessen Kenntnisse über dieses Gebiet darauf beschränkt waren, was er aus dem Zugfenster gesehen hatte, wenn er auf dem Weg zur Küste durch diesen Landstrich gekommen war.

*

Wir schlängeln uns jetzt durch Dornengebüsch. Es ist kein leichtes Gehen. Der sandige Boden knirscht zwischen meinen Fußsohlen und Sandalen, und wenn ich nicht aufpasse, pieksen die Dornen heftig. Ein dunkler Blutfaden läuft meinen Knöchel herunter, ausgehend von einer Stelle, an der früher am Vormittag ein großer Dorn eingedrungen ist. Es kommt mir vor, als sei der Dorn in der Wunde abgebrochen. Das hier ist echtes *Commiphora*-Land. Ich schiebe die Ranken beiseite und achte darauf, dass ich sie nicht dem mir Nachfolgenden entgegenschnalzen lasse. Ich verstehe, dass sich Iain wegen dieser querfeldein führenden Abkürzung beschwert hat, aber in gewisser Weise bin ich froh, dass wir durch das Dornengestrüpp gehen, weil es mir eine Chance gibt, zu erfühlen, wie das Land abseits der Flüsse ist. Anders gesagt: Ich erhalte auf diese Weise ein Gespür für das Wesen des Großteils des Tsavo-Gebiets.

»Wir kommen jetzt mehr oder weniger in die Freilassungszone für die Nashörner«, sagt Danny. Wenn wir der Höhenlinie folgen, gelangen wir zum Hauptquartier. Hier werden die Nashörner in Gattern gehalten, damit sie sich akklimatisieren können, ehe sie freigelassen werden.« Danny schaut mich an und fügt hinzu: »Ich dachte, das könnte dir gefallen.«

Ich erkenne, dass hinter der Entscheidung, querfeldein zu gehen, mehr steckte als nur die Absicht, den Weg abzukürzen. Danny hatte sich überlegt, das Gebiet der Freilassungszone in unsere Wanderroute einzubeziehen.

Kurze Zeit später fragt Danny Mohamed auf Kisuaheli, ob die eingeschlagene Spur nicht zu weit weg vom Hauptquartier führen würde? Mohamed und Lokiyor klettern auf einen drei Meter hohen Termitenhügel und studieren das vor uns liegende Terrain. Wie sie dort oben stehen und die Hände schützend über die Augen halten, sehen sie heroisch aus, so wie Models auf einem Foto von Bruce Weber. Mohamed lässt die Hand sinken und gibt zu verstehen, dass sie auf dem richtigen Weg seien. Ich kann Danny ansehen, dass er alles andere als überzeugt ist.

Wir wandern eine halbe Stunde weiter, dann hält Mohamed an, deutet auf den Boden und sagt »*kifaro*«, was auf Kisuaheli »Nashorn« bedeutet. Bongo zieht mit einem Stock einen Kreis um den Fußabdruck und meint: »Es ist gut, das wiederzusehen, insbesondere hier in Tsavo-East.«

»Nashörner sind vom Aussterben bedroht, aber die Menschen nicht«, fügt Danny hinzu und stützt sich auf sein Gewehr, wobei er die Hände über dem Lauf verschränkt. »Wenn eines angreift, ist jeder auf sich selbst gestellt, denn wir werden es nicht erschießen. Denkt daran, es sind fast blinde Tiere. Wenn ihr also losrennt, weil euch eines verfolgt, behaltet es im Auge. Ein Ausweichmanöver im letzten Augenblick, ein Sprung in ein Gebüsch, ist normalerweise die Rettung.«

Wir schlängeln uns durch den graubraunen Busch wie Puffottern, heben vorsichtig eine Ranke mit fünf Zentimeter langen Dornen und legen sie wieder zurück, damit sie nicht zurückschwingt und dem Hintermann Löcher in die Kleidung oder in die Haut reißt. Eine schwarzbäuchige Trappe fliegt in einem gänseähnlichen Flugstil auf. Es ist jetzt spät im September, und das Land ist knochentrocken. Dann finden wir unter einem Dornbusch eine zwanzig Zentimeter große Pflanze mit einem einzigen grünen Stängel, der eine leuchtende Kugel in Rosa mit gelblich-orangefarbenen Staubfäden trägt. »Die Feuerball-Lilie«, sagt Bongo und fügt aus seinem beeindruckenden Detailwissen hinzu: »*Scadoxus multiflorus*.«

Danny zeigt zu vorspringenden Felsen an den Hängen des Yatta Plateaus, die wie ein »W« geformt sind. Seine Ranger sind der Meinung, so erzählt er, dass dieses W für »Woodley« steht. »Denkst du, dass sie damit den Vater oder die Söhne meinen?«, frage ich. »Wahrscheinlich Dad«, antwortet Danny. »Er hat in dieser Gegend noch einen ziemlich großen Namen.«

⋆

Wir gehen in eine *lugga* hinunter, die mit einem Teppich von Hundszahngras bewachsen ist. Am tiefsten Punkt befindet sich ein von einer Quelle gespeister Teich. Hunderte von Hufabdrücken aller Größen haben ein Muster im umgebenden Schlamm hinterlassen, das von tiefen Löchern unterbrochen wird, die ein Elefant hinterlassen hat. Wir verlassen diese kleine Oase, klettern auf der anderen Seite hinaus und kehren schlagartig in den Dornbusch zurück.

»Der verflixte Mohamed sollte etwas mehr *miraa* kauen«, sagt Danny. Er übt damit Kritik an der von dem Samburu ausgewählten Route. »Unser Führer hat die Höhenlinie zu tief gewählt. Wir werden das Hauptquartier um fünf bis sechs Meilen verpassen.«

Mohamed ändert die Richtung, anschließend sagt Danny: »Dort ist die Station, bei dieser Dumpalmengruppe.« Aber als wir zu den Bäumen kommen, befindet sich da keine Station. »Dann ist es die nächste *lugga*«, meint Danny. Fairerweise muss man sagen, dass in der Eintönigkeit des Dornbuschlands ein Fehler unvermeidlich scheint. Als wir die nächste *lugga* erreichen, entdecken wir tatsächlich das Quartier, das zur Nashorn-Freilassungszone gehört. Es besteht aus einer Gruppe von drei mit Stroh gedeckten Steingebäuden, die von Schatten spendenden Bäumen umgeben sind. Die diensthabenden Ranger begrüßen uns und geleiten uns ins größte Gebäude, das über eine breite Veranda verfügt, die sich zu einem von Röhricht gesäumten Teich hin öffnet. Der Innenraum ist um eine Bar herum arrangiert, die aus heimischem Hartholz angefertigt wurde. »Sieht aus wie ein Ferienhaus«, sage ich.

»Das war auch der Sinn«, erwidert Danny, der die Bauleitung bei diesem Quartier gehabt hatte. »Wer hier Dienst hat, soll sich wohl fühlen. Dadurch konnten gute Mitarbeiter angeworben werden.«

An der Wand hängt ein Zettel, überschrieben mit den Worten »Aufgaben des KWS«. Darunter steht: »Wir übernehmen die Verantwortung für den Schutz und den Erhalt des außergewöhnlichen Reichtums Kenias hinsichtlich Fauna und Flora. Der KWS wird diese Ressourcen verwalten, die von unschätzbarem wirtschaftlichem, soziokulturellem und wissenschaftlichem Wert sind. Um diesen Auftrag zu erfüllen, wird der KWS die dazu erforderlichen Menschen ausbilden, finanzielle Unabhängigkeit anstreben und die Bevölkerung Kenias ermutigen, diese Ziele zu unterstützen.«

Danny hatte mir gegenüber einmal das inoffizielle Motto vom KWS verraten: »Wir, die Bereitwilligen, geführt von den Unwissenden, tun das Unmögliche für die Undankbaren. Wir haben so lange vieles mit so wenig möglich gemacht, dass wir jetzt qualifiziert sind, aus dem Nichts etwas zu erreichen.«

Neben dieser Aufgabenbeschreibung hängt eine Karte der Nashornzone, auf der Stecknadeln die Position eines jeden Tiers anzeigen. Ich zähle vierundzwanzig Nadeln.

»Woher weiß man, wo sie sind?«, frage ich Bongo.

»Jedem Nashorn wurde mittels eines chirurgischen Eingriffs ein Sender ins Horn eingesetzt.«

Danny erklärt mir, dass die Ranger geschult werden, die Position eines jeden Tieres zu orten und sie häufiger zu überprüfen. Außerdem werden entlang des Geländes regelmäßig Kontrollgänge gemacht.

Draußen besichtigen wir die Unterkünfte, in die die Nashörner gebracht werden, bis sie sich vom Transport erholt haben. Momentan sind keine Unpaarhufer da, aber die aus Metallplatten angefertigten Umzäunungen, die zwischen tief im Boden verankerten drei Meter hohen Pfosten angebracht sind, sehen stark verbeult aus. »Wenn sie hier eintreffen, sind sie sehr aggressiv«, erklärt Danny. »Aber das ist eigentlich gut, weil sie das munter hält und nach dem Transport für Bewegung sorgt.«

»Die genetische Ausgangslage ist sehr gut«, erklärt Bongo weiter. »Man geht davon aus, dass man eine lebensfähige Herde hat, wenn in einem Gebiet dreißig Tiere sind. In diesem Jahr sind bereits zwei Junge zur Welt gekommen, und sie haben es beide geschafft. Solange es weiterhin gelingt, die Wilddiebe in Schach zu halten, sieht es so aus, als würde das Programm Erfolg haben.«

*

Als wir das Hauptquartier verlassen, frage ich den leitenden Ranger, ob in der Gegend, durch die wir heute Nachmittag gelangen, Nashörner sind. Danny übersetzt die Antwort: »Vier Tiere müssten es sein.«

»Halte nach Zeckenvögel Ausschau«, sagt Bongo. Er meint damit den Madenhacker, einen mittelgroßen Vogel aus der Familie der Stare, die auf dem Rücken von Tieren herumlaufen, insbesondere von Flusspferden und Nashörnern, und sich dort von Zecken und blutsaugenden Fliegen ernähren. Aus diesem Grund wird er auch »Nashornpolizist« genannt. Wenn man diese Vögel über dem Busch fliegen sieht, ist das ein Zeichen, dass sich in der Nähe Großwild aufhält. (Ich kann hier nicht widerstehen, kurz abzuschweifen, um einen meiner Lieblingscartoons von Gary Larson zu beschreiben, aus der Serie *Far Side*: Beim Blick über den breiten Rücken eines Nashorns sieht man von hinten einen großen Madenhacker, der einen Flügel um einen kleineren Madenhacker gelegt hat und mit dem anderen Flügel auf den Rücken des Nashorns zeigt und sagt: »Mein Sohn, eines Tages gehört das alles dir!«)

Ich bin begeistert. Sollen endlich bei unserem Marsch durch die Dornbusch-Wildnis Ostafrikas alle Tiere dieses Ökosystems beisammen sein, wie sämtliche Teile eines Puzzles? Aufmerksam halte ich Ausschau nach Madenhackern, abwechselnd blicke ich auf den Boden, um mögliche Spuren von Nashörnern zu finden. Ich frage mich, wie es wäre, von einem solchen Tier angegriffen zu werden. Insgeheim hoffe ich sogar, dass uns eines attackiert. Insgesamt war ich schon zweimal in meinem Leben in der Nähe eines Unpaarhufers, einmal beim Marsch durch einen Dschungel in Nepal, ein anderes Mal in einem privaten Wildreservat, nicht weit vom Mount Kenya gelegen, in dem zwei sehr zahme Nashörner gehalten wurden. Diese Begegnungen haben genügt, um mir vorstellen zu können, wie es einst wohl gewesen sein musste, von einem Dinosaurier angegriffen zu werden. Aber als wir am Abend das Revier der Nashörner verlassen, sind wir leider keinem einzigen Tier begegnet.

14

Um die Tiere in der Wildnis überhaupt zu erhalten, muss eine Mitte zwischen dem brutalen und sinnlosen Abschlachten und ... einer ungesunden Sentimentalität gefunden werden. THEODORE ROOSEVELT, 1905

Den Kampf zur Rettung unserer Spezies und unserer Umwelt können wir nicht gewinnen, ohne dass wir eine emotionale Bindung mit der Natur eingehen – denn wir werden nicht für die Rettung von etwas kämpfen, das wir nicht lieben. STEPHEN JAY GOULD, THE VIEW OF LIFE: UNENCHANTED EVENING

Mein kleiner Reisewecker weckt mich um fünf Uhr früh. Beim Schein der Stirnlampe schreibe ich in mein Tagebuch. Ich vermerke, dass heute der 30. September ist und dass leichter Regen fällt, der uns alle in der Nacht aus den Zelten getrieben hat: Wir mussten die Schutzdächer über unseren Zelten festmachen. Es ist der erste Regen, seit wir vor zwei Wochen von den windwärts liegenden Hängen des Kilimandscharo heruntergestiegen sind. Ich frage mich, ob das vielleicht der Beginn der Kurzregenzeit ist, die auch Grasregenzeit genannt wird und normalerweise Anfang Oktober beginnt und im November endet. Sie fällt mit dem Nordostmonsun zusammen, und früher nutzten Handelsschiffe diesen Wind, um durch das Arabische Meer zu fahren und mit ihren Waren entlang der afrikanischen Küste Tauschhandel zu betreiben. Sie warteten dann auf den aufkommenden Südostwind, der sie dann wieder in ihre Heimathäfen zurückbrachte.

Ich schaue nach Osten und entdecke einen schmalen orangefarbenen Streifen, der einen klaren Himmel vermuten lässt. Alles wirkt wie ein kunstvoll gemaltes Bild. Als ich aus dem Zelt trete, bemerke ich, dass mein Knöchel, in den ich mir einen großen Dorn gerammt hatte, steif und geschwollen ist. Ich hatte noch abends versucht, ihn herauszuholen, aber er war zu tief eingedrungen. Im Messezelt gieße ich mir eine große Tasse Tee mit Milch ein, umschließe sie mit meinen Fingern und bin nach einigen Schlucken von diesem heißen Getränk für den heutigen Tagesmarsch bereit.

Die Elefantenforscherin Joyce Poole, die sich, wie verabredet, gestern am späten Nachmittag mit ihrer dreijährigen Tochter und der *ayah*, einer afrikanischen Haushaltshilfe, bei uns eingefunden hat, lässt Selengei und die *ayah* bei den Camp-Mitarbeitern zurück. Sie werden mit den Autos fünfzehn Meilen weit über einen Feldweg parallel zum Galana River fahren, um dort am Südufer unser nächstes Lager aufzubauen. Wir gehen am Nordufer entlang; hier gibt es keine Straße, bis zur fast achtzig Meilen entfernten Nordgrenze des Parks existiert nur Wildnis.

Der Fluss zeigt ein Gewirr von Seitenkanälen auf. Da wir ihn durchqueren wollen, suchen wir nach einer Stelle, die wir sicher überspringen können. Diese Kanäle sind bevorzugte Plätze von Krokodilen. Sie sind aber alle zu breit, um einen Sprung zu wagen. Also bleibt uns nichts anderes übrig, als durch das Wasser zu waten. Dabei denke ich an Soldaten in Kriegszeiten. Sie müssen auf der Hut sein, wenn sie durch bewaldetes Gebiet gehen und ahnen, dass in ihm der Feind lauert. Auch sie wissen nicht, ob und wann dieser zuschlägt.

Wir überspringen den letzten Kanal und klettern auf Gestein, das von den jahreszeitlichen Regenfällen glatt gewaschen wurde. Rechts von uns hören wir Wasser rauschen. Bei den Lugard Falls handelt es sich eigentlich um keine Wasserfälle, vielmehr um eine tiefe, enge Schlucht, die in ein Flussbett aus rotem Sedimentgestein mündet, das hin und wieder von grauen Streifen durchzogen ist. Die

Schlucht ist benannt nach Frederick Lugard, der hier 1890 als Erster vorbeikam, als er dem Sabaki River landeinwärts Richtung Uganda folgte.

Wir gehen zum Rand der Schlucht und schauen hinunter. Sie ist fünfzehn oder achtzehn Meter tief, und der gesamte Fluss fließt in einem Mahlstrom von Wildwasser durch ein Bett, das stellenweise knapp neun Meter breit ist. Die Schlucht wird von Steinwänden gefasst, die wie polierte Skulpturen aussehen. Sie ist ungefähr fünfhundert Meter lang, und um uns verständigen zu können, müssen wir schreien. Einzig so vermögen wir das Tosen des Wassers zu übertönen. Während wir an ihrem Rand vorsichtig weitergehen, bleiben wir immer wieder stehen, um ins Wildwasser hinunterzuschauen. Mit Sicherheit hat jeder von uns nur den einen Gedanken: Wenn ich jetzt dort hinunterfalle, bin ich tot.

Genau das ist drei Touristen ein Jahr zuvor passiert, als sie die Schlucht besichtigten. Ein Mann aus dem Trio wollte seine Frau fotografieren. Sie trat einen Schritt zurück, rutschte auf dem glatten Felsen aus und fiel in die Tiefe. Ihr Ehemann sprang hinter ihr her, um sie zu retten, ebenso die dritte Person – aber das Wasser riss sie alle mit sich. Die Leichen wurden nie gefunden; man vermutet, dass sie in einem tiefen Wasserloch am Ende der Schlucht landeten, in dem mehrere große Krokodile hausen.

Außerhalb der Schlucht fließt der Fluss ruhig und breit dahin. Wir bleiben stehen und beobachten vier Flusspferde, die auf einer Sandbank liegen.

»Seht, da ist ein Krokodil!«, sagt Bongo.

Es verharrt bewegungslos auf einer weiteren Sandbank, nicht weit von der entfernt, auf der die Flusspferde sich ausruhen. Als dieser Archosaurier unsere Anwesenheit spürt, dreht er sich zu uns um, stellt sich auf die Vorderbeine und reißt sein Maul weit auf, sodass wir die knochenweißen Zähne sehen können.

»Es wartet nur darauf, dass etwas im Fluss angetrieben wird«, sage ich.

»Etwas weiter flussabwärts hatte ich einmal eine unangenehme Begegnung mit einem Krokodil«, sagt Bongo. »Das war 1981 gewesen. Ich war neunzehn und mit einer Freundin auf einer Safari. Wir waren in Mzima Springs aufgebrochen und hatten vor, erst am Tsavo River, dann am Galana River entlang zu gehen. Wir beschlossen, den Fluss an einer Stelle zu passieren, die mit Steinen aufgefüllte Seitenkanäle aufwies. Die Situation war ähnlich wie bei uns vorhin. Wir fingen die Durchquerung an, indem wir von Felsblock zu Felsblock sprangen. Mitten im Fluss landete Ann auf einem Stein, von dem aus es zu weit war, um zum nächsten zu kommen. Also setzte sie sich hin, um mit dem Fuß im Wasser nach einem Halt zu suchen. Ich sprang in diesem Augenblick auf denselben Felsen. Während ich nun oberhalb von ihr stand, schrie sie plötzlich auf und wurde vom Stein gezerrt.

Ohne lange zu überlegen, packte ich sie unter den Armen. Während ich mich bemühte, sie wieder hochzuziehen, kam ein Krokodil heran, das sich den Fuß von ihr packte. Ann weinte, ich zerrte und zog und rief den Rangern zu, sie sollten schießen. Das Krokodil wand sich nach links und rechts, und sein Schwanz peitschte heftig durchs Wasser. Endlich fingen die Ranger an, aus der Hüfte zu schießen, und ich dachte schon, wir würden von den Kugeln getroffen werden. Plötzlich ließ das Krokodil jedoch los, was zur Folge hatte, dass ich mit Ann in den Armen rückwärts in den Fluss fiel. Wir beeilten uns, rasch aus dem Wasser zu kommen, für den Fall, dass das Krokodil noch einmal angreifen würde.

Wir sahen das Tier jedoch nicht wieder. Also kümmerte ich mich um Anns Verletzungen, die ziemlich ernst waren. Sie hatte tiefe Löcher in der Fußsohle, der große Zeh war aufgerissen, und vom Knöchel abwärts war das Fleisch praktisch weggerissen, sodass man Sehnen und den Knochen sehen konnte. Ich wusch die Wunde mit Trinkwasser aus und verband sie. Anschließend überquerten wir den Fluss, denn auf der anderen Seite des Flusses wartete ein Fahrzeug mit Funkgerät auf uns. Mein Vater tauchte mit seinem Flugzeug auf und brachte Ann in ein Krankenhaus. So endete unsere Safari also sehr schnell.« Bongo schaut über den Fluss und fügt dann noch hinzu: »Und es war auch das Ende unserer Beziehung.«

⋆

Auf der Südseite des Flusses stehen acht stämmige Tiere mit gelblichgrauem Fell und grasen auf smaragdgrünem Gras. Auf den ersten Blick weiß ich, dass es Hirschantilopen sind. Ich merke, dass ich dank der Unterweisungen von Iain, Bongo und Danny beim Erkennen von Wild auf große Entfernung immer besser werde. Wir bleiben stehen und untersuchen die gebleichten Knochen eines Nashorns. Bongo entdeckt etwas, das aussieht wie ein Kugelloch im Kieferknochen. »Die schlimmen alten Zeiten«, sagt er. Einige Minuten später entdecken wir jedoch frische Fußspuren eines Nashorns, die nur von einem Tier aus der Freilassungszone stammen können. Das wiederum zeigt, dass die Nashörner den Fluss überqueren und ihre Revieransprüche ausweiten. »Anscheinend macht das Programm wirklich Sinn«, sagt Bongo zufrieden.

Mein Knöchel schmerzt, aber ich stelle mir vor, dass ein Dorn im Fuß für meine Vorgänger, die Monate und Jahre ihres Lebens damit verbrachten, durch dieses Dornbuschland zu gehen, bei dem schottischen Afrikareisenden Joseph Thomson angefangen bis hin zu Bill Woodley, eben nur ein Dorn und nicht weiter der Rede wert gewesen war. Was hatte Bongo gesagt, als er seine Blasen verarztete? »In der Armee heißt es, dass Schmerz ein Gefühl ist, und Gefühle sollte man genießen.«

Es ist bewölkt, und es sieht nach Regen aus. Wir folgen einem Wildpfad, der parallel zu den Melden verläuft, und scheuchen eine

Gruppe von Impalas auf, die mit ihren Hörnern in Form einer Leier und ihrem lohfarbenen Fell sicher zu den schönsten und elegantesten Antilopenarten Afrikas zählen – und davon gibt es rund hundert. Diese Impala-Gruppe hüpft in anmutigen Sprüngen vor uns her; es ist eine Reaktion auf ein für Menschen nicht hörbares alarmierendes Geräusch. Alle vier Hufe treffen gleichzeitig auf dem Boden auf, dann springt das Tier wieder hoch, als hätte es in jedem seiner Beine eine Sprungfeder eingebaut. Einige Minuten später entdecken wir eine Herde von Petersgazellen, die man nur im Dornbuschgebiet von Südost-Kenia findet und die sich von den gewöhnlichen Grantgazellen durch eine hellbraune Markierung unterscheiden, welche auf dem Rücken der Antilope bis zum Schwanz verläuft.

Die Wolkendecke löst sich in kleine Wattebäusche auf, der Gegenwind kühlt meine Haut. Als wir ursprünglich diese Expedition planten, hatten wir die Wahl, entweder an der Küste zu beginnen und flussaufwärts zu marschieren oder aber zuerst den Berg zu besteigen und dann zur Küste zu gehen. Ein Faktor, der für die Berg-zum-Meer-Variante sprach, war der Wind. Der vornehmlich von vorn kommende Wind verschafft uns nicht nur Kühlung, sondern sorgt auch dafür, dass wir windabwärts vom Wild sind, eine Tatsache, die geholfen hat, uns Tieren wie diesen Petersgazellen zu nähern. Hätten wir die andere Richtung gewählt, hätten wir sie vielleicht nie gesehen. Gegenwind ist auch bei Elefanten besonders wichtig, da diese Dickhäuter einen außergewöhnlich gut ausgebildeten Geruchssinn haben.

Heute Vormittag konnten wir bislang jedoch noch keinen Elefanten entdecken, und ich frage mich, ob Bongos Entscheidung, diesen Wildpfad einzuschlagen, auf Kosten der Chance geht, das eine Tier zu sehen, das ich in der Begleitung von Joyce beobachten möchte. Doch sie versichert mir, dass Bongo die richtige Wahl getroffen hat, dass wir hier gut positioniert seien, um auf Elefanten zu treffen. »Wenn es heißer wird, wandern sie zum Fluss hinunter, um Wasser zu trinken.« Einige Minuten später bekomme ich die Bestätigung ihrer Einschätzung. Rechts von uns höre ich knackende Palmwedel in einem Dumpalmenwäldchen.

Ich sehe, dass Joyce dieses Geräusch ebenfalls wahrnimmt, nicht aber die anderen, Mohamed eingeschlossen. »Ich glaube, da drüben ist ein Elefant«, sagt Joyce. Ein paar Meter weiter entdecken wir einen grauen Rücken, der über die jungen Palmen hinweg aufragt. Sie studiert das Tier durch ihr Fernglas und erklärt: »Es ist ein junges Männchen. Wahrscheinlich neunzehn oder zwanzig Jahre alt.«

»Wie kannst du das feststellen?«

»Ältere Männchen haben viel massivere Köpfe. Siehst du den Streifen von den Augen bis hinunter zum Rüsselansatz? Er ist sehr gerade. Je älter ein Männchen wird, desto mehr erhält der Streifen die Form einer Eieruhr. Bis zum Alter von fünfunddreißig wird der Stirnstreifen breiter, verengt sich wieder und dehnt sich schließlich erneut zu den dicker werdenden Stoßzähnen.«

Der Elefant hat uns nicht bemerkt. Er geht weiter in unsere Richtung, wobei seine Ohren schwanken und er seine massiven Beine unglaublich vorsichtig hebt. Ich erinnere mich, dass ich einmal eine sehr korpulente Hawaiianerin ähnlich anmutig habe tanzen sehen.

*

»Unterscheiden sich die Elefanten im Tsavo-Gebiet von denen in Amboseli?«, frage ich Joyce, als wir unseren Weg fortsetzen.

»Sie sind deutlich größer«, erwidert sie. »Amboseli-Elefanten haben eher kurze Beine, sind gedrungen und zeichnen sich durch große Ohren aus, während die Kilimandscharo-Elefanten dagegen einen kürzeren Körper bei längeren Beinen vorweisen. Zudem besitzen diese kleineren Tiere dreieckige Ohren, die auffällig geädert sind, und am Schwanz befinden sich keine oder nur wenige Haare.«

»Was ist der Grund dafür?«

»Er ist zu lang. Sie treten drauf, wenn sie den Berg herunterkommen.«

»Du machst einen Scherz!«

»Nun ja, es ist die beste Theorie, die uns dazu eingefallen ist.«

Wir bleiben stehen, um Flusspferde zu beobachten, die auf einer Sandbank ein Sonnenbad nehmen. Als sie uns hören, stürmen sie ins Wasser, wobei sie Wellen machen, die sich über die gesamte Flussoberfläche ausbreiten. Wir scheuchen eine Gruppe *gerunuks*, Giraffengazellen, auf, die mit ihren langen Hälsen und geschmeidigen Körpern in hohen Sprüngen davonhüpfen, als lebten sie auf einem Planeten mit einer geringeren Schwerkraft als die Erde.

Der Fluss beginnt in Schleifen zu fließen, der Himmel ist weit, das Land vor uns flach, abgesehen von einer fernen trapezförmigen Geländestufe. Ist sie schon ein Versprechen, bald den Ozean zu Gesicht zu bekommen?

Ich gehe hinter Joyce. Sie trägt cremefarbene Shorts, ein schieferblaues Hemd und einen breitkrempigen Hut, an den Ohrringen baumelt jeweils eine dunkle Perle. Ihr nackenlanges braunes Haar schimmert rötlich, ihren Mund hat sie mit einem hellen Lippenstift bemalt. Ich gehe zu ihr vor und bitte sie, mir zu sagen, warum wir Menschen derart von Elefanten angetan sind. Sie denkt eine Weile über die Frage nach und sagt dann: »Zum Teil liegt es an ihrem Aussehen, an ihren großen Ohren und den komischen Rüsseln. Aber wenn man so viel Zeit mit ihnen verbracht hat wie ich – jetzt sind es schon vierzehn Jahre –, dann stellt man fest, dass sie Qualitäten haben, die wir auch an uns selbst lieben, Würde und Treue zum Beispiel, und sie besitzen einen Sinn für Humor. Ihre Familienstruktur ähnelt der unsrigen, na gut, in ihrer Sippe gibt es keine Männchen, aber es existieren enge Bande zwischen Großmüttern, Töchtern, Schwestern und Cousinen, die ein Leben lang halten. Wenn man

Herdenmitglieder beobachtet, die sich nach einem halben Tag oder auch nur nach einer Stunde Trennung wiedersehen, dann findet zwischen ihnen ein Ritual statt, das geradezu umwerfend ist. Sie trompeten, kreischen, brummen, drehen sich im Kreis, urinieren, entleeren den Darm. Ich weiß, als Wissenschaftler sollte man nicht von Gefühlen bei Tieren sprechen. Aber in meinen Augen kann ich nur Freude erkennen, darüber, dass sie wieder beisammen sind.«

Eine der Stärken von Joyce ist, dass sie nicht zögert, wissenschaftliche Tabus gegenüber der Anwendung anthropomorpher Interpretationen ihrer Studienobjekte zu brechen. Ich selber denke, dass wir viel vom Verhalten der Tiere lernen können, wenn wir es auch emotional betrachten.

*

Vor uns steigt am anderen Flussufer Rauch auf. Als wir näher kommen, sehen wir mehrere Arbeiter, die Dornsträucher in ein Feuer werfen. Andere Männer befreien einen Teil des Flussufers von diesem Gestrüpp. Wir überqueren den Fluss, um Näheres zu erfahren, und hören, dass sie für ein Hotel arbeiten. Der Besitzer hat die Erlaubnis erhalten, ein Camp für Touristen zu errichten.

»Besser das als ein feststehendes Gebäude«, sagt Bongo.

Er hat natürlich recht, aber wir alle, Bongo eingeschlossen, sähen es lieber, wenn alles so bliebe, wie es ist. Andererseits befindet sich auf dieser Seite des Flusses bereits ein Feldweg, den David Sheldrick, der britische Gründer von Tsavo-East, während der Anfänge des Parks in der Hoffnung anlegen ließ, auf diese Weise Touristen anzulocken.

Es ist Nebensaison, weshalb wir keinen Fahrzeugen begegnen. Wir folgen nun der Straße zu unserem eigenen Lager. Wenn wir jedoch im August oder Dezember hier wären, würde die Prozession von Minibussen, die auf dieser Strecke zur Wildbesichtigung unterwegs sind, nicht abreißen.

Mohamed wird langsamer und deutet nach rechts. Etwa fünfundsiebzig Meter von der Straße entfernt befindet sich eine Gruppe von Elefanten, zwei große Weibchen, mehrere Teenager und ein Jungtier. Der Wind steht günstig. Wir gehen vorsichtig weiter, halten zwischendurch an und sehen den Tieren zu, wie sie ohne Unterbrechung kleine Akazien oder Strauchenden von größeren Bäumen abfressen. Eines der Weibchen dreht sich in unsere Richtung, wedelt mit den Ohren, um sie zu kühlen, und frisst dann weiter. Dass Elefanten schlecht sehen, aber gut hören und einen außergewöhnlichen Geruchssinn haben, ist nicht überraschend, wenn man sie näher betrachtet: Ihre Augen sind sehr klein, ihre Ohren ungemein groß und ihre Nasen riesig. Ich beobachte, wie das Weibchen Blätter und Rinde von der Akazie zupft, indem es die beiden fingerähnlichen Spitzen am Ende des Rüssels wie eine Kneifzange einsetzt. In einem Elefantenrüssel befinden sich rund 150 000 Muskeln – ein richtiges Kraftpaket. Wenn ein Elefant will, kann er mit einem einzigen Rüsselschlag einen Kaffernbüffel töten. Mit diesem Riechorgan kann er sich aber auch kratzen, Fremde begrüßen, Jungtiere trösten, den Boden nach Spuren von brünstigen Männchen oder Weibchen absuchen. Es kann bis zu zwölf Liter Wasser aufnehmen, die dann ins Maul gespritzt werden. Der Rüssel wird auch dazu benutzt, um Schlamm anzusaugen, der dann mit großer Zielgenauigkeit über den gesamten Körper verteilt wird. (Dem Lateritschlamm verdanken die Elefanten aus dem Tsavo ihre vielgerühmte ziegelrote Farbe.)

»Willst du sie aus größerer Nähe betrachten?«, flüstert Danny und deutet auf meine Videokamera.

»Klar!«

Mohamed, Lokiyor, Danny, Bongo und ich schleichen uns zu ihnen hin. Ich drehe mich um und bemerke, dass Joyce und Iain zurückbleiben. Wir kommen bis auf dreißig Meter heran und stehen bewegungslos hinter einem Akazienstrauch. Die Elefanten haben unsere Anwesenheit noch immer nicht bemerkt. Wir kehren zu den anderen zurück und gehen auf der Straße weiter. Ich frage Joyce, warum sie uns nicht folgen wollte.

»Elefanten können den Umriss eines menschlichen Körpers erkennen«, sagt sie.

»Wenn sie uns wirklich angegriffen hätten, wären wir bewaffnet gewesen.«

»Am besten, es kommt gar nicht erst zu einer solchen Situation. Auf jeden Fall sahen die Tiere entspannter aus als bei meinem letzten Besuch.«

*

Der letzte Besuch ist länger her. 1989 führte sie im Tsavo eine Untersuchung durch, um die Auswirkungen des Wilddiebstahls auf die Familienstruktur der Elefanten zu erfassen. Dabei handelte es sich um eine Folgestudie, die Patrick Douglas-Hamilton im Jahr zuvor unter Mitwirkung von Joyce erstellt hatte. Patrick Hamilton war ein ehemaliger Aufseher von Tsavo-East, der die Untersuchung auch als als Pilot begleitet hatte.

»Wir flogen die einzelnen Areale immer wieder ab und trugen jeden Elefantenkadaver auf einer Landkarte ein«, sagte Joyce. »Am Abend legten wir dann über diese Karte ein zweite, auf der die Straßen eingezeichnet waren. Ich entdeckte dabei etwas Merkwürdiges und rief deshalb Patrick und die anderen hinzu. Ich zeigte auf die Karte und meinte: ›Schaut euch das an! Alle Kadaver liegen in einer Reihe entlang der Straße.‹ Sie blickten einander an, dann mich, als hätten sie genau das erwartet, was ich als so seltsam empfand. Ich hatte aber das Gefühl, dass ich ein Detail übersah. Eines Tages zog ich mit Barbara Tyack los, einer Freundin, die an der Untersuchung mitarbeitete, und erwähnte ihr gegenüber meine Feststellung. Sie sagte: ›Ja, seltsam, nicht wahr? Und alle Elefanten haben auch Angst vor grünen Toyota-Geländewagen.‹ Und dann kapierte ich, dass die Ranger, die grüne Geländewagen fuhren, also die Mitarbeiter des Nationalparks, die Elefanten abknallten. Sie steckten mit den Wilddieben unter einer Decke.«

»Das war, bevor Richard Leakey die Leitung übernahm?«, frage ich.

»Genau«, antwortet sie. »Als alles auf der Kippe stand.«

15

Die sozialen Strukturen von Elefanten und Menschen sind verblüffend ähnlich. Daher überrascht es nicht, dass Mensch und Elefant sich vergleichbaren Krisen stellen müssen – etwa dem Überleben.

Dr. Richard Laws, zitiert in Peter Beard, Die letzte Jagd

Wir kampieren auf einer mit Hundszahngras bewachsenen Sandbank neben einem riesigen Wurstbaum (*Kigelia pinnata*), dessen namengebende Früchte bis zu zehn Kilogramm wiegen und an langen Stielen wie riesige Ornamente herunterhängen. Dieser Ort zählt zu Iains Lieblingsplätzen, wenn er Wander-Safaris macht. Und da er die Stelle selbst entdeckt hat, betrachtet er sie mit einem gewissen Besitzerstolz und achtet darauf, dass seine Mitarbeiter die Autospuren verwischen, wenn sie von der Straße abbiegen und durch den Busch hierherfahren.

Wir haben vor den Zelten ein Feuer entzündet und sitzen nun auf unseren Safari-Stühlen, während sich das letzte Licht auf dem Fluss spiegelt. Zudem achten wir darauf, uns nicht auf den Boden zu setzen, weil es hier eine kleine Skorpionart gibt, die sich im Sand vergräbt und deren Stich äußerst schmerzhaft ist. Ich komme noch einmal auf das angefangene Gespräch über das Ausmaß des Wilddiebstahls gegen Ende der Achtzigerjahre zu sprechen. Ich frage Joyce, was ihre Nachforschungen erbracht hatten.

»Ich war 1989 drei Wochen lang im Tsavo«, erzählt sie. »Die Ergebnisse stimmten nicht gerade froh. In Tsavo-East gab es kaum noch Elefanten, die über vierzig Jahre alt waren, und nur noch ein Drittel der von mir untersuchten Elefantensippen war intakt. Ich fand Gruppen, die einzig aus Waisen bestanden. In Tsavo-West war es sogar noch schlimmer.«

»Es war Jagdsaison«, ergänzt Iain. »Drei Elefanten wurden pro Tag im gesamten Tsavo-Gebiet abgeschossen. Man sagte mir, ich müsse meine Wander-Safaris einstellen, weil die Nationalparks nicht mehr für meine Sicherheit garantieren könnten. Ich persönlich denke aber, es hatte mehr damit zu tun, dass wir mehr hätten in Erfahrung bringen können, als wir sollten.«

»Was war mit Bill?«, frage ich. »War er damals nicht noch Aufseher in Tsavo-West?«

»Er war Berater für beide Parks«, erzählt Danny. »In dieser Funktion unternahm er alle nur denkbaren Anstrengungen, die Wilddiebe festzusetzen. Er hatte aber keine wirklichen Befugnisse, keinen Polizeiapparat, der ihn unterstützte. Was die Korruption betraf, so konnte er nichts anderes tun, als Meldung zu machen.«

*

Bei unserem Fußmarsch fragte ich Bongo eines Tages, ob es beim KWS heute noch Aufseher gibt, die seinem Vater ähnlich sind.

»Sicher«, erwiderte er. »Einer heißt Stephen Gichangi.«

Anschließend stellte ich Danny die gleiche Frage. »Da wäre Stephen Gichangi«, antwortete der jüngere der Woodley-Brüder. Und als ich Iain fragte, sagte auch er: »Stephen Gichangi.«

Ich hatte von diesem Mann schon gehört. Zu der Zeit, als wir damit begannen, unseren Treck zu organisieren, war Stephen Aufseher in Tsavo-East. Iain hatte ihn eingeladen, uns auf dem Teil unserer Wanderung zu begleiten, der durch diesen Nationalpark führte. Gichangi nahm diese Einladung sofort an, aber drei Wochen bevor unsere Tour losging, wurde er zu einem der acht Regionalaufseher des Landes befördert und in den Distrikt von Meru Mount Kenya versetzt. Dadurch hatte er keine Zeit mehr, mit uns zu kommen.

Als ich nach unserer Wander-Safari nach Kenia zurückkehrte, arrangierte ich ein Treffen mit Stephen in der Naro Moru River

Lodge, dem Ausgangspunkt der meisten Kletterpartien zum Gipfel des Mount Kenya. Wir saßen auf dem Rasen neben einem Bach mit Forellen. Er lächelte beim Reden, ruderte dabei lebhaft mit den Armen herum und stieß mit einem Finger in die Luft, um eine Aussage zu unterstreichen. Seine Augen waren wach und wiesen jenes Funkeln auf, das Leuten gemein ist, die das, was sie tun, gern machen. Er war achtundvierzig Jahre alt, hatte kurzgeschorenes, graumeliertes Haar und einen fast weißen Bart. Dennoch sah er jugendlich und athletisch aus. Er war einer der Menschen, die immer in Bewegung sein müssen, und ein Blick auf ihn sagte mir, dass er der Typ Mann war, den man als Naturburschen bezeichnen konnte.

»Ich bin in dieser Gegend aufgewachsen«, sagte er und deutete mit einer Bewegung des Arms die Umgebung des Mount Kenya an. Einer meiner Lehrer sagte zu mir, nachdem ich die Schule abgeschlossen hatte, ich sei ziemlich hitzköpfig, weshalb es sicher das Beste wäre, wenn ich ins Wildtier- oder Ranch-Management gehen würde. Er erwähnte, dass er Bill Woodley kenne, und kurz darauf arrangierte er für mich ein Treffen mit ihm. Als ich Bills Büro betrat, saß er an einem Schreibtisch und schrieb gerade einen Brief. Er fragte mich, was ich denn wolle.

›Ich will einen Job!‹

›Was heißt das, du willst einen Job?‹

›Tja, so die Art Job, die Sie machen.‹

Innerhalb einer Woche hatte ich eine Stelle als Gehilfe des Buchhalters. Nach einer weiteren Woche ging ich wieder zu Bill und sagte: ›Das ist nicht die Art Job, die ich haben möchte.‹

›Nun, du musst warten.‹

›Ich will aber nicht warten.‹

Also sorgte er dafür, dass ich auf Streifengang mitgehen konnte. Von dort kam ich zurück und meinte: ›Ich will Assistenzaufseher werden. Ich will aufs Wildtier-College gehen.‹

Bill machte mir wieder klar, dass ich warten müsse. Also schrieb ich selber an den Direktor des Wildtierschutzes und teilte ihm mit, ich wolle aufs College gehen. Der wiederum fragte Bill: ›Wer ist der Kerl?‹ Bill rief mich in sein Büro und schrie mich an, dass das nicht so laufe. Dann beruhigte er sich und meinte, er würde sehen, was er tun könne. Innerhalb von neun Monaten fing ich an, für Bill zu arbeiten und ging aufs College. Was immer ich heute bin, bin ich dank Bill Woodley.«

Wir tranken einen Schluck Bier, dann fuhr Stephen fort: »Als ich nach zwei Jahren vom College zurückkehrte, fragte mich Bill: ›Okay, was willst du jetzt machen?‹

›Jetzt will ich Ihren Job!‹

Stephen sagte das mit einer Ironie, von der ich vermutete, dass sie eine Eigenheit ist, die auch Bill Woodley für ihn einnahm. Dann wurde Bill nach Tsavo-West versetzt, aber zwei Jahre später, im Jahr 1981, rückte Stephen zum Assistenzaufseher auf und wurde ebenfalls nach Tsavo-West abkommandiert. Als er in Kamboyo ankam, begrüßte er Bill mit den Worten: »Ich will noch immer deinen Job!« Das wurde zwischen ihnen zum Running Gag.

Bill war nun eindeutig Gichangis Mentor. »Er war ein Mann, der einem einen Rat geben konnte«, sagte Stephen. »Er gab mir sogar zu verstehen, was ich zu tun hatte, um seinen Job zu kriegen.«

Dann folgten die schlimmen Jahre des Wilddiebstahls, aber Stephen hatte gelernt, wie man sich von korrupten Deals fernhalten konnte. Es war jedoch nicht einfach, ruhig zu bleiben, als täglich Elefanten abgeknallt wurden. Und als die Wilddiebe aus Somalia schließlich so kühn wurden, dass sie anfingen, Touristen anzugreifen und zu ermorden, war Kenias Präsident, Daniel Toroitich Arap Moi, zum Handeln gezwungen. Er ernannte Richard Leakey zum Direktor des Wildtierschutzes, und dessen erste Amtshandlung bestand darin, jeden zu entlassen, gegen den ein Korruptionsverdacht bestand. Leaky berief Bill nach Nairobi und sagte ihm, er sei jetzt der Sicherheitschef für das gesamte Tsavo-Gebiet. Leakey fragte Bill auch, wen er als neuen Aufseher für Tsavo-East empfehlen könne. Das war einfach. Ohne überlegen zu müssen, antwortete er: »Stephen Gichangi.«

Anschließend flogen Bill und Leakey nach Voi, eine kleine Stadt in der Nähe der Tahita Hills, und riefen Gichangi ins Büro. Leakey überreichte ihm ein Schreiben, das ihn zum neuen Aufseher des Tsavo-East-Nationalparks ernannte. Stephen las es, sah Bill mit einem breiten Grinsen an und sagte: »Na also. Jetzt habe ich deinen Job!«

16

Jedermann liebt die Wildnis. Aber versucht man auch nur, einen Teil davon zu retten – wirklich zu retten! –, dann ist es aus mit der Einstimmigkeit.

David Brower, For Earth's Sake

Heute beschließen wir, am Südufer zu bleiben, damit wir gegen elf Uhr an der Straße sind, an der uns einer von Iains Geländewagen abholen und zum Flugfeld von Sala bringen soll, dem östlichen Eingang des Tsavo-Parks. Hier haben wir gegen Mittag eine Verabredung mit David Western, dem gegenwärtigen Direktor des KWS – ich möchte ihn für meinen Film interviewen. Er will in einer Cessna zum Termin kommen. Wir verlassen die Straße, um eine Abkürzung zu nehmen. Ich gehe hinter Joyce, die am Morgen noch deutlich hinkte; jetzt scheint es ihren Füßen besser zu gehen. Gestern hatte sie sich mehrere Blasen geholt, als sie bei über 40 Grad zwanzig Meilen weit marschiert war. Es kam jedoch keine Klage von ihr, auch hatte sie unser Angebot abgelehnt, dass ein Fahrer sie zum nächsten Camp bringen könnte.

Der Himmel bietet das übliche Sortiment von Schönwetterwolken und verspricht bis zum Nachmittag erneut Temperaturen von über 40 Grad. Ich sehe einen grauköpfigen Eisvogel auf dem Stumpf einer Dum-Palme landen und bleibe stehen, um ihn durch das Fernglas zu beobachten. Mit ihrer kastanienbraunen Brust und den blau schillernden Flügeln kommt diese Eisvogelart häufig in den ufernahen Gegenden der *Commiphora*-Dornbuschzone vor. Wir haben sie unterwegs mehrere Male gesehen. Es gibt in Kenia elf Eisvogelarten, von denen die meisten ein leuchtend gefärbtes Gefieder haben, was aber auch für die in Asien heimischen Arten gilt. In Amerika existieren dagegen nur sechs der weltweit bekannten siebenundachtzig Eisvogelarten, von denen man vier in den Dschungeln Mexikos bis hinunter zum Amazonas findet, die beiden anderen Arten in gemäßigteren Zonen. Der Königsfischer ist die in den USA am häufigsten zu sichtende Spezies, während eine weitere, etwas größere Eisvogelart mit ähnlichem Gefieder, von Süd-Texas bis zur äußersten Spitze von Feuerland zu Hause ist.

Eine der Freuden, die mir das Beobachten von Vögeln bereitet, liegt darin, dass es mir die Landschaft, durch die ich gehe, bewusster macht. Mein Interesse diesbezüglich wurde geweckt, als mir meine Mutter zum siebenundzwanzigsten Geburtstag ein Audubon-Vogelbestimmbuch schenkte. Ich wohnte damals in einem kleinen Studio in den Bergen oberhalb Malibus. Am Fenster vor meinem Schreibtisch befand sich eine Geißblattranke, die häufig von einem Vogel besucht wurde, den ich mit Hilfe des Buches als Annakolibri identifizieren konnte. »Wenn das Männchen wirbt, steigt es hoch in die Luft und saust dann schnell Richtung Boden, wobei es ein explosives Piep! von sich gibt, wenn es knapp über der Erde in die Horizontale schwenkt«, klärte mich das Buch auf. »Dieses Geräusch wird von speziellen schmalen Schwanzfedern erzeugt, die beim Sturzflug abgespreizt werden.«

Einige Tage später war ich im Freien und arbeitete an meinem rostigen erbsengrünen Fiat, als ich aufschaute, um mir den Schweiß von der Stirn zu wischen. Dabei fiel mir ein Kolibri ins Auge, der steil nach oben flog, am Endes seines Aufstiegs wie schwerelos innehielt und dann geradewegs nach unten sauste, bis er sich in einer scharfen Kurve abfing und laut »Piep« machte. Es war genauso, wie es im Buch beschrieben worden war. Das war es jedoch nicht, was mich zum zukünftigen Vogelbeobachter machte. Ich steckte meinen Kopf erneut unter die Motorhaube und hörte einige Sekunden später wieder ein »explosives Piep!«. Sofort schaute ich auf, aber es war kein Kolibri zu sehen. Der Laut war von irgendwo entlang der Straße gekommen. Ich lauschte angestrengt. Es piepte noch einige Male. Über den Kakteenhügeln oberhalb von Malibu waren Kolibrimännchen in der Balz. Mir war ihr Piepen zwar schon öfter zu Ohren gekommen, aber sie waren bis zu diesem Zeitpunkt letztlich taub für diese Laute geblieben.

Ich studiere auch gern Vögel, weil sie die verschiedensten Erinnerungen wecken. Beim Anblick einer bestimmten Eisvogelart entsinne ich mich zum Beispiel an eine Kletterpartie, die ich auf einem Inselarchipel nördlich der Magellanstraße unternommen hatte. Ein Sturm hielt uns eine Woche lang auf einer unbewohnten Halbinsel fest, und alle ein bis zwei Stunden besuchte uns ein Eisvogel, der immer auf demselben Baumstumpf einer toten Birke landete und uns wie ein hochnäsiger Politiker mit geblähter Brust anblickte.

Jetzt sehe ich dem grauköpfigen Eisvogel zu, der auf dem Stumpf einer Dum-Palme sitzt, und mir fällt ein, wann ich diese Vogelart zum ersten Mal entdeckt habe. Ich war in dieser ostafrikanischen Gegend gewesen, ich war mit meiner Frau, unseren drei Kindern, Iains Söhnen und einer befreundeten Familie auf einer kleinen Wander-Safari. Für die Kinder wurde es zum größten Abenteuer ihres Lebens. (Es waren gerade Präsidentschaftswahlen, der Nachrichtensprecher verkündete, in welchen Bundesstaaten Clinton bereits als Sieger hervorgegangen sei, als unser jüngster Sohn fragte: »Hat er auch schon Afrika gewonnen?«)

Der Eisvogel wird zunehmend nervös, weil ich ihn zu lange ins Visier genommen habe – er fliegt weg. Lokiyor ist bei mir geblieben, um sicherzugehen, dass eine bewaffnete Person in meiner Nähe ist. Ich setze das Fernglas ab und beeile mich, die anderen einzuholen. Der Turkana folgt mir. Wenn ich zwei Laufschritte mache, braucht er nur einen zu tun.

⋆

Wir gehen an Meldengestrüpp vorbei, plötzlich taucht vor uns eine Gruppe von Elefanten auf. Wir ändern den Kurs, um sie in Ruhe zu lassen, aber sie spüren uns und laufen durch den Busch zum Fluss. »Meinst du, sie haben uns gewittert?«, sage ich zu Joyce.

»Wahrscheinlich haben sie unsere Schritte gehört«, erwidert sie. »Aber sie können auch tatsächlich Witterung aufgenommen haben. Ich war einmal mit einem Filmteam unterwegs, wir verhielten uns sehr vorsichtig, doch die Elefanten um uns herum waren unglaublich nervös. Ich fragte das Team, ob ein Massai in ihrem Geländewagen mitgefahren sei. Daraufhin meinten sie, ja, am Tag zuvor. In Amboseli haben die Elefanten nur einen Feind zu fürchten, die Massai mit ihren Speeren.«

Ein Massai erlegt einen Elefanten in der Regel mit einem Speer, um seine Mannwerdung zu beweisen. Seit dieser Stamm jedoch mehr Ackerbau betreibt, benutzen die Männer ihre Speere, um auf Felder eindringende Elefanten zu vertreiben – jetzt ist es mehr ein Protest gegen die Regierung, von der sie erwarten, dass sie diese Tiere unter Kontrolle hält.

Die Problemtierkontrolle lag ursprünglich in der Verantwortung der für Großwild zuständigen Behörde, die über wilde Tiere außerhalb der Nationalparks rechtskräftige Urteile fällen durfte, wenn es zu Konflikten zwischen Mensch und Tier kam. Als die Großwildbehörde und die Nationalparks 1976 zusammengelegt wurden, um die Wildtierschutz-Behörde zu bilden, litt die Problemtierkontrolle an den gleichen Mängeln wie der Rest des Wildtiermanagements. Richard Leakey, der 1989 deren Leitung übernahm, bemühte sich, nicht nur die Effizienz der Problemtier-Kontrolleinheit zu verbessern, er versuchte ihr auch eine wissenschaftliche Basis zu geben. Dafür benötigte er jemand, der etwas von Elefanten verstand. So kam es, dass er sich an Joyce Poole wandte.

Joyce nahm den Posten an, allerdings unter Vorbehalt. Sie sagte, sie habe noch nie zuvor für einen anderen Menschen gearbeitet, worauf er lachte und meinte, er auch nicht. Er gab ihr zu verstehen, er bräuchte nicht nur eine Person, die sich mit Elefanten auskenne, sondern auch eine, die über Kenia Bescheid wisse und junge Einheimische inspirieren könne. Joyce lernte schnell, dass sie die Probleme sowohl vom Standpunkt der Einheimischen als auch von dem der Elefanten aus zu betrachten hatte. Das hieß, schwere Entscheidungen zu treffen. Sehr schwere Entscheidungen.

Ende der Achtzigerjahre waren die Elefanten zu sehr verschreckt, als dass sie sich aus den sicheren Zufluchtsorten hinauswagten. Doch 1992 erhielt Joyce aus allen Landesteilen Meldungen, dass Elefanten *shambas* plünderten, Häuser zerstörten und Menschen zu Tode trampelten. Es gab einen Aufschrei in der Presse, etwas müsse dagegen unternommen werden. Warum würde man nicht mehr Elefanten abschießen? Der Grund dafür war, dass Elefanten in den Achtzigern so brutal abgeschlachtet worden waren, dass die KWS-Aufseher und -Ranger 1990 und 1991, als es wieder mehr Elefanten gab, ungern erneut Abschüsse vornahmen, außer sie waren unumgänglich. Aber 1992 musste etwas unternommen werden. Zunächst versuchte es Joyces Gruppe mit Elektrozäunen. Aber die Elefanten rissen die Drähte mit ihren Stoßzähnen ab oder hoben Stämme auf und warfen sie auf diese. Ein anderer Weg musste gefunden werden.

Marodierende Elefanten hatte man natürlich schon seit Jahren getötet, aber Joyce kam zu dem Schluss, dass in allzu vielen Fällen die falschen Elefanten angeschossen worden waren. »Ich fing an, bestimmte Informationen zu sammeln«, sagte Joyce. »So wollte ich wissen, wie viele Schüsse nötig waren, um einen Elefanten zu Fall zu bringen. Das, was ich erfuhr, klang ziemlich übel. In einem Fall waren vierundzwanzig Kugeln auf ein Tier abgefeuert worden, das dreizehn Stunden später immer noch lebte. Es waren also Leute nötig, die genau wussten, wie man Elefanten erlegt. Anschließend sollten sie mit mir nach Amboseli fahren und lernen, wie man Geschlecht und Alter von diesen Dickhäutern bestimmt. Außerdem wollte ich ihnen etwas über die sozialen Strukturen von Elefantensippen beibringen und sie lehren, welches Tier das geeignetste für den Abschuss ist, sollte sich eine ganze Elefantenherde auf Überfälle spezialisiert haben. Der Mann, den ich dafür als Leiter auswählte, war Danny.«

»Es muss dir schwergefallen sein, den Abschuss von diesen Tieren anzuordnen. Immerhin hast du bis dahin deine ganze Kraft dazu aufgewandt, sie zu verstehen und zu schützen.«

»Wirkliche Probleme bereitete mir etwas anderes«, antwortete sie, »nämlich die Sinnlosigkeit des Ganzen. Alles war ein Notbehelf. Man erschießt einen Elefanten, die übrige Sippe läuft in einen Park, man versucht sie dort einzuzäunen. Dann wird es ihr dort zu eng, man muss sie keulen. Wohin sollte das führen?«

Trotz dieser Frustration gab es auch positive Erlebnisse. Eines davon war, dass sie junge Menschen für ihr Elefantenforscherteam rekrutierte, ausbildete und sah, wie sie Fortschritte machten. Ein weiteres war die Freundschaft mit Leakey, der ihr vor allem beibrachte, dass sie, wenn es um schwierige Entscheidungen ging, auf Distanz gehen und die Dinge von einer höheren Warte aus betrachten sollte. Doch Leakey wurde schließlich gezwungen, seinen Rücktritt einzureichen, und Joyce fühlte sich verpflichtet, dem Mann, der sie für den Job geholt hatte, die Treue zu halten und ebenfalls zu demissionieren. Als sie erfuhr, dass David Western Leakeys Posten übernehmen sollte, machte das die Sache auch nicht einfacher.

*

Es ist heiß, Schweißflecken bilden sich auf den Hemden, aber ich spüre den ersten Hauch einer Brise, die meine Haut kühlt. Vor uns, Richtung Osten, scheint sich aus der Ferne eine Gewitterfront zu nähern, während hinter uns im Westen eine schmale Mondsichel über den Ausläufern des Yatta River untergeht. »Wenn der Mond verschwindet, ziehen Wolken auf«, sagt Danny.

Gestern Abend hatte Joyce erfahren, dass wir heute David Western treffen wollen. Ihre erste Reaktion war, uns zu sagen, dass sie heute – einen Tag früher als geplant – heimfahren würde. Iain schlug dann vor, dass seine Fahrzeuge, die uns zur ausgemachten Zeit abholen sollen, um uns zum Sala-Tor zu bringen, Joyce unterwegs im Camp von diesem Tag absetzen könnten. So hätte sie Zeit, am Nachmittag mit Selengei zu spielen, während wir das Interview führen.

Diese Möglichkeit schien Joyce zu versöhnen. Daher geht sie jetzt mit uns, bis Iains Geländewagen eintreffen. Wir achten darauf, in Nähe des Feldwegs zu bleiben, damit wir den Treffpunkt nicht verpassen. Joyce hat keine Probleme, bei unserer schnellen Gangart mitzuhalten, und sollten ihre Blasen schmerzen, dann zeigt sie es nicht. Wenn man ihre persönliche Geschichte mit Western und ihre Verbindung zu Leakey bedenkt, konnte ihre Reaktion, als sie erfuhr, dass wir heute den jetzigen Direktor vom KWS treffen würden, nicht überraschen. Ihre Differenzen mit ihm begannen Anfang 1988, als mehrere Gruppen von Tierschützern, Feldbiologen und politischen Aktivisten daran arbeiteten, Zustimmung für eine Ächtung des Elfenbeinhandels zu finden, um auf diese Weise die Wilddiebstahlepidemie einzudämmen, welche Ostafrika erfasst hatte. Weder Joyce noch andere Wilddiebgegner wurden zu den Gesprächen mit dem KWS eingeladen. Joyce äußerte ihre Verärgerung darüber und beschuldigte die Komitees, sexistisch zu sein, was sie später bedauerte. Doch als David Western nach Amboseli kam, um die Angelegenheit zu besprechen, wurde sie erst richtig wütend, als er ihr sagte, sie sei nicht eingeladen worden, weil ihre Arbeit für den Elefantenschutz unerheblich sei.

Joyce schwor sich, zu zeigen, dass das, was sie tat, eine Bedeutung hatte. Einen Monat später hatte sie die Möglichkeit, anlässlich eines Treffens der ostafrikanischen Naturschutzgesellschaft einen Vortrag über die Nahrungsökologie bei Elefanten zu halten. Ein wenig angreifbares Thema. Stattdessen entschloss sie sich, über ihre demographischen Berechnungen der Überlebenschancen von Elefanten angesichts des gegenwärtigen Umfangs des Wilddiebstahls zu sprechen. Das Timing war perfekt. Joyces Vortrag wurde in der wichtigsten englischsprachigen Wochenzeitung Kenias zitiert, wodurch Leakey auf sie aufmerksam wurde, was ihre Anstellung beim KWS zur Folge hatte.

Aber nicht nur Joyce hatte schon seit langem Differenzen mit Western, auch zwischen Leakey und Western herrschte Feindschaft. Leakey kritisierte Western, weil er keine aktivere Haltung gegenüber Wilddieben und der Korruption einnahm. Zu dem Zeitpunkt, als Leakey die Wildtierschutz-Behörde übernahm, hatte Western bereits jahrelang einen gewissen Einfluss auf Politik und Entscheidungen der Regierung ausgeübt – oder ausüben können.

*

Es ist jetzt elf Uhr, der Zeitpunkt, zu dem Iains Fahrzeuge kommen sollen. Aber es ist keine Spur von ihnen zu sehen. Wir nähern uns einer Gruppe Impalas, als sie uns plötzlich bemerken und davonspringen. Zu unserer Rechten scheuchen wir eine riesige männliche Hirschantilope auf, die wegläuft, dann stehen bleibt, um sich umzusehen, weiterläuft, dann wieder anhält, um uns zu beäugen. Aus einem Busch neben der Straße verscheuchen wir eine zimtfarbene Taube, die mit Form und Geschwindigkeit einer Kugel das Weite sucht. »Die Namaqua-Taube«, sagt Bongo.

Es ist 11.15 Uhr, und noch immer ist kein Fahrzeug da. Unser Interview mit Western ist für zwölf Uhr angesetzt, und von hier ist es ungefähr eine Stunde Fahrzeit bis zum Sala-Tor. »Es sieht so aus, als würden Iains Leute nicht gut auf die Zeit achten können«, sagt Bongo.

»Sie haben heute eine Menge zu tun«, kontert Iain.

»Dann hätte man ihnen Prioritäten setzen müssen.«

»Nun ja, tut mir leid.«

»Macht nichts. Es geht ja nur um den Direktor.«

Ich fange auch an, mir Sorgen zu machen. Wir besprechen, ob es Sinn macht, unser Tagesgepäck, die Gewehre und Kameras zurückzulassen und die ungefähr fünf bis sechs Meilen zu Iains Camp zu joggen, als wir vor uns eine Staubwolke entdecken und Augenblicke später die Fahrzeuge neben uns anhalten. Wir laden alles ein und rasen los, liefern Joyce im Camp ab und schaffen es, um fünf Minuten nach zwölf am Sala-Tor zu sein. Um 12.25 Uhr sehen wir, wie Westerns Flugzeug zum Landeanflug ansetzt.

Als die Cessna die Halteposition erreicht hat, steigt Western aus. Mohamed richtet die gesamten 1,98 Meter seines schlanken, muskulösen Körpers kerzengerade auf, schultert das Gewehr und salutiert zackig. Western scheint das unangenehm zu sein. Er erwidert den Gruß mit einer phlegmatischen Handbewegung, während Mohamed die Hand an die Hosennaht legt. Es scheint, als würde Western keinen guten General abgeben, zumindest nicht, was die militärische Haltung betrifft. Unabhängig davon ist er ein stattlicher Mann mit kantigen Gesichtszügen, einem schmalen Mund und einem gebräunten Gesicht, das die vielen Jahre als im Freien tätiger Feldbiologe zu erkennen gibt. Seine hohe Stirn verleiht ihm ein intellektuelles Aussehen. Er trägt ein hellblaues Hemd mit Schulterklappen.

Western ist zweiundfünfzig Jahre alt; wie Leakey ist er ein weißer Afrikaner. Aber anders als dieser ist Western ein berufsmäßiger Naturschützer mit einem an der Universität Nairobi erworbenen Doktortitel in Zoologie und Ökologie. Er hat sein Leben damit verbracht, die Beziehungen zwischen wilden Tieren und den sie umgebenden Menschenansiedlungen zu studieren. Er wirkt etwas schüchtern, und als er nach einer Runde eher beiläufiger Begrüßungen nicht genau weiß, was er als Nächstes sagen oder tun soll, schlage ich vor, dass wir zum Flussufer fahren, an dem Iains Mitarbeiter ein Mittagessen vorbereitet haben.

Als wir den Picknickplatz erreichen, wird deutlich, dass sich Kahin offensichtlich wieder einmal übertroffen hat. Es gibt Auberginenratatouille, Strauchtomaten mit frischem Basilikum, Mozzarella und nach französischer Art marinierten Fenchel.

»Wo hast du denn das Rezept her?«, frage ich Kahin.

»Aus *Gourmet*. Der amerikanischen Ausgabe.«

Wir begeben uns zum Flussufer, um uns dort auf einige Felsbrocken zu setzen, die unter einer großen Flussakazie stehen. Dies ist offenbar ein Lieblingsaufenthaltsort hier lebender Paviane, weshalb sich Bongo dafür entschuldigt, dass die Steine mit Exkrementen überzogen sind. »Schon okay«, sagt Jonah, wie Western von allen genannt wird. »Ich habe Paviane studiert.« Er setzt sich auf die getrockneten Ausscheidungen, wir folgen ihm. Auf den ersten Eindruck gefällt mir Dr. Western.

In den Anfangstagen von Leakeys Tätigkeit beim KWS kritisierte ihn Western wegen seiner, wie er es nannte, naiven Missachtung der Bedürfnisse von Menschen, die in Wildtiergegenden leben. Um diese dreht sich auch eine der ersten Fragen, die wir stellen.

»Ich bin im Süden Tansanias aufgewachsen«, sagt Jonah. »Dort war es damals noch unwegsamer als im Tsavo, aber es lebten in diesem Gebiet auch immer Menschen, unabhängig von der Weite des Landes. Sie verstanden das Konzept der reinen Wildnis nie. Für sie gehörten Natur und Mensch zusammen.«

»Aber wie kann man Einwohner und wilde Tiere unter einen Hut bringen, wenn es derart viele Menschen sind?«, frage ich.

»Das ist nicht einfach. Es gibt in Kenia heute fünfmal mehr Menschen als noch um 1900. Aber nicht die Zahl der Leute ist das wirkliche Problem, sondern die Einstellung, dass Tiere in freier Wildbahn als Feinde betrachtet werden. Sie müssen verschwinden, egal wie viele oder wenige Menschen in dem entsprechenden Gebiet leben. Vergessen Sie nicht, dass zur Zeit des Pleistozäns in Nordamerika praktisch nur eine Handvoll Indianer die allergrößten Säugetiere ausrotteten und dass in Europa das Gleiche geschah. Wenn man andererseits begreift, dass Natur und wilde Tiere einen Wert an sich haben, dann ist es meiner Ansicht nach möglich, auch in dicht besiedelten Gegenden, Seite an Seite mit wilden Tieren zu leben.«

Jonah fügt an, dass der Tourismus eine Chance bietet, diesen Wert zu schaffen. »Aber ich sähe gern mehrere Reiseformen, nicht nur das Herumfahren in Kleinbussen. Sie zum Beispiel unternehmen eine jener Safaris, zu denen die Kenia-Besucher mehr ermutigt werden müssten. Aber um das zu tun, müssen wir Areale für Menschen wie Sie bewahren, die zurück zur Natur wollen. Hier im Tsavo bedeutet das, im riesigen Gelände nördlich des Galana nur kleine Camps zuzulassen.«

»Und die Übergriffe beim Ackerbau?«, frage ich weiter.

»Das ist ein anderes Problem. Ich denke, eines Tages werden wir eine deutliche Grenze zwischen Besiedelung und Park ziehen müssen. Ich würde es favorisieren, wenn das auf den Süden beschränkt bliebe und die Ebenen im Norden und Osten offen blieben. So können die Elefanten weiterhin ungestört ihre jahreszeitlichen Wanderungen machen.«

»Was aber wird geschehen, wenn die Zahl der Elefanten weiter zunimmt?«

»Die nächsten zehn oder fünfzehn Jahre dürften wir damit noch keine Schwierigkeiten haben. Die Elefantenpopulation ist jetzt wieder bei 8000 Tieren, das ist aber noch nicht die Obergrenze. Und die Elefanten fangen erst wieder damit an, auf Wanderschaft zu gehen. Also haben wir Zeit, Zeit, um nach Alternativen zu suchen. Auf lange Sicht weiß ich nicht, was die beste Lösung wäre. Aber das kann wohl heute keiner sagen. Wahrscheinlich wird der Tag irgendwann kommen, an dem wir ihre Zahl begrenzen müssen, sei es durch eine Fruchtbarkeitskontrolle, sei es durch Umsiedelung. Wichtig ist allein, ein Gleichgewicht zu finden. Was mir bei den Parks am meisten Sorge macht, ist die weitgehende Trennung von Menschen und wilden Tieren, und ich finde, dass wir erst jetzt anfangen zu verstehen, welche Konsequenzen das hat.«

*

Wir beenden das Interview und danken Jonah, dass er sich dafür Zeit genommen hat. Nachdem er wieder abgeflogen ist, fahren wir ins Camp. Ich gehe zum Baden an den Fluss, werfe vorher einen Stein hinein, um Krokodile zu verscheuchen. Im Wasser lege mich im auf den Rücken und versuche zu entspannen. Das gelingt aber nicht völlig, da ich mich dabei ertappe, immer wieder nach Bugwellen Ausschau zu halten. Anschließend geselle ich mich zu Joyce und Selengei, die vor einem Feuer sitzen. Das Nachmittagslicht wird vom Wasser in Abendrottönen gespiegelt, und vom gegenüberliegenden Ufer ertönt der klagende Laut des gefleckten Dickfußes, eines einsamen Stelzvogels, dessen Ruf man bei Sonnenuntergang und in der Nacht hören kann.

»Nun, wie lief es mit Jonah?«, fragt sie.

»Es war okay. Ich habe die heißen Themen vermieden.«

Seit dem Interview habe ich mir Gedanken gemacht, warum es so viele Kontroversen zwischen Western und anderen Naturschützern Kenias gibt. Mein eigener Eindruck war, dass David Western wohl ein sehr fähiger und überzeugter Naturschützer ist, aber im Umgang mit Menschen eine gewisse Ungeschicklichkeit an den Tag legt. In Nairobi behaupten nicht wenige Leute, er habe eine geheimniskrämerische Ader, die dazu führt, dass man ihm irgendwelche Hintergedanken unterstellt.

Zweifelsohne sind es die Unterschiede im Stil und in der Persönlichkeit, die zu den Auseinandersetzungen zwischen Western und anderen Naturschützern geführt haben. In gewisser Weise wirken Western und Leakey wie zwei Elefantenbullen, die sich gegenseitig mit den Stoßzähnen gepackt haben und um das gleiche Revier kämpfen. Ihre unterschiedlichen Meinungen konkretisieren sich jedoch in Westerns Einbeziehung marginalisierter Menschen in den Tier- und Naturschutz. Dies nennt sich Community Based Conservation (CBC, auf Gemeindeebene gestützter Naturschutz) und ist motiviert durch die Tatsache, dass die Nationalparks und andere Schutzzonen nur rund vier Prozent der gesamten Landmasse der Erde ausmachen. David Western und andere Vertreter des CBC glauben, dass man die biologische Vielfalt der Erde nur dann bewahren kann, wenn Strategien entwickelt werden, welche die anderen 96 Prozent betreffen. Sie argumentieren damit, dass der einzig realistische Weg, um das zu erreichen, die Beteiligung örtlicher Gemeinden an Naturschutzvorhaben ist, die einen wirtschaftlichen Nutzen bringen. Ein Treffen von Wissenschaftlern, Stammesführern, Regierungsvertretern und Aktivisten aus einundzwanzig Ländern, die alle die CBC-Philosophie teilen, hat sich vor einiger Zeit bei einer Zusammenkunft auf die Position geeinigt, dass die meisten der während der letzten hundert Jahre als Parks und Schutzzonen ausgewiesenen Gebiete Bewohner aus der jeweiligen Region ausschließen und deshalb »implizit menschenverachtend« sind. Weiterhin formulierten sie zwei große Ziele, die Bewahrung der biologischen Vielfalt und die Beseitigung der Armut in ländlichen Gegenden.

David Western wird als einer, wenn nicht gar als *der* weltweite Anführer dieser Bewegung angesehen, und seit er den KWS übernommen hat, arbeitet er daran, seine Ideen in die Tat umzusetzen. Da ein Großteil seiner frühen Forschungen in Amboseli erfolgte, wo er die Massai-Viehzüchter fast ebenso gut kennenlernte wie die Tiere, die er studierte, bezog er einige Massai-Stämme, die außerhalb der Parkgrenzen leben, in sein Vorgehen mit ein. Das betrifft auch die Verteilung der Parkgelder.

»Es ist ja schön und gut, die Einkünfte entsprechend zu vergeben, aber nur dann, wenn die Einnahmen auch gut sind«, sagte Richard Leakey ein Jahr nach seinem Rücktritt bei einem Vortrag in den Vereinigten Staaten. »Aber was passiert, wenn eine Typhusepidemie ausbricht oder ein Bürgerkrieg oder was es sonst noch gibt, um Touristen fernzuhalten? Die Tiere werden immer noch da sein. Die Anwohner werden immer noch da sein. Aber kein Geld.«

Leakey (und viele andere Naturschützer) widersprechen auch Westerns Behauptung, dass 70 Prozent der wilden Tiere Kenias (ganz oder zeitweise) außerhalb der Parks leben. »Die Statistik ist zwanzig Jahre alt«, meinte Leakey. »Ich persönlich bin der Ansicht, dass es eher umgekehrt ist – 70 Prozent in den Parks, 30 Prozent außerhalb. Das trifft besonders auf die Tiere zu, die die Touristen anziehen.« Leakey ist davon überzeugt, dass die Nationalparks für das langfristige Überleben dieser Tiere wichtiger sind als das die Parks umgebende Land, und in diesem Punkt unterscheiden sich seine Ansichten am deutlichsten von denen Westerns. Zur Beschreibung seiner Differenzen mit Western, als er selber noch den KWS leitete, sagte Leakey: »Mir war klar, dass die Nationalparks für uns oberste Priorität haben sollten. Ich habe sie auch nicht, wie man mir vorgeworfen hat, als ökologische Inseln gesehen, sondern als Gebilde, die für alle Zeit dem öffentlichen Interesse erhalten bleiben sollten. Und da der Tourismus in diesen Gegenden letztlich dazu genutzt werden kann, die Parks zu finanzieren, vermögen sie das Überleben der Artenvielfalt Kenias zu garantieren.«

Leakey fuhr fort: »Jonah hat bei seinem Konzept nicht bedacht, dass die Menschen, die in der Nähe von Parks leben, zwar Geld wollen, aber nicht, um es dem Naturschutz zu widmen.«

David Western hält dagegen, dass diese Menschen und Gemeinden das Geld dieser Aufgabe dann überantworten würden, wenn sie am Ende einen Gewinn erwarten könnten, sei es durch eine Beteiligung an den Eintrittsgeldern, an den Erträgen, die die Lodges erwirtschaften, oder durch Einkünfte aus dem so genannten Verbrauchsumschlag von Wild, zu welchem der Verkauf von Fleisch, Fellen und Elfenbein ebenso gehört wie der von Jagdlizenzen. Um seine Argumente zu stützen, zitieren Western und andere Befürworter von CBC ein erfolgreiches Programm, »Campfire« genannt, das in Simbabwe gestartet wurde. Bei diesen Parks außerhalb der Parks managen die ansässigen Anwohner die Wildtiere auf ihrem Stammesgebiet selbst, sie verdienen dadurch nicht nur am Tourismus, sondern auch an der Großwildjagd. Es überrascht nicht, dass diese Ausführungen eine Lawine von Kritik unter den Naturschützern Kenias ausgelöst hat. Während eines weiteren Besuchs in diesem Land, sechs Monate nach unserem Fußmarsch, hatte Daphne Sheldrick, die Frau von David Sheldrick, gerade ein Rundschreiben veröffentlicht, in dem Westerns Leistung beim KWS kritisiert wurde.

»Eine eindeutige Bevorzugung der Gemeinde«, so hieß es darin, »das oft die Interessen der wilden Tiere kompromittiert, erscheint widersprüchlich ... Auch ›Parks außerhalb der Parks‹ sind ähnlich zu beurteilen, weil viele dies so interpretierten, dass man am Ende gar keine mehr hätte.«

Einige Tage nachdem das Rundschreiben verschickt worden war, besuchte Pete Jenkins Daphne, die neben ihrem berühmten Waisenhaus für Elefantenkinder wohnt, und sagte ihr, dass er zwar in vielen Dingen mir ihr übereinstimme, dass er aber ihren Angriff auf

Western für unnötig aggressiv und folglich für kontraproduktiv hielte. Sie konterte, dass sie die Einzige sei, die den Mut habe, den Mund aufzutun.

Der Streit unter Kenias Naturschützern ist so leidenschaftlich wie erbittert. Da sich viele von ihnen seit Kindertagen kennen, sind die Auseinandersetzungen auch oft schmerzlich. In diesem Fall weinte sich Daphne später an der Schulter von Jill aus, ihrer Tochter aus ihrer ersten Ehe mit Bill Woodley, weil Pete sie im Stich gelassen hatte, der nicht nur ein enger Freund von Bill war, sondern auch ihr Bruder ist.

*

Chui hat mir gerade ein Bier aus der Kühlbox gebracht. Joyce lässt Selengei auf ihrem Knie wippen. Ich denke zurück an den Elefanten, den wir vorgestern im Busch beobachtet hatten, und an das, was Iain sagte, als er sein Fernglas absetzte: »Ich habe so viele Elefanten im Busch gesehen, aber immer noch haut es mich um, wie Tiere von dieser Größe sich so leise fortbewegen können. Es umgibt sie eine unglaubliche Stille.«

»Ja, ich weiß, was du meinst«, hatte Joyce geantwortet. »Auch ich werde nie müde, Elefanten zu studieren.«

Wäre Jonah Western dabei gewesen, ich bin mir sicher, ich hätte auf seinem Gesicht die gleiche Bewunderung für den Elefanten ablesen können. Genau genommen hätte ich sie auch bei Bill Woodley entdecken können. Oder bei David Sheldrick, Daphne Sheldrick, Peter Jenkins, Peter Beard, Iain Douglas-Hamilton, Ian Parker, Stephen Gichangi oder Richard Leakey. Ich vermute, dass all diese Menschen, die wie ich von diesen Landstrichen und den großen Tieren, die sie bewohnen, gefesselt sind, mehr gemeinsam haben, als sie sich wegen der Leidenschaftlichkeit ihrer Überzeugungen widerwillig eingestehen würden.

17

Die Jagd veränderte die Beziehung des Menschen zu den Tieren und seine Vorstellung davon, was natürlich ist. Die Annahme, dass es für Tiere normal ist, die Flucht zu ergreifen, ist Ergebnis der Angewohnheit, auf die Jagd zu gehen.

WASHBURN UND LANCASTER,
THE EVOLUTION OF HUNTING

Es ist 23 Uhr. Irgendwo flussabwärts, nicht weit vom Camp, höre ich einen Löwen brüllen. Nein, zwei Löwen. Es ist eigentlich auch kein Brüllen, sondern ein urzeitliches bellendes Ausatmen aus tiefster Kehle. Es ist ein Geräusch, das Gewicht hat, ein Geräusch, von dem man weiß, dass es nur von einem Tier mit immenser Kraft stammen kann.

Die beiden Löwen brüllen weiter, scheinen aber nicht näher zu kommen. Ich schlafe ein, nur um wieder aufzuwachen, als sie weitermachen. Um vier Uhr früh trompetet irgendwo flussaufwärts ein Elefant. Ich schlafe wieder ein, bis ich um fünf Uhr erneut wach werde. Die Löwen sind noch immer in Aktion, von jenseits des Flusses erschallt der Schrei des gefleckten Dickfußes. Ich setze mich auf, schalte meine Stirnlampe an und vervollständige den Tagebucheintrag vom Vortag.

Nachdem wir unser Interview mit David Western beendet hatten und zum Lager fuhren, ordnete Danny an, zu einer freien Stelle im Busch zu fahren, die sich einige Meter vom Flussufer befand. Nach der Ankunft sprangen wir alle aus dem Landrover und entdeckten zwei Markierungen aus alten Ziegelsteinen, die L-förmig auf dem Boden ausgelegt waren. Mitunter befand sich auf den Ziegeln noch weiße Tünche, mit der sie vermutlich irgendwann einmal vollkommen bemalt gewesen waren.

»Mein Vater ist in den fünfziger Jahren auf sie gestoßen«, sagte Danny. »Das sind Markierungen von Denys Finch Hattons Landebahn. Hier befand sich sein Jagdcamp, von dem aus er reiche Kunden in den Tsavo brachte, um nach den großen Elefanten zu suchen. Niemand sonst weiß, dass diese Stelle hier ist.«

Ich denke in diesem Moment erneut an den Film *Jenseits von Afrika* von Karen Blixen sowie an den britischen Großwildjäger und Liebhaber der dänischen Farmerin, Denys Finch Hatton. Und ich denke an sein »Aeroplan«, wie Blixen es in ihrem autobiographischen Roman nannte. In diesem Moment erinnere ich mich auch an die Szene, in der Robert Redford (er stellt in dem Film Denys Finch Hatton dar) Meryl Streep (sie verkörpert Karen Blixen) in der Gypsy Moth mitnimmt und sie beide im Tiefflug über einen Sodasee fliegen und Tausende von Flamingos aufscheuchen. Sie beugen die Köpfe aus dem Cockpit und sehen die rosa schimmernden Vögel vor einem blauen und grünen Hintergrund. Hier wird meiner Meinung die Poesie des Romans am stärksten im Film eingefangen. »Denys Finch Hatton verdanke ich das größte und hinreißendste Vergnügen meines Lebens, eines Lebens auf der Farm«, schrieb Karen Blixen. »Ich flog mit ihm über Afrika ... Es ist ein gewaltiger Anblick, wenn man über das afrikanische Hochland aufsteigt. Es gibt überraschende Kombinationen von Licht und Farbe, und es gibt den Regenbogen über dem von der Sonne beschienenen grünen Land. Die gigantischen senkrechten Wolken und die großen, wilden und schwarzen Stürme wirbeln um einen herum, als würden sie einen schnellen Tanz ausführen. Regenschauer malen schräge, weiße Striche in die Luft. Der Sprache mangelt es an Worten für die Erlebnisse beim Fliegen, und sie wird im Lauf der Zeit dafür neue erfinden müssen.«

Der Himmel beginnt hell zu werden, was die Löwen verstummen lässt.

*

Die Sonne geht wie ein orangefarbener Ball hinter einer Reihe von Tana-River-Pappeln *(Populus ilicifolia)* auf, die wie eine riesige Gartenzaunhecke entlang der Kiesbank hinter dem Camp stehen. Die Morgenluft ist kühl, aber es ist eine Kühle, die einer Medizin gleicht, die den Schmerz nur verschleiert, aber nicht kuriert, weil unter deren Oberfläche bereits die Hitze zu spüren ist. Alle sind schon auf und trinken zum Frühstück Kaffee. Um 6.45 Uhr verabschieden wir uns von Joyce und Selengei, die nach Nairobi zurückkehren. Dann brechen wir auf.

Heute wollen wir eine Strecke am abgelegeneren Nordufer des Flusses entlanggehen. Ich trage noch immer meine Sandalen, was mir den Vorteil verschafft, dass ich durch das Wasser waten kann, ohne wie die anderen meine Schuhe ausziehen zu müssen. Die Schwellung an meinem Knöchel ist zurückgegangen, dank einer vor zwei Nächten durchgeführten »Operation«, die zur Entfernung des Dorns geführt hat. »Lass ihn dir von Mohamed oder Lokiyor herausholen«, hatte Iain gesagt. »Sie sind mit Dornen in den Füßen aufgewachsen.« Lokiyor machte den Eingriff auf dem Esstisch bei Kerosinlicht mit einer großen Nähnadel. Er ging erstaunlich sanft vor. Nachdem er das Einstichloch des Dorns erweitert hatte, konnte er mit der Nadel hineinfahren, das Ende des Dorns damit fassen und ihn herausziehen. Er war ungefähr zwei Zentimeter lang und ziemlich dick. Aber leider fehlte die Spitze des Dorns. Sie war vermutlich durch das ständige Abbiegen des Knöchels abgebrochen.

Der Fluss ist breit und fließt langsam. Er ist, so hoffe ich, seicht genug, damit ein sich näherndes Krokodil eine Bugwelle verursacht. Vor mir geht einer von Iains Mitarbeitern. Er trägt ein T-Shirt, auf dem in schwarzen Buchstaben NICHT ESSBAR steht. Wir erreichen das jenseitige Ufer, und während die anderen ihre Füße abtrocknen und die Schuhe wieder anziehen, frage ich sie, ob sie letzte

Nacht die Löwen gehört haben. Jeder sagt natürlich, dass er sie vernommen hat, kommentiert das aber nicht weiter. Wir sind kaum eine Minute unterwegs, als Iain sagt: »Schaut, da drüben!« Er zeigt zum Fluss, wo einer der Löwen neben dem Meldengestrüpp steht. Gerade als wir die Ferngläser zu den Augen heben, kommt der zweite Löwe ins Blickfeld. Sie sind beide groß, schlank und mähnenlos, und das schräg einfallende Morgenlicht spielt auf ihrem lohfarbenen Fell. »Wenn du einen Tsavo-Löwen siehst, dann siehst du einen echten Löwen«, sollte mir Daphne Sheldrick später sagen. »Er wird nicht einfach mit den Beinen in der Luft daliegen und abwarten, bis man ihn fotografiert. Stattdessen wird er dich wahrscheinlich fressen wollen, weil er ein Löwe ist, der sich seinen Lebensunterhalt verdienen muss.«

Die beiden Raubtiere laufen planlos am Ufer umher und halten immer wieder an. Sie wirken müde – weil sie die ganze Nacht lang gebrüllt haben, wie ich gern denken möchte. In *Das Jahr der Elefanten* führt die amerikanische Forscherin Cynthia Moss aus, dass das Gebrüll eines Löwen »den doppelten Zweck hat, sowohl mit Mitgliedern des Löwenrudels als auch mit Fremden Verbindung aufzunehmen. Ein Brüllen scheint eine ziemliche Menge Energie zu verbrauchen – der Löwe reckt seinen Kopf vor, zieht seine Flanken zusammen und sieht fast so aus, als wolle er sich übergeben.«

Wir erkennen, wie die beiden Tiere immer wieder durch die Meldenbüsche brechen, auch ohne Mähnen sehen sie gefährlich aus. Niemand kann mit Sicherheit sagen, warum Tsavo-Löwen keine haben, aber es könnte eine Anpassung an den dichten Busch sein, wo langes Haar ein Nachteil ist. Einer von ihnen verschwindet jetzt in den Melden, dann der andere. Als wir weitergehen, blickt Danny zurück und fragt mich, ob ich je von einer Löwen-Haarkugel gehört habe.

»Nein.«

»Im Wesentlichen kommt das Löwengebrüll aus seinem Magen«, erklärt er. »Aber wenn er so kehlig knurrt, dann hat das was mit der Haarkugel zu tun, die sich im Rachen befindet. Sie formt sich dadurch, dass der Löwe sich zum Putzen ableckt. Wenn man einen erschießt oder mit dem Speer erlegt, hustet das Tier meist die Haarkugel aus. Diese Knäuel sind als Glücksbringer sehr geschätzt. Die Wakanga tragen sie an einer Lederschnur, die um den Oberarm gebunden wird, weil sie glauben, die Kugel verleihe ihnen die Kraft eines Löwen.«

*

Im Laufe des Vormittags wird es heiß. Kein Lüftchen regt sich, und ich spüre, wie mir unter dem Hemd die Schweißtropfen über die Haut rinnen. Im Norden dehnt sich die Savanne weit und endlos aus und bietet einen freien Blick, ausgenommen einige tote Akazien mit knochentrockenen Ästen, die in apokalyptischer Nacktheit mit dem blauen Himmel kontrastieren. Am Horizont schimmert eine lange Reihe von Zebras in der vom Land aufsteigenden flirrenden Hitze. Wir gehen zum Fluss hinunter und folgen einem schmalen Pfad zwischen dem Ufer und dem Lanzettschilf. (Ich lerne schnell, mich vor den messerscharfen Blättern dieser Pflanze in Acht zu nehmen, die wie eine Papierkante tiefe, scharfe Schnitte an den Händen verursachen können.) Rechts von uns fliegt ein Reiher mit grünem Rückengefieder von Sandbank zu Sandbank, um vor unserer Marschkolonne zu bleiben, bis er schließlich umkehrt und wieder flussaufwärts fliegt. Ein Steilufer zwingt uns nach oben und hinein ins Meldengestrüpp, in der jeder Bewaffnete sein Gewehr in Nummer-zwei-Haltung trägt. Trotz der Hitze bin ich sehr wachsam, genau wie meine Begleiter.

Wir bleiben stehen, um drei Zebras zuzusehen, die vorsichtig zum Trinken an den Fluss kommen. Sie spüren aus zwei Richtungen Gefahr: von den Krokodilen im Wasser und von den Löwen, die im Busch lauern könnten. Jedes Tier trinkt, pausiert und sieht sich um, trinkt erneut. Wenn Zebras nicht so häufig wären, würde ihre schöne Zeichnung zweifelsohne stärker gewürdigt werden. Aber sieht man diesen Tieren genauer zu, hat man eine gute Chance, ihre märchenhafte Grazie zu bestaunen. In puncto Temperament sollen Zebras allerdings alles andere als anmutig sein. Alle Versuche, sie zu domestizieren, sind an ihrer Neigung, fest zuzubeißen und nicht loszulassen, gescheitert.

Wir verlassen das dichte Gestrüpp und gelangen wieder einmal in die offene Ebene. Die Brise schwillt an. Ich hebe meine Arme hoch, um meinen Oberkörper abzukühlen. Hundert Meter links von uns sehen wir eine Elefantengruppe. »Willst du zum Filmen näher ran?«, fragt Iain, aber Danny hält dagegen, indem er sagt, wir müssten einen großen Umweg machen, um im Gegenwind zu bleiben. Ich hatte am Abend zuvor allen gesagt, dass ich befürchte, wir bekämen nicht genügend Nahaufnahmen für den Filmbeitrag. (Wir verwenden nur zwei kleine digitale Handkameras, deren Brennweiten nicht groß genug für Nahufnahmen sind.) Bongo und Danny hatten mir gesagt, ich solle mir keine Sorgen machen, denn wir würden bei unserem Marsch durch Tsavo-East noch Elefanten sehen, besonders im nördlichen Teil, wo sie sich um diese Jahreszeit sammeln.

Als wir weiter mit dem Wind gehen, wittern uns die Tiere und drängen sich nervös zusammen. Rechts von uns springt eine Herde von Petersgazellen davon. Während der letzten vierzig Jahre hat diese Art ihren Lebensraum nach Tsavo-East ausgeweitet. Als David Sheldrick erstmals ins Tsavo-Gebiet kam, waren die Petersgazellen auf die Region nördlich des Galana beschränkt, aber 1958 wurden die ersten von ihnen auch südlich des Flusses gesichtet. Anfang der Siebzigerjahre sah man sie sogar noch weiter südlich, in der Gegend des Voi River. Diese Ausweitung ihres Reviers traf mit der Vernichtung des *Commiphora*-Buschlands durch die Elefanten zusammen, das eine Zunahme der freien Grasflächen bewirkte, die die Gazellen wahrscheinlich in diese Gebiete lockten.

Wir sehen eine weitere Elefantengruppe, die das Akaziengestrüpp neben den am Flussufer wachsenden Melden abfrisst. Sie befindet sich unweit des Wildpfads, dem wir gefolgt sind. Wir nähern uns vorsichtig, wobei wir darauf achten, hinter dem Gestrüpp in Deckung zu bleiben. Dann pausieren wir, damit Lokiyor eine Handvoll sandiger Erde aufheben kann, um sie zur Überprüfung der Windrichtung durch die Finger rinnen zu lassen. Der Wind steht günstig. Die Herde ist eine vergrößerte matriarchalische Gruppe mit drei Muttertieren, vier Jungtieren und zwei Babys. Wir sind nur fünfundvierzig Meter von ihnen entfernt, aber bei idealem Gegenwind – und sie äsen weiter, ohne unsere Anwesenheit zu bemerken.

Wir stehen regungslos da. Ich bewundere die Größe der erwachsenen Tiere. Nach unserem Treck fragte ich Daphne Sheldrick, warum die Elefanten im Tsavo die größten Ostafrikas sind. Sie meinte, das läge wohl an der Qualität ihres Fressens. »Der Busch sieht sehr karg aus, aber tatsächlich ist er trotz oder gerade wegen der wenigen Regenfälle sehr nahrhaft und voller Mineralien. Tsavo-Elefanten haben auch die größten Stoßzähne von den ostafrikanischen Arten. Ich zeige es dir!« Sie ging in ein anderes Zimmer und kam mit einer alten Schwarz-Weiß-Fotografie zurück. »David flog über den nördlichen Sektor, als er diesen Elefantenbullen bemerkte. Er machte kehrt, flog nach Voi zurück und holte seine Kamera.« Die Aufnahme war körnig und etwas unscharf, aber es zeigte einen Elefantenbullen, der seinen Kopf zu dem ihn umkreisenden Flugzeug hochreckte und dabei seine enormen Stoßzähne vorstieß, die aussahen wie bei den künstlerisch dargestellten Mammuts aus der Altsteinzeit. »David schätzte, dass jeder Stoßzahn ungefähr achtzig bis fünfundachtzig Kilogramm wog. Es war der größte Elefant, den er je gesehen hatte.«

Wir setzen jetzt unsere Ferngläser ab und gehen weiter um die Herde herum, immer darauf achtend, im Gegenwind zu bleiben, bis wir weit genug entfernt sind, um unseren Weg auf dem Tierpfad fortzusetzen. Danny hatte recht: Hier ist die höchste Elefantendichte während unseres ganzen Trecks. Hundert Meter weiter sehen wir zwei andere Dickhäuter bei einer Gruppe junger Dum-Palmen. Wir bleiben stehen, um ihnen zuzuschauen. Danny fragt: »Willst du sie näher sehen?« Ich nicke, und er meint daraufhin: »Lass uns die Gruppe klein halten. Nur Bongo, Lokiyor, du und ich.«

Wir vier schleichen vorsichtig von Busch zu Busch. Wir sind weniger als dreißig Meter von den Elefanten entfernt, und sie haben uns noch immer nicht bemerkt. Der Palmenbestand ist buschig, wir verlieren einen äsenden Elefanten aus den Augen, dann den anderen. Einer kommt wieder langsam aus der Palmengruppe heraus, und unter jedem seiner Schritte zerbrechen laut knackend vertrocknete Palmwedel. Es scheint ein junges Männchen zu sein. Ich habe die Kamera auf Aufnahme gestellt und schaue abwechselnd mit einem Auge durch den Sucher, während ich mit dem anderen das Tier beobachte, um die Entfernung besser abschätzen zu können. Es scheint sehr nahe zu sein, höchstens zwanzig Meter Entfernung, und jeder Muskel meines Körpers ist angespannt.

Das Tier verlässt die Palmgruppe und geht nun Richtung offenes Grasland und Dornbusch. In diesem Moment taucht der zweite Elefant aus dem Palmwald auf, auch ein junges Männchen, aber noch in größerer Nähe. Auf einmal stellt das Tier die Ohren auf, hebt den Kopf, streckt den Rüssel aus und blickt uns direkt an. Die Gewehre kommen in die Nummer-eins-Haltung. Ich ziehe mich hinter Danny, Bongo und Lokiyor zurück, während wir alle anfangen, langsam rückwärts zu gehen. Der Elefant trompetet, macht einige Schritte auf uns zu, scharrt mit den Füßen, tätigt noch einen Schritt. Wir ziehen uns schnell zurück. Der Elefant bewegt sich noch zwei Schritte in unsere Richtung, und ich spüre, wie sich jede Faser meines Körpers darauf einstellt, gleich zu laufen. Es mag ein Jungelefant sein, aber auf diese Entfernung wirkt er riesig. Er hat den Kopf noch immer hoch erhoben, und seine Stoßzähne sind auf uns gerichtet. Dann schnaubt er, schüttelt den Kopf, dreht sich um und läuft seinem Gefährten hinterher, den dünnen Schwanz steil nach oben gerichtet. Ich atme erleichtert auf und richte die Kamera weiter auf das Tier.

»Er war nahe«, sage ich.

Mal sehen, wie nahe«, erwidert Danny, als er die Entfernung zwischen uns und dem Elefanten abschreitet. »Ungefähr fünfzehn Meter.« Ich gehe hinüber und sehe mir die Abdrücke des Elefanten an. »Ich war ziemlich sicher, dass er uns nicht wirklich angreifen wird«, sagt Danny. »Er war jung und noch ein wenig irritiert.«

Wir kehren zu Iain, Mohamed und Pete zurück, die auf Dannys Wunsch hin zurückgeblieben waren. Wir folgen weiter dem Wildpfad, der parallel zum Fluss verläuft. Er befindet sich jetzt rund hundert Meter rechts von uns und wird von Ufergebüsch verborgen. Wir wandern nur knapp fünfhundert Meter, als wir oberhalb der Böschung einen Elefantenkopf entdecken. Wir halten an, das Tier verschwindet, ein Weibchen, wie Danny erklärt. Wir sind nur ein, zwei Meter gegangen, als der Kopf wieder erscheint und immer höher wird. Und dann kommt die Elefantin auf uns zu. Ich spüre sofort, dass etwas anders ist. Das Tier ist ungefähr sechzig Meter entfernt. Ich begebe mich hinter Lokiyor, Mohamed, Danny, Galogalo und Bongo, rasch beginnen wir den Rückzug. Das Elefantenweibchen gewinnt an Geschwindigkeit, nachdem sie die Kuppe der Böschung erreicht hat. Das Tier macht kein Geräusch – kein Trompeten, kein Schnauben, kein Knacken von Palmwedeln oder Blättern. Es zögert überhaupt nicht. Der Kopf ist gesenkt, und in tödlicher Stille stürmt es direkt auf uns zu. Ich weiß, dass die Situation ernst ist. Die Elefantin ist dreißig Meter entfernt, siebenundzwanzig, vierundzwanzig. Keinen Millimeter weicht sie von ihrem Kurs ab. Wir laufen so schnell rückwärts, wie das ohne zu stolpern möglich ist. Ich bin bereit, in einen vollen Lauf überzugehen, aber ich könnte dieser Elefantin nicht entkommen. Einundzwanzig Meter. Sie holt auf. Sie wird innerhalb der nächsten fünf Sekunden einen von uns erwischen. Achtzehn Meter. Plötzlich hält Danny an, Mohamed wirbelt herum, lässt sich auf ein Knie fallen, schultert sein Gewehr, kurz darauf ist der laute Knall von Gewehrschüssen zu hören – fünfmal, zehnmal, zwanzigmal –, gleich einer Serie von laut krachenden Feuerwerkskörpern. Die Elefantin stemmt augenblicklich ihre Vorderbeine in den Boden, stoppt, dreht ab und läuft seitlich davon.

Alle Schüsse sind über ihren Kopf und an ihren Ohren vorbei abgefeuert worden. Wir schauen der Elefantin nach und sehen jetzt andere Dickhäuter über die Böschung kommen: zwei weitere Erwachsene, sechs Jungtiere und drei Babys. Das große Muttertier, das uns angegriffen hatte, begibt sich hinter die Herde und dirigiert sie nach Norden. Danny bedeutet uns mit der Hand, ihm in die entgegengesetzte Richtung zu folgen. Zwei weitere Tiere laufen hinter der Herde her, wobei alle Elefanten ihre Rüssel erhoben halten. Wir sind immer noch auf dem Rückzug und halten erst an, als klar ist, dass sich die Herde wieder formiert hat und weiterhin ins offene Land unterwegs ist.

»Wären wir an Ort und Stelle geblieben, hätte es sein können, dass die ganze Sippe hinter uns herläuft«, sagt Danny. »Davor muss man sich hüten.«

»Sie fühlten sich zwischen uns und dem Fluss wie in einer Falle«, ergänzt Bongo. »Deshalb griff das Muttertier an.«

»Der Übergang vom einem vorgetäuschten zum echten Angriff erfolgt in Sekundenschnelle«, sagt Danny. »Das hier war ernst gemeint, deshalb die Schüsse.«

Die inzwischen einige hundert Meter entfernte Herde bewegt sich weiterhin nordwärts, ist aber langsamer geworden. »Schade, dass wir schießen mussten«, sagt Danny. Er macht eine Pause und fügt dann hinzu: »Wir hatten einen Schreck, sie hatten einen Schreck, aber die Elefanten sind alle beisammen, und keiner wurde verletzt.«

Wir wandern weiter. Wenn noch Elefanten in der Umgebung gewesen sein sollten, so sind sie nun verschwunden. Ich gehe hinter Iain, der zu dem Zwischenfall nichts gesagt hat. Er hat ein Tempo eingeschlagen, das eher ein Marsch- als ein Wandertempo ist, schaut nur geradeaus und nicht nach rechts und links, wie er es normalerweise tut, um Vögel oder Wild zu entdecken. Ich trete neben ihn und sage: »Du siehst nicht glücklich aus.«

»Was gerade passiert ist, hat mich sehr aufgebracht.«

»Du meinst, wir hätten nicht schießen sollen?«

»Das war überhaupt nicht nötig gewesen. Jetzt haben wir dreißig Elefanten traumatisiert.«

Er bezieht sich dabei nicht nur auf die Herde des Muttertiers, sondern auch auf die anderen Elefanten, die wir davor gesehen hatten und welche die Schüsse wohl ebenfalls hörten. Ich frage mich, ob mein Handeln richtig war. Hätte ich am gestrigen Abend nicht darum gebeten, ob ich zum Filmen nicht näher an die Tiere herankommen könnte, hätten wir wahrscheinlich einen großen Bogen um diese Elefanten gemacht und so den Angriff und die Schüsse vermieden. Als wir auf einer Anhöhe Rast machen, gehe ich zu Iain, der etwas abseits steht, und sage: »Ich hole Danny und Bongo, und wir sprechen über die Sache.«

Als wir uns versammelt haben, beginne ich mit der Aussprache: »Iain hat einige Bedenken, dass wir diese Elefanten unnötig traumatisiert haben, und ich bin mir wegen meines eigenen Verhaltens auch im Zweifel.«

»Diese Elefanten waren in der Hölle«, bemerkt Iain, »und jetzt, nach ein paar friedlichen Jahren, haben sie endlich angefangen, sich zu beruhigen. Joyce hat uns das gesagt und Jonah ebenfalls. Und dann gehen wir hin und feuern auf sie.«

»Das ist doch Mist, was du da redest«, erwidert Bongo. »Die Tiere sind so empfindlich, wie sie es immer waren.«

»Ihr habt doch die Herde gestern gesehen«, pflichtet ihm Danny bei. »Die ist abgehauen, sobald sie uns gewittert hat. Es ist doch nur gut, wenn Elefanten auch weiterhin vor Menschen auf der Hut sind.«

Iain bleibt still. Der Versuch, unsere Differenzen beizulegen, ist gescheitert. Später rede ich unter vier Augen noch einmal mit Iain über den Vorfall. Er ist der Meinung, dass Mohamed nur auf den Elefanten geschossen hat, weil Danny und Bongo dabei waren: »Er selber hätte die Elefantin einzig mit einem lauten Klatschen oder einem Schrei zum Umkehren gebracht.« Als ich Danny später Iains Ansicht darlege, sagt er: »Wir waren zweifelsohne mit einem ernsten Angriff konfrontiert, den man nicht mit einem Händeklatschen hätte stoppen können! Also komm mir nicht mit dem Stuss, dass zwei erfahrene Wildhüter einen Fehler gemacht hätten.«

Ich erinnere mich an Peter Beard und seine Verletzungen, und ich bin mir unsicher. Ich weiß nicht genug über die Reaktionsweisen von Elefanten, um beurteilen zu können, ob die Schüsse notwendig waren. Ich weiß jedoch, dass das angreifende Muttertier bei mir eine Adrenalinausschüttung verursacht hat, die meine Sinne aufs Äußerste geschärft hat – und diese Schärfe verliert sich auch nicht während der restlichen Stunden unseres heutigen Tagesmarsches.

18

Im Laufe der Weltgeschichte, zu allen erdenklichen Zeiten, von Sumer und Akkad, von Assyrien und dem ersten ägyptischen Reich bis zur Stunde, die eben vergeht, hat es immer Menschen gegeben, die sich aus Freude, Laune oder Liebhaberei der Jagd hingegeben haben. In dieser Perspektive schwillt das Thema der Jagd zu ungeheurer Größe an. Und deshalb, in dem Bewusstsein, dass es sich um eine viel verwickeltere Angelegenheit handelt, als es zunächst scheinen mag, fragte ich mich: Was für eine verteufelte Beschäftigung ist eigentlich die Jagd?

José Ortega y Gasset, Meditationen über die Jagd

Wir gehen auf der Nordseite des Flusses entlang. Das Land ist offen und weit, und der Himmel wölbt sich darüber wie eine große Kuppel bis zum fernen Horizont. Ein einsamer und stattlicher fransenohriger Spießbock galoppiert vor uns her und hält neben einem aufgehäuften Steinhügel an. Das Grab und das Tier sind die einzigen Dinge, die sich über den kahlen Horizont erheben.

»Ein Orma-Grab«, sagt Bongo. Der Spießbock sieht zu, wie wir näher kommen, macht dann kehrt und läuft davon. Der Hügel ist ungefähr 1,80 Meter hoch. Bongo bückt sich, hebt einen Stein vor seinen Füßen auf und legt ihn auf den Haufen. »Es ist Tradition, wenn man ein Buschgrab entdeckt, einen Stein darauf zu legen«, sagt er. Wir anderen folgen seinem Beispiel. Während der letzten Tage haben wir mehrere solcher Gräber entdeckt, und weiter nördlich, jenseits des Parks, findet man sie sogar noch häufiger. Dort sind sie auch von Anthropologen untersucht worden, die sie auf ein Alter bis zu 1500 Jahren schätzten. Abgesehen von einer mit Hieroglyphen beschrifteten Höhle, die Peter Beard am Rand des Yatta

Plateau entdeckt hat, sind diese Gräber vielleicht der einzige konkrete Beweis dafür, dass der Mensch sich schon in prähistorischen Zeiten im Tsavo-Gebiet aufhielt.

Wir scheuchen eine Schar Helmperlhühner auf, die lärmend auffliegen, dann wieder landen und davontrippeln wie Flöhe. Als ich ein Junge war, hielten wir immer eine Anzahl dieser plumpen Vögel auf der kleinen Ranch, auf der ich meine Kindheit in den Orangenhainen Kaliforniens verbrachte. Ich weiß noch, dass gelegentlich ein Schlachtopfer mit knusprig gebratener Haut auf unserem Esstisch aufgetragen wurde.

Einer der Hauptunterschiede zwischen unserem Treck und den Märschen der ersten Forscher liegt darin, dass diese Wild erlegten, um die Nahrung zu ergänzen, die sie mit sich führten. Selbst in Bills Fall war es oft so, dass er und Elui oder seine Waliangulu-Fährtenleser meist so gut wie nichts mitnahmen und manchmal wochenlang nur von dem lebten, was ihnen das Land bot. Das Jagen war innerhalb der Nationalparks natürlich nie erlaubt, wurde aber in den die Parks umgebenden Landstrichen gestattet, bis es 1977 völlig verboten wurde.

⋆

Mir wird klar, dass ich es Iains Einfühlungsvermögen zu verdanken habe, die über den Kopf der Elefanten abgefeuerten Schüsse aus der Sicht der Tiere zu sehen. Er hat sich vorgestellt, was für eine Hölle die Elefanten durchlebt haben mussten, die zehn Jahre Wilddieb-Kriege überlebt hatten, nur um ein erneutes Trauma zu erfahren, als wir auf sie schossen. Und er hat sich die Erinnerungen an Tod und Schrecken ausgemalt, die durch das Geräusch der Gewehrschüsse möglicherweise in den Elefantenköpfen ausgelöst wurden.

Ich betrachte meine eigenen Reaktionen auf den Angriff und stelle fest, dass ich mir mehr Sorgen darüber machte, wie aufgebracht Iain war, als dass ich an die Elefanten dachte. Das heißt nicht, dass ich keine Gefühle für das Schicksal dieser Tiere empfinde, aber es liegt in meiner Natur, dass ich Konflikte mit Mitmenschen zu vermeiden suche. Iain ist in dieser Hinsicht weniger schwankend; er geht weiterhin im Stechschritt, die Augen geradeaus gerichtet. Es scheint, je eher wir das Meer erreichen, umso lieber ist es ihm. Rational kann ich seine Gedanken teilen, aber wenn ich ganz ehrlich bin, muss ich zugeben, dass ich die kurze Begegnung mit diesem monumentalen Tier emotional noch immer genieße. Ich habe das Gefühl, als würde ich schweben. Und alles nehme ich bewusster wahr. Ich höre meine Sandalen auf dem Kiesboden knirschen. Ich spüre die Sonne auf meiner Haut und die sanfte Brise, die durch mein Hemd geht. Ich blicke zum Horizont und sehe wieder und wieder, wie uns die Elefantin mit gesenktem Kopf und absichtsvoll angreift.

Während wir nun durch Buschland gehen, denke ich weiter über dieses Erlebnis nach. Mir wird bewusst: Die Gefahr des nahenden Todes überbrückt die Distanz zwischen zwei Lebewesen, von denen eines darauf bedacht ist, das andere zu zermalmen. Sie hat in mir ein Hochgefühl ausgelöst, das weder Furcht noch Bedauern beinhaltet, infolgedessen ist es eines, das ich als klar und rein empfinde. Ich kann erkennen, dass auch Bongo und Danny ähnlich empfinden. Man kann es an ihren Gesichtern und Stimmen ablesen.

Mir fällt die Videokamera ein. Ich hatte sie auf den Elefanten gerichtet, sogar als wir rückwärts liefen – die typische Reaktion eines Filmemachers. Die Kamera war eine Verbindung zwischen dem Elefanten und mir, so wie die Gewehre von Danny und Bongo ebenfalls eine solche darstellten. Nun sehe ich in meiner Phantasie, wie ich anstelle einer Kamera ein Gewehr in Händen halte, herumwirble, im Hinknien das Gewehr hochreiße, auf den Elefanten ziele, den Abzug durchdrücke und schieße. Ich schieße nicht über seinen Kopf, sondern direkt auf ihn. Ich schieße, um zu töten.

*

Das soll nicht heißen, dass ich je einen Elefanten erlegen würde – außer in Notwehr. Oder dass ich die Großwildjagd billige, bei der man aus einem Land Rover steigt, um ein Tier abzuknallen, nachdem man viel Geld dafür bezahlt hat. Ich will damit nur zum Ausdruck bringen, dass ich zu *spüren* anfange, warum es möglich ist, ein Tier zu töten, das man respektiert, ja sogar verehrt.

Möglicherweise würden wir als Spezies Mensch das Großwild, mit dem wir unsere Welt teilen, stets bis zur Ausrottung jagen, wann immer wir die Gelegenheit und Fähigkeit dazu hätten. Dass Richard Meinertzhagen, Theodore Roosevelt und der britische Großwildjäger Frederick Selous nicht anders konnten, als auf Tausende von Nashörnern, Flusspferden und Büffeln zu schießen und sie niederzustrecken, reiht sie ein in das Schema der seit über 30 000 Jahren jagenden Gattung namens *Homo sapiens*.

Aber wie sieht es bei den Völkern aus, die noch Jäger sind? Es gibt viele Beispiele von Kulturen, die ihren Mitgliedern Grenzen auferlegt, damit sie Wild (oder Fisch) nicht in einer Zahl erlegen, die über das hinausgeht, was verzehrt werden kann. Existieren diese kulturellen Einschränkungen nicht mehr, wie es wahrscheinlich bei den Indianern der Fall war, als sie erstmals nach Nordamerika kamen, bei den Aborigines in Australien, bei den Maoris in Neuseeland und mit absoluter Gewissheit auch bei den Großwildjägern, als diese in Afrika einfielen, dann hat es den Anschein, als würde der Mensch das Wild einfach so lange jagen, bis es von der Erde verschwunden ist.

Auf einer Arktis-Expedition kampierten wir zusammen mit einem Inuit auf Somerset Island, einer entlegenen Insel, auf der nur einige Verwandte dieses Jägers leben. Eines Tages ging der Inuit mit seiner Schrotflinte los und erlegte damit zwei Eidergänse. Für diese Vögel war gerade Schonzeit, weil sie ihren Nachwuchs großzogen.

Wir konfrontierten den Inuit mit dieser Tatsache, aber er sagte, das sei ihm egal, es seien seine Gänse. Wir blieben höflich und stellten dem Inselbewohner die hypothetische Frage, ob er denn die Gänse auch abschießen würde, wenn es die letzten ihrer Art in der Arktis wären. »Klar«, sagte er. »Es wären immer noch meine Gänse.«

»Denk dran, das afrikanische Wort für Wild ist *nyama*«, hatte mir Peter Beard gesagt. »Und *nyama* bedeutet ›Fleisch‹.«

19

Sie hatten ein Leben voll freudig eingegangener Risiken geführt, ein Leben mit so wenigen Bedürfnissen, das ruhig und gemeinschaftlich verlief und in einer Weise intellektuell, die zugleich praktisch und ästhetisch war. Und was für uns am bedeutsamsten ist: Ihr Leben fußte auf Einsamkeit und menschlicher Zurückhaltung, in welcher der Mensch keine Krankheit für seine Umgebung darstellt.

Der Jäger Philip Percival über die Waliangulu

Wir lagern zwischen einem Dum-Palmenhain und einer einsamen Tana River-Pappel, und in dieser Nacht hält mich eine Ansammlung von Flusspferden auf einer Sandbank mitten im Fluss durch ihr nasales Grunzen und ihr schnaubendes Ha-ha-ha wach. Es klingt, als würden sich ein paar alte Fettsäcke Witze erzählen. Eines von ihnen watschelt das Ufer herauf und geht mitten durch unser Camp. Ein Ranger schreit das Biest an, und es bedarf keiner Übersetzung, um seine Worte zu verstehen.

Am Morgen nehmen wir beim ersten Tageslicht unser Frühstück ein. Anschließend machen wir uns auf den Weg zum Sala-Torhaus, vor dem ein Ranger in gebügelter grüner Uniform und polierten schwarzen Stiefeln Dienst tut, salutiert und das Eisentor öffnet. In Zweierreihen verlassen wir den Tsavo-East-Nationalpark und marschieren eine Straße hinunter, die so gerade ist wie die Sichtlinie eines Landvermessers. In weiter Ferne ist jedoch ein Vorgebirge auszumachen, das aussieht wie der Kopf und der Rücken eines Wals. Während der nächsten Tage wird es langsam näher kommen.

»Können wir keine Flusspferdpfade nehmen?«, fragt Iain.

Bongo und Danny antworten nicht.

»Werden wir heute überhaupt am Fluss entlanggehen?«, fragt er.

Bongo dreht sich halb zu ihn und sagt: »Nein.«

»Ich hatte es bei der Planung dieses Fußmarsches aber so verstanden, dass wir so oft wie möglich dem Fluss folgen wollen.«

»Der Busch ist da unten zu dicht. Ich bin da schon mal gegangen.«

Iain schaut mich an und sagt gedämpft: »Ich habe bald genug von diesem Schwachsinn.«

Wir brauchen nur noch vier oder fünf Tage, bis wir die Küste erreichen, und ich hoffe, dass diese Spannung, die am stärksten zwischen Iain und Bongo zu spüren ist, nicht kurz vor unserem Ziel in einem offenen Streit eskaliert. Ich habe keine Ahnung, ob am Fluss Nilpferdpfade sind oder nicht. Auch Iain weiß das nicht, aber wir hätten diese Frage in der Gruppe diskutieren können.

Doch unabhängig von unterschwelligen Disharmonien und geraden Straßen fühle ich mich gut. Ich genieße das körperliche Glück, jeden Tag damit zu verbringen, durch Ostafrika zu gehen.

*

Von einer Hügelkuppe aus erstreckt sich die Straße geradlinig nach Osten, der Fluss liegt ein oder zwei Meilen links von uns. Von einer *luggas* aus können wir eine Baumgruppe sehen – eine grüne Oase inmitten dieser endlosen Weite von graubraunen Büschen. Laut Danny handelt es sich dabei um das Hauptquartier der Kulalu Ranch. Wir verlassen unseren Weg und gehen querfeldein auf die fernen Bäume zu.

Wir schlängeln uns durch *Commiphora* und Schwarzdorn, scheuchen eine Trappe mit weißem Bauch auf, dann eine mit schwarzem Bauch, später einen Rennvogel. Es sind alles Vögel, die wie Wasservögel aussehen, sich aber an das Leben im trockenen Busch angepasst haben. Ich hebe ein rundes Gebilde von Golfballgröße auf, das leicht und hohl ist. Danny sagt, es handle sich dabei um eine Mistkäferkugel, weiter erzählt er mir, wie der Mistkäfer seine Eier ablegt, sie dann im Schlamm rollt, um die Kugel zu formen, aus der der Nachwuchs schlüpft, wenn der Regen wieder fällt. »Normalerweise sind sie vergraben«, sagt er, was wiederum erklärt, weshalb wir nicht mehr von ihnen gesehen haben. Ich stecke die Kugel in meine Kameratasche, um sie meinem kleinen Sohn mitzubringen. Er liebt es, im Garten nach Käfern zu graben. Ich bezweifle nicht, dass er seiner Sammlung gern eine Mistkäferkugel einverleibt.

In der Senke der *lugga* kommen wir an den speerförmigen Blättern der *Sansevieria* vorbei, einer Pflanze, die wie eine Agave aussieht. Danny warnt uns vor ihr, denn die Spitzen ihrer Nadeln sind hochgiftig. Wir befinden uns jetzt auf dem Gelände der Kulalu Ranch, die als Rinderfarm betrieben wird. Bislang haben wir einen fledermausohrigen Fuchs und eine kleine Gruppe fransenohriger Spießböcke gesehen. Das steht natürlich im starken Kontrast zu den Elefantenherden, den Ansammlungen von Flusspferden und dem prächtigen Löwenpaar, die wir alle während eines Tagesmarsches in Tsavo-East gesehen haben. (Und diese Tatsache scheint auch David Westerns Behauptung zu widerlegen, dass Kenias wilde Tiere zu 70 Prozent außerhalb der Nationalparks leben.)

Wir gehen in weitere *luggas* hinunter und finden eine Akazienbaumgruppe vor, deren kleine abgefallene Blätter einen herbstlich-gelben Teppich auf dem sandigen Boden des Flussbetts gebildet haben. Auf dem Weg, der zum Hauptquartier der Ranch führt, entdecken wir mehrere Gebäude, darunter ein Schulhaus und einen Laden, die alle aus Betonblöcken gebaut und mit Wellblechdächern versehen sind. Eine untätige Gruppe von Männern lungert im Schatten herum, wie das bei allen vergleichbaren Anlagen in der Äquatorgegend der Fall zu sein scheint. Abgesehen von ein paar Schulmädchen sind keine Frauen zu entdecken, wahrscheinlich arbeiten sie. Es ist heiß, und wir sind müde. In dem Geschäft trinken wir eine Cola, die lange nicht so gut schmeckt, wie es sich anhörte, als jemand vorschlug, eine solche zu trinken. Die Betonaußenwände des Ladens sind mit pockennarbigen Löchern übersät, die laut Danny von einer Schießerei mit *shiftas* stammen, die einst, ausgerüstet mit AK-47ern, die Ranch überfallen wollten. Wir treffen den Manager der Ranch, einen großen, dünnen Mann von Mitte dreißig mit einem graumelierten Spitzbärtchen und scharfen, intelligenten Augen. Er kennt Danny noch von den Tagen der Kämpfe mit den Somalis und begrüßt uns herzlich.

Nach dieser kurzen Rast verlassen wir das Hauptquartier und gehen Richtung Fluss, der jetzt eine knappe Meile entfernt ist. Kurz darauf finden wir einen Wanderpfad – er bietet eine willkommene Abwechslung von der staubigen Straße. Wir begegnen mehreren Kindern, die auf dem Heimweg von der Schule sind, einem jungen Mann, der sein verbeultes, verbogenes Fahrrad schiebt, und einigen Frauen, die Körbe auf dem Kopf tragen. Der Weg führt zu einer Hügelkuppe hinauf, auf der eine kleine Hütte aus geflochtenem Schilf steht, die notdürftig mit Stroh gedeckt ist. Neben der Tür liegt ein Stück weggeworfenes Wellblech. In der Nähe bespannt eine Frau mittleren Alters in einem fleckigen lavendelfarbenen *kanga*-Umhang einen Bettrahmen mit geflochtenem Strick. Bongo sagt »Jambo!«, aber die Frau ist schüchtern und antwortet nicht. Neben ihr steht ein fünfjähriger Junge mit aufgeblähtem Bauch, auch er wahrt Distanz. Zum Fluss hin sehen wir noch ein paar weitere Hütten. Einige sehen wie strohgedeckte Bienenstöcke aus, andere haben eine eher rechteckige Form. Mehrere Menschen laufen unter einem Schatten spendenden Baum hin und her oder lagern dort. Ein Mann Anfang zwanzig kommt auf uns zu, wir begrüßen uns.

»Frag ihn, wie dieser Ort heißt«, sage ich zu Bongo. Als der junge Mann antwortet, brauche ich keinen Übersetzer, um zu verstehen.

»Kisiki Cha Mzungu.«

*

Eine kleine Menschenmenge hat uns umringt. Es ist eine Mischung aus zumeist jungen Männern und Frauen, aber auch ein Mann mittleren Alters ist dabei. Alle haben zerlumpte westliche Kleidung an, ein Jüngling trägt ein zerrissenes und löchriges Shirt mit der Aufschrift »Columbia University«. (Kleidung, die man Organisationen wie der Heilsarmee spendet, wird oft zu Preisen von 29 Cent pro Kilogramm verkauft, dann in Ballen zu zweihundertfünfzig Kilogramm gebündelt und in Länder der Dritten Welt verschifft. Die Ware gelangt dann in so abgelegene Dörfer wie dieses, in denen dann ein Shirt für einen Betrag von bis zu fünf Dollar weiterverkauft wird.)

Bongo wendet sich an den Mann, den wir zuerst angesprochen hatten. Er fragt ihn, ob sich hier jemand an die alten Elefantenjäger erinnert, die aus diesem Ort stammten.

»Ja«, sagt er und deutet auf die Ruine einer verlassenen Hütte, die knapp zehn Meter hinter uns steht. »Das war die *muji* von Galo-Galo Kafonde.«

Bongo und Danny schauen sich an.

»Sind von den alten Leuten noch welche da?«

»Ja«, sagt er und zeigt auf eine alte Frau, die in der Menge neben dem Jungen steht, den wir bei unserer Ankunft gesehen haben. »Das ist Galo-Galo seniors Frau.«

Die Alte hat kurzgeschorenes, drahtiges Haar, sie wirkt zerbrechlich. Sie trägt einen *kanga*-Umhang um die Hüften, die Farben sind völlig verblasst. Die Frau weicht unseren Blicken aus, aber ich spüre, sie weiß, dass wir über sie reden. Sie fängt an, den Kopf des Jungen zu tätscheln, vielleicht weil sie nervös ist.

»Und dieser Mann hier, er ist Hunter Galo-Galo.« Wir werden einer Person mittleren Alters vorgestellt, die sich zur Menschenmenge gesellt hat. Der Mann ist etwa 1,60 Meter groß, hat kurzes, zurückweichendes Haar und eine flache Nase. Er sieht aus, als wäre er Mitte vierzig, obwohl er mindestens sechzig Jahre alt sein muss. Als ihn Bill um 1956 oder 1957 an diesem Ort zum ersten Mal verhaftete, war er wenigstens ein Jugendlicher. Er hat unter den Augen eine Reihe perlenförmiger Narben, die zu beiden Seiten des Gesichts vom Nasenrücken aus unter den Augen vorbeigeht, dann nach oben schwingt und wieder nach unten zu den Schläfen. In den Ohrläppchen hat er kleine Löcher, die Augen sind gerötet. Auch er wirkt schüchtern.

Bongo nickt Hunter zu, dann der alten Frau und sagt: »Wir sind gekommen, um euch zu finden und von jemandem zu grüßen, der inzwischen gestorben ist, der aber Galo-Galo gut gekannt hat. Es war jemand, der die gleiche Arbeit getan hat, die wir jetzt tun. Er war Wildaufseher.«

»Ach, ihr meint Bwana Bilu«, sagt Hunter.

Bongo lächelt und nickt. »Ja, Bwana Bilu.« Dann deutet Bongo auf Danny und sich, dabei sagt er: »Wir sind Bwana Bilus Söhne.«

Die Menge beginnt zu murmeln. Hunter lächelt und scheint etwas von seiner Zurückhaltung zu verlieren. Die anderen Leute in der Menge lächeln ebenfalls, selbst die Jüngeren, die Bill Woodley nicht kannten, aber zweifelsohne Geschichten über ihn gehört haben. (In seinem Buch *The Elephant People* schreibt der britische Afrikaforscher Dennis Holman, dass Waliangulu-Mütter ihren Kinder rieten, brav zu sein, sonst würde »euch der Bwana Bilu holen«.)

»Wir sind gekommen, um den alten Elefantenjägern, wenn sie am Leben sein sollten, unsere Aufwartung zu machen«, sagt Bongo. Hunter berichtet ihm, dass es noch einige alte Jäger gibt, etwa Kiribai Malaga und Guyu Mkunzu, die seien aber gerade alle nicht da.

»Wann ist Galo-Galo gestorben?«, fragt Danny.

»Im September 1989. An Altersschwäche. Dort ist sein Grab!«

»Wo?«

»Ihr steht fast drauf.«

Wir drehen uns um, und Hunter zeigt hinter uns auf einen knapp einen Meter entfernten, nur fünfzehn Zentimeter hohen Grabstein sowie auf zwei kleine Stöcke, die am Fußende des Grabes im Boden stecken. Es ist mit Stoppeln trockenen Schilfgrases bedeckt. Wir stehen um das Grab herum und wissen nicht so recht, was wir sagen sollen. Dann bricht Danny das Schweigen:

»Da erlegt man 1500 Elefanten mit Pfeil und Bogen und wird in dieser Hinsicht der Beste der Welt, dennoch bringt es einem nicht viel, oder?«

*

Hunter lädt uns zu dem etwa dreißig Meter entfernten Schattenbaum ein, er scheint der Mittelpunkt des Dorfes zu sein. Er ist, zumindest im Augenblick, auch die Dorfbar, weil ein Giriama-Weinverkäufer, der hier seine Ware verhökern will, auf seinem Fahrrad angekommen ist, das nun gegen den Baumstamm lehnt. Auf dem Gepäckträger ist ein Zwanzig-Liter-Kanister gebunden, aus dem der Händler mit einem Gummischlauch eine grüne Mineralwasserflasche füllt. Anschließend nimmt er die Flasche und gießt ein wenig von der milchigweißen Flüssigkeit in einen kleinen gelben Kürbis. Er steckt einen Strohhalm in diesen hinein und bietet es Danny an, der dann Mohamed einlädt, den ersten Schluck zu nehmen. Der Samburu zögert nicht und leert den Kürbis in drei Zügen. Der Weinverkäufer füllt den Kürbis nach, und so trinken wir alle reihum. Der Wein hat den Sauermaische-Geschmack, den ich auch von anderen alkoholischen Getränken kenne, sei es mexikanischer Kaktus-Pulque, peruanischer Kartoffel-Chicha oder nepalesischer Reis-Tschang.

Wir laden Hunter, natürlich auf unsere Kosten, zu einer weiteren Runde ein. Der Giriama, der ein Safarihemd und eine Hose trägt, die von bedeutend besserer Qualität sind als die Fetzen, die die Waliangulu anhaben, scheint sehr über das unerwartete Geschäft erfreut zu sein. Wir sind erst fünfzehn Minuten an diesem Ort, und schon fällt es leicht, diesen Weinverkäufer nicht zu mögen. Holman nennt sie in seinem Buch Drogenhändler, und ich frage mich, warum ursprüngliche Jägerkulturen – ich denke da an die Prärie-Indianer Nordamerikas, die Dayaks von Zentral-Borneo, die Inuit der Arktis –, dem Dämon Alkohol den wenigsten Widerstand entgegensetzen können.

Der Palmwein hat es in sich. Wir trinken zusammen noch zwei Runden, danach fühlen wir uns im Kopf beschwingt. Einig sind wir darin, dass wir uns vor dem Weitermarsch noch einen weiteren Drink genehmigen wollen. Der Weinverkäufer füllt den Kürbis erneut. Bongo ist zuletzt dran, er steckt den Strohhalm hinein, hebt den Kürbis hoch und schaut ihn an, wobei seine Augen hinter den dicken Brillengläsern ganz groß aussehen, und sagt: »Um der alten Zeiten willen, auf Dads Andenken und aus Mitgefühl für einen Stamm, der stirbt oder gar schon tot ist.«

Er nimmt einen tiefen Schluck und fügt dann hinzu: »Mit anderen Worten, auf das alte Afrika!« Anschließend gibt er dem Alkoholverkäufer seinen leeren Kürbis zurück, danach brechen wir auf.

Als ich, wie ich schon erwähnte, sechs Monate später nach Kenia zurückkehrte, suchten Iain, Bongo, Danny und ich erneut Kisiki Cha Mzungu auf. Wir verbrachten zwei Tage mit den Dorfbewohnern; es war in der Regenzeit, und alle Einheimischen waren in ihren Hütten. Galo-Galos Frau lebte noch, klagte aber über Schmerzen in der Brust. Hunter war erfreut, uns wiederzusehen, und dann trafen wir eine Handvoll der alten Jäger, die wir beim ersten Besuch verpasst hatten: Pununu Barissa, einen Mann mit freundlichen Augen, der nach der Anti-Wilddiebstahl-Kampagne als Gewehrträger für einen Jagdausstatter gearbeitet hatte; dann Kiribai Balaga, der einen langen, buschigen Schnurrbart trug und ebenfalls als Gewehrträger tätig gewesen war; schließlich Guyu Mkunzu, der eine lange Narbe auf der Schulter hatte und in den Büchern von Denis Holman und Ian Parker eine Rolle spielt.

Als Bill Guyu Mkunzu das erste Mal festnahm, hatten ihm die Waliangulu erzählt, er habe Hunderte von Elefanten erlegt. Das überraschte Woodley, weil er von anderen Jägern nie etwas über ihn gehört hatte. Als Bill herumfragte, erfuhr er, dass Guyu der Geschichtenerzähler des Dorfes sei und seine Erzähltalente auch auf Behauptungen über sich selbst anwende. So erzähle er zum Beispiel gern, seine Narbe sei die Folge eines Nashornangriffs, während sie in Wirklichkeit vom Buschmesser eines betrogenen Ehemannes stamme. »Normalerweise kam bei Dorfgelagen eine gute Story immer an«, erzählte mir Ian Parker. »Aber du durftest keinen Mist reden, du musstest bei der Wahrheit bleiben. Guyu hingegen brach alle Regeln, und zwar auf so gekonnte Weise, dass alle still wurden, wenn er zu erzählen anfing. Hinterher lachten sich alle schier zu Tode.«

Guyu war ein freundlicher Gastgeber. Er, Hunter und die anderen Ältesten führten uns durch das Dorf, obwohl es weniger eine Ortschaft als eine wahllos verteilte Ansammlung von Hütten mit spartanischer Einrichtung war: blanke Erde als Boden, eine Matratze aus geflochtenen Schraubenpalmenfasern diente als Bett, ein Mühlstein, eine Feuerstelle sowie eine Metallkiste für Wertsachen und Erbstücke, obgleich ich das Gefühl hatte, dass diese sehr rar waren. (In früheren Zeiten dienten die Kisten zur Aufbewahrung von Leopardenfellen, Nashornhörnern und Geld, das aus dem Elfenbeinverkauf stammte).

Wir begutachteten ihre kleinen Felder, die am Fluss lagen. Sie bauten für den Eigenbedarf hauptsächlich Mais an, zudem gab es mehrere Kokospalmen, um Palmwein herstellen zu können. Dazu fingen sie auch etwas Fisch, fügten aber an, dass es normalerweise an Nahrung mangele und dass die Lage nicht besser werde. »Früher konnten wir unsere Nachkommen mit Elefantenfett ernähren«, meinte einer der Ältesten. »Die Kinder wurden groß und stark. Heute sind sie nur noch dünn und werden schnell krank.«

Bongo fragte, ob sie nach der Anti-Wilddiebstahl-Kampagne immer noch Elefanten gejagt hätten? Sie antworteten, dass dies bis zu den Somali-Überfällen von 1979 noch gelegentlich vorgekommen sei. »Als die Banditen hier einfielen, beraubten sie uns«, fügte einer der Ältesten hinzu. »Sie hatten Gewehre und wir nur Pfeil und Bogen. Die Somalis stahlen unsere Ziegen und das, was wir in unseren Kisten hatten. Dann brachten sie Abakuna um, und in diesem Moment wussten wir, dass wir erledigt waren.«

Abakuna hatte nach der Kampagne für die Spurensucher der Großwildjäger zu arbeiten begonnen – und zwar sehr erfolgreich. Bill beschäftigte ihn bei einer fünfmonatigen Safari, anschließend fand er eine Anstellung bei berühmten Führern von Großwildjagden wie etwa Tony Archer. »Abakuna war ein äußerst ungewöhnlicher Mann«, sagte mir Ian Parker. »Er war ein Intellektueller und ein sehr guter Medizinmann, ein Kräuterkenner und Knocheneinrichter. In seinem Auftreten war er ungewöhnlich sicher. Einmal durfte er in einem Hubschrauber mitfliegen, und als er wieder ausstieg, umringten ihn die anderen Waliangulu und fragten aufgeregt: ›Wie war es?‹ Er sagte nur: ›Wie war was?‹«

Während seiner Tätigkeit als Spurenleser kam Abakuna mit den Reichen und Berühmten in Kontakt und bereiste die halbe Welt. Er wurde von einem seiner Kunden zu einer Tigerjagd nach Indien eingeladen. Dieser brachte den ehemaligen Bogenjäger in einer Suite im luxuriösesten Hotel Neu-Delhis unter, in dem »Diener mit einem Turban auf dem Kopf ihn bedienten«, berichtete Ian weiter. »Abakuna sah die Ironie des Ganzen und konnte es nicht erwarten, nach Afrika zurückzukehren und es seinen Leuten zu erzählen.«

Das alles endete 1979. Abakuna war gerade im Dorf, als die Banditen kamen. Für die Somalis war der Wilddiebstahl zu jener Zeit ein lukratives Geschäft, bei dem sie keine Konkurrenz duldeten, nicht einmal von Eingeborenen, die nur Giftpfeile und Bogen verwendeten. Sie fanden Abakuna und zwangen ihn mit vorgehaltener Waffe, sein eigenes Gift zu schlucken. Er starb, nachdem er sich fünf Minuten lang vor Schmerzen gewunden hatte.

*

Wir gingen zu Guyu Mkuzus Hütte zurück. Der alte Mann holte einen Langbogen heraus, bespannte ihn und setzte einen Pfeil an. Obwohl seine Schulter durch eine Wunde deformiert war, bediente er den Bogen mit geradem Rücken und sicherem Stand.

»Jagst du noch mit dem Bogen?«, fragte Danny.

»Wenn ich es täte, denkst du, ich würde es dir sagen?«, sagte er mit einem Lächeln.

»Solltest du noch Elefanten erlegen, würde ich es wahrscheinlich herausfinden.«

»Wenn ja, müsstest du mich dabei erwischen.«

Danny und Guyu lachten gemeinsam, und ich konnte sehen, dass der jüngere Woodley seine Freude an dem Gespräch hatte, weil es das gleiche Katz-und-Maus-Spiel war, das sein Vater vor vierzig Jahren mit diesen Leuten gespielt hatte.

Als wir wieder zurück im Zentrum des Dorfes waren, sagten wir den Ältesten, dass wir ein Fest für alle Waliangulu veranstalten wollten, die in der Gegend leben würden. Wir kauften ein Fettschwanz-Schaf, ein Tier, das im Alten Testament wie eine Ziege beschrieben wird. Es wurde nach seinem paddelförmigen fleischigen Schwanz benannt, der als Fettreservoir dient. Der frühere Besitzer schlachtete und vierteilte das Tier, anschließend hängte er die Stücke zum Ausbluten an einer niedrigen Akazie nahe dem Dorfanger auf. Mehrere Holzschemel wurden herbeigebracht und um einen Tisch aufgestellt. Als der Giriama-Weinverkäufer kam, sagten wir ihm, dass wir diesmal seinen gesamten Zwanzig-Liter-Vorrat aufkaufen würden.

Die Schafsteile wurde auf einen Rost gelegt, der Weinkürbis immer wieder nachgefüllt. Waliangulu-Frauen brachten zwei leere Plastikeimer herbei, stülpten sie um und begannen zu singen, während sie im Takt dazu trommelten. Guyu Mkunzu und Hunter Galo-Galo standen nebeneinander, fassten sich an den Händen, während sie den jeweils freien Arm ausstreckten. Dann begannen sie mit den Füßen aufzustampfen, gleichzeitig stießen sie ein kehliges »Uhhg-gaa, uuhhggaa« hervor. Zwei andere Frauen standen ihnen gegenüber, tanzten ebenfalls. Es lag etwas Vertrautes in der Art und Weise, wie sie ihre Arme wie Möwenschwingen ausgebreitet hatten, und in diesem Augenblick fiel mir ein Schwarz-Weiß-Foto ein, das ich in Ian Parkers Buch gesehen hatte. Es war 1957 während der Anti-Wilddiebstahl-Kampagne aufgenommen worden, als die Ranger einen toten Elefanten im Busch fanden und ihn von fünf gefangenen Waliangulu zerlegen ließen. Die Fotografie zeigte den Kadaver des Elefanten und vier der Gefangenen, die lachend das Elfenbein heraushackten, während ein fünfter um sie herumtanzte, die Arme ähnlich möwengleich ausgestreckt wie jetzt Guyu und Hunter.

Die Sonne ging bei einem sichelförmigen Mond unter, im Westen erhellten Blitze einen hoch aufgetürmten Wolkenberg, und über diesem stand der Komet Hale-Bopp auf dem Abflug zu seinem Millenniumsschicksal. Die Tänzer luden uns ein mitzutanzen, so hielten auch wir die Hände der alten Männer. Der Komet sank hinter den Horizont, das Kreuz des Südens stieg auf, und unterhalb des Dorfes ließen Sterne den Sabaki-Fluss silbern glänzen.

Wir hatten einen Großteil des Palmweins konsumiert und eine anständige Portion Schafsfleisch gegessen. Ein alter Mann mit grauem Star saß neben uns, nagte an einem Knochen und blickte zu dem Baum, in dem noch ein Schafsviertel hing, dann sagte er: »Ich war einmal mit Galo-Galo Kafonde auf der Jagd. Wir wurden von Bwana Bilu verfolgt, konnten ihm aber entkommen. Wir erlegten einen Elefanten, brachten das Fleisch mit zurück und hängten es am Baum auf, genau wie dieses Schaf.«

Er hielt inne und legte den Knochen auf seinem Teller ab. Sein schmutziger *kikoi* war hochgerollt, sodass seine knorrigen Knie zu sehen waren. Er schaute wieder zu dem Fleisch im Baum hinüber, nahm dann den Knochen wieder auf und kaute erneut darauf herum. »Früher«, sagte er, »machten wir wichtige Sachen.« Er legte eine Pause ein, schaute zum Fluss hinüber, dann wieder zu uns. »Jetzt sind wir nur noch Bauern.«

20

Wir benötigen eine andere, ein klügere und vielleicht auch eine mystischere Vorstellung von den Tieren Sie sind nämlich mit uns im Netz des Lebens und der Zeit gefangen.

Henry Beston, The Outermost House

Wir haben Karissa Marubaya engagiert, der auch zu den Stammesältesten gehört, um uns von Kisiki Cha Mzungu zum nächsten großen Dorf zu führen, das wir gegen Mittag zu erreichen hoffen. Dort wollen wir einen weiteren Ortsansässigen engagieren, der uns durch die Myriaden von Fußpfaden geleiten soll, die parallel zum Sabaki verlaufen. Karissa besitzt eine Haut, die aussieht, als sei sie unter der schwarzen Patina bronzefarben. Wie alle älteren Waliangulu-Männer hat er Doppelschleifennarben unter seinen Augen. (Wir fragten ihn, warum keiner der jüngeren Männer dieses Stammeszeichen habe, und er sagte uns, das sei so, weil man die Jungen sonst in der Schule auslachen würde.)

Karissa zeigt auf eine breite Bahn von Treiberameisen, die unseren Weg kreuzt. Er warnt uns, über sie hinwegzusteigen. Pete, der Kameramann, möchte die Ameisen vom Boden aus filmen. »Die beißen doch nicht, oder?«, fragt er Danny. Der schüttelt den Kopf und sagt: »Du brauchst keine Angst zu haben.« Ich ringe mit mir, ob ich eingreifen soll, als sich Pete schon hinkniet und die Kamera auf dem Boden neben den Ameisen postiert. Als er durch den Sucher schaut, bemerke ich, dass die ganze Kolonne ihre Marschrichtung ändert und angriffslustig auf ihn zumarschiert. In weniger als fünf Sekunden springt Pete auf, schlägt sich auf Beine, Hüften, Arme und Oberkörper und flucht auf Danny. Bongo und wir anderen lachen herzlich auf seine Kosten. Schnell muss er die Kamera in Sicherheit bringen, die jetzt schwarz von diesen aggressiven, beißfreudigen Ameisen ist. Er braucht zwei oder drei Minuten, bis er sie alle entfernt hat.

»In der Regenzeit schwärmen die Treiberameisen aus«, sagt Bongo. »Und sie können ein ganzes Haus übernehmen. Eines Tages – wir wohnten noch in Mweiga, und Danny war zu dieser Zeit ein Baby – saßen meine Eltern im Wohnzimmer. Plötzlich entdeckten sie, dass die Vorhänge neben Dannys Wiege nur so von Treiberameisen wimmelten. Auch auf meinem Bruder wuselten sie herum. Sie waren in seinen Augen, seinen Ohren und sogar in seinem Mund. Zwei Minuten später und er wäre nicht mehr Danny gewesen. Ich war damals sieben Jahre alt – mich beeindruckte dieses Erlebnis nachhaltig.«

Karissa erzählt uns jetzt, von Bwana Bilu sei vorhergesagt worden, dass seine Söhne irgendwann am Fluss entlanggehen würden. Es sei also gut, dass er und Danny das nun täten.

»Und woher stammt der Spitzname Bwana Bilu?«, fragt Bongo.

»Bilu bedeutet so viel wie ›Messer‹«, erklärt Karissa. »Man hat Bill nach dem Messer benannt, das er stets bei sich trug.«

»Ich dachte immer, Dad erhielt den Spitznamen, weil er so ähnlich wie sein richtiger klang und damit folglich doppeldeutig war.«

Afrikaner lieben Rätsel, Wortspiele und Spitznamen, insbesondere dann, wenn sie aussagekräftig sind. Ian Parker sagte mir, dass man David Sheldrick den Spitznamen »Saa Nane« verpasste, was »zwei Uhr« bedeutete. Der Grund: Er ließ seine Leute stets um sechs Uhr früh zur Arbeit antreten, und um Punkt zwei hatte sie dienstfrei. Im Gegensatz zu Bill achtete Davis pedantisch auf Zeitpläne.

Eine alte Waliangulu-Frau, die einen zweieinhalb Meter langen Holzpflock auf dem Kopf balanciert, kommt auf uns zu. Ihre spindeldürren Beine sind stark gekrümmt, sie trägt einen safrangelben und burgunderrot gefärbten Umhang, und ihr graues Haar ist ganz kurz. Danny und Bongo schütteln ihr die Hand und fragen sie, aus welcher Familie sie stamme. Die beiden Brüder erklären ihr, dass sie Bwana Bilus Söhne seien. Sie erwidert, dass sie sich sehr gut an Bwana Bilu erinnere. Als sie weitergeht, sehen wir ihr nach, wie sie auf ihren unglaublich zierlichen Beinen mit dem Feuerholz auf dem Kopf langsam davonschreitet.

Ich fotografiere sie beim Weggehen und stelle mir vor, dass sie nicht Holz, sondern einen Elfenbeinzahn auf dem Kopf trägt. Ich drehe mich um, wandere weiter und will dabei einen neuen Film in meine Kamera einlegen. Vorsichtig taste ich nach dem kleinen Fach in meiner Umhängetasche, in dem die Filmrollen untergebracht sind. Ich finde es nicht, stattdessen aber die runde Lehmkugel des Mistkäfers. Überrascht stelle ich fest, dass sie noch heil ist. Während ich sie in die Hand nehme, überlege ich, was wohl passieren könnte, wenn zu Hause plötzlich Dutzende kleiner Mistkäfer daraus schlüpfen und auf die Felder laufen würden. Später sollte mir einfallen, dass in einem solchen Fall nicht ausreichend Dung großer Säugetiere vorhanden wäre, um in Südkalifornien kleine Mistkäfer zu ernähren.

*

Nach unserer Reise lag die Mistkäferkugel auf meinem Schreibtisch, und obwohl aus ihr nie Käfer schlüpften, wies sie mich stets auf unsere Vergangenheit hin. So wie der Mistkäfer abhängig war vom Dung der Säugetiere – er würde aussterben, wenn dieser fehlte –, so waren auch wir Menschen von diesem Kreislauf abhängig. Die Mistkäferkugel ließ mich wieder und wieder die entscheidende Frage stellen: Wie sollte sich die Beziehung des Menschen zu wilden Tieren gestalten? Immer mehr kam es mir vor, als wären die meisten großen Säugetiere bei ihrem Aussterben nicht das Opfer eines Klimawandels geworden. Doch was auch immer ich zu diesem Thema las, war mir zu philosophisch oder zu abstrakt. Dann aber machte mich ein Freund auf einen Artikel von Bill Woodley zum

Thema Elefantenjagd aufmerksam. Mich fesselte die Beschreibung der fünf Monate währenden Jagd auf einen großen Elefantenbullen. Sie hatte im Loriansumpf begonnen und endete rund dreihundert Meilen weiter südlich. Und die ganze Zeit waren Bill und seine Leute zu Fuß unterwegs.

»Vor einigen Jahren«, so schrieb Bill in diesem Artikel, »gaben mir die Nationalparks einen langen Urlaub, bevor ich einen neuen Posten antrat. Diese fünf Monate verbrachte ich damit, nach großen Elefantenstoßzähnen zu suchen. Mein Fährtenleser war Abakuna Gumundi, der berühmte Waliangulu-Wilddieb. Mit seinen Giftpfeilen verwandelte er einen beträchtlichen Teil des Elefantenlandes in einen Friedhof. Während unserer Anti-Wilddiebstahl-Kampagne hatte ich monatelang den Busch nach Abakuna abgesucht und mir den Kopf zerbrochen, wie ich ihn fangen könnte, während er sich den Kopf darüber zerbrach, wie er mir entwischen könnte. Dennoch verlor keiner von uns den Sinn für Humor in Bezug auf den anderen, und als wir uns schließlich begegneten, vollzog sich das wie ein Treffen alter Kumpels, die auf dem Postweg miteinander Schach gespielt hatten. Unsere Freundschaft überlebte Abakunas Gefängnisaufenthalt, und als er wieder freikam, gingen der Wildhüter und der Wilddieb gemeinsam auf Elefantenjagd.

Vom Loriansumpf aus jagte ich in Richtung Süden bis zur knapp dreihundert Meilen entfernten Makinnonstraße. Diese Jagd war keine Champagner-Safari! Es gab Zeiten, in denen meine Männer und ich von gekochten Wasserlilien und aus Schlammlöchern ausgegrabenen Lungenfischen lebten. In den trockensten Gegenden tranken wir Wasser aus Kakteen oder holten es uns aus Wurzeln und Knollengewächsen. Unsere Vorräte waren auf das Lebensnotwendigste beschränkt. Wir sammelten Honig von Bäumen und schossen Wild, wenn das möglich war. Die meiste Zeit mangelte es uns an allem, außer an Enthusiasmus.«

Nun fing ich an zu verstehen. Zur Jagd gehörte viel mehr, als nur den Finger am Abzug zu krümmen. Das war zwar immer noch die Klimax, aber es war eben nur ein Teil des Ganzen. Der Rest war das, was all die alten Hasen, mit denen ich sprach, wehmütig als Leben im Busch bezeichneten. Und nachdem der Marsch vom Kilimandscharo zum Meer hinter uns lag, hatte ich auch einen Eindruck von diesem Leben. Wie die Lehmkugel des Mistkäfers war das etwas Greifbares: die aufs Äußerste geschärften Sinne, wenn man nahe an einem Büffel oder Flusspferd vorbeigeht, das schillernd blaue Blitzen des über den Fluss dahinsausenden Eisvogels, der zeitrafferähnliche Trab einer Giraffe, die sich vor nahenden Menschen entfernt, der Ruf des Blauhals-Mausvogels am Morgen und der klagende Schrei des gefleckten Dickfußes am Abend, das gutturale Brüllen des Löwen, das durch die nächtliche Stille schallt.

Und der Angriff eines sechshundert Kilogramm schweren Elefanten, der dich plattmachen will.

Durch unseren Fußmarsch konnte ich mir vorstellen, wie es für Bill war, als er mit Abakuna und den anderen Waliangulu fünf Monate lang durch unbewohntes Buschland ging. Ich konnte mir auch versinnbildlichen, wie es war, als sich am Ende der fünf Monate das Projekt in jenen fünf Minuten des Anschleichens verdichtete, bis hin zu den allerletzten fünf Sekunden, in denen der Abzug betätigt wurde. Ich hatte davon einen Vorgeschmack erhalten, als uns der Elefant angriff: Es war zwar nur ein Hauch, ähnlich dem Aroma einer neuen Speise, aber ich hatte hinterher eine Idee davon, auch wenn ich nicht selbst getötet hatte.

Ein Puzzleteilchen fehlte mir aber immer noch, um die Attraktivität der Jagd vollständig zu verstehen – und ich fand es durch Ian Parker. Nachdem ich ihn gefragt hatte, was er, Bill und die anderen wirklich von den Waliangulu hielten, sagte er. »Sie waren Jäger. Sie waren die Herren über den Busch. Sie lebten von dem, was ihnen das Land gab, und passten sich auf natürliche Weise an. Um ganz ehrlich zu sein: Sie haben das Leben gelebt, das wir gerne gelebt hätten.«

Vom Land leben und sich natürlich anpassen. Genau. Das war es, was man machte, wenn man jagen ging: Man lebte vom Land und wurde ein Teil von ihm. Man wechselte von der passiven in die aktive Rolle, man war kein Beobachter mehr. Manchmal war man Honigsammler, manchmal Jäger, der Wild erlegte. Aber in beiden Rollen tat man etwas, für das man bestimmt war, und *das* machte die unbeschreibliche Faszination aus.

*

Wenn also hierin die Begeisterung für die Jagd lag, woher kam dann aber der Drang, die Natur zu schützen? Wenn wir noch einmal Bills Fall betrachten, so gibt es keinen Zweifel daran, dass er sich schon in jungen Jahren dem Gedanken des Naturschutzes verschrieben hatte. Bongo erzählte mir, dass sein Vater, zwei Tage nachdem er 1948 im Tsavo angekommen war, zusammen mit dem Wildaufseher (dem Apotheker aus Nairobi) am Mtito Andei River entlang fahren musste. Dabei entdeckten sie ein Rudel jagender Hunde, und der Wildaufseher befahl seinem neunzehnjährigen Juniorassistenten, es komplett abzuschießen. Es handelte sich dabei nicht um verwilderte Haushunde, sondern um eine heimische Hundeart. Sie fielen zurückgebliebene Herdentiere an, rissen diesen die Gedärme raus, während sie noch lebten. Das waren Angewohnheiten, die die Wildhunde bei den Menschen nicht besonders beliebt machten. Diese Hunde wurden, wie die Wölfe in Nordamerika, von den Kolonisten mit einer so heftigen Abneigung ausradiert, dass sie in manchen Gegenden heute völlig ausgestorben sind.

»Vater konnte das nicht verstehen«, erzählte mir Bongo. »Er sagte zum Wildaufseher: ›Ich dachte, in einem Nationalpark dürfe jedes Tier leben, zumal es im System des Parks eine spezifische Rolle spiele.‹ Der Wildaufseher ignorierte den Einwand, und Vater war gezwungen, die jagenden Hunde zu erschießen. Dieses Erlebnis vergaß er sein ganzes Leben lang nicht.«

»Als Jäger«, fuhr Bongo fort, »erkannte Dad frühzeitig, dass ein Nationalpark ein absolut geschützter Ort ist, in dem nichts gejagt werden durfte und alles auf natürliche Art und ohne Einmischung lebte.«

Für Bill waren die jagenden Hunde – wie alle anderen Tiere im Tsavo – ein natürlicher Bestandteil des ökologischen Gleichgewichts. Woodley war in der damals noch wilden Athi-Savanne groß geworden. Schon als kleiner Junge hatte er das Zusammenwirken von Raubtier und Beute gesehen, das auf Uneingeweihte verstörend gewalttätig wirkt, für ihn aber ein natürlicher Vorgang war.

Ich habe den Verdacht, dass es die Liebe zur Harmonie der Natur war, zu einer Wildheit, die in ihrem natürlichen Gleichgewicht Gewalt mit Anmut mischt, die Bill gleichermaßen zur Jagd wie zum Naturschutz zog.

»Als Jäger«, sagte Bongo, »hatte Dad genügend Zeit im Busch verbracht, um zu erkennen, dass ohne den Sinneswandel, der zur Entstehung der Nationalparks führte, keine wilden Tiere mehr auf dem Kontinent am Leben geblieben wären.«

*

Wir erreichen eine Kreuzung. Unser einheimischer Führer informiert uns, dass dies die Grenze der Kulalu Ranch ist. Von hier bis zur Küste würden wir durch Dörfer und über bestellte Äcker kommen.

Als wolle er uns auf unserem nächsten und letzten Teil des Trecks begrüßen, naht ein Weinverkäufer auf seinem Fahrrad, sitzt ab und lächelt, als wir vorbeigehen. Sein großer Plastikbehälter ist voll, sein Zapfschlauch bereit. Die Luft ist noch relativ kühl, aber sein schwarzes Gesicht zieren Schweißperlen, die in der Morgensonne glitzern, während er uns mit geröteten und trüben Augen anschaut. Man kann davon ausgehen, dass dieser Händler wenig Gewinn aus seinem Gewerbe einstreicht und dass darüber hinaus sein Leben ein beständiger, doch kurzer Rausch sein wird.

Der Fluss hat sich in einer weiten Schleife von uns entfernt, und wir gehen durch Meldengestrüpp und Lianen, die so dicht sind, dass sie sich über uns vereinen und eine Art Tunnel bilden. Dazwischen steht eine Akazienart mit zitronengelben Blüten und sprießenden Blättern, die den bevorstehenden Regen eher gespürt zu haben scheinen als ihre flussaufwärts wachsenden Artgenossen. Das Meldengestrüpp weitet sich zu einer Gruppe von Bananenstauden aus, die von Kokospalmen eingerahmt werden. Deren Stämme sind stufig eingekerbt, damit die Weinhersteller an den Herzsaft in der Palmkrone gelangen. Im Hintergrund zirpen Zikaden, dazu beschwört ein trauriges Taubengurren eine wehmütige Melancholie herauf. Die Einheimischen behaupten, dass die Taube mit dem tonal abfallenden »Guuur-guuur-guur-guur-uu« zum Ausdruck bringen will, dass ihr Daddy starb, ihre Mami starb und sie selber ganz traurig, traurig, traurig sei.

Wir bemerken eine Gruppe von acht Leuten, die abseits der Straße im Schatten eines weit ausladenden Feigenbaumes sitzen. Als wir vorbeigehen, grüßen sie uns nicht und sind auch nicht so offen und freundlich wie all die anderen Menschen, denen wir bisher begegnet sind. Ihre Teilnahmslosigkeit wirkt seltsam.

»Sollen wir zu ihnen hingehen?«, meint Bongo.

Wir drehen um, aber keiner von den Leuten steht auf oder bietet uns eine Hand zum Gruß an. Die meisten von ihnen sind alt, doch zwei Männer sind höchstens vierzig. Sie sitzen schläfrig herum und tun nichts, nur einer verwebt Palmfasern zu einer Matte. Fünf von ihnen haben Elefantiasis, ihre Beine und Knöchel sind grotesk angeschwollen. Bei einem anderen Mann schuppt sich die Haut, auch bemerke ich, dass ein Teil seines Fußes nicht vorhanden ist. Dann sehe ich, dass einigen dieser Menschen Finger und Zehen fehlen.

»Es sind Leprakranke«, sagt Iain leise.

Betretenes Schweigen, dann wünschen wir ihnen einen guten Tag und marschieren stumm weiter. Viel später erfahren wir, dass einer von den früher ein großer Elefantenjäger gewesen war. Er starb einige Monate nachdem wir ihn unter dem Feigenbaum hatten sitzen sehen. Meine Gedanken schweifen nun zusammenhanglos zu der Tatsache, dass wir jetzt nicht mehr Ausschau nach Flusspferden oder Kaffernbüffeln halten können. Auch brüllen nachts keine Löwen mehr. Seit wir den Nationalpark verlassen haben, ist uns kein einziges gefährliches Tier mehr begegnet. (Tatsächlich haben wir nur den einen Fuchs und die kleine Herde Spießböcke gesehen.) Mohamed und Lokiyor tragen ihre Gewehre den ganzen Tag in der entspannten Nummer-drei-Haltung. Man kann jetzt fast wie ein Schlafwandler dahingehen und die Gedanken treiben lassen. Ich denke daran zurück, wie wir noch vor einigen Tagen in Tsavo-East eine Herde von Impalas aufgescheucht hatten und wie wir durch ihr dünnes Fell das Muskelspiel durchschimmern sahen, während sie in den Busch liefen. Ich denke an die beiden Löwen zurück, die im Morgengrauen zum Flussufer kamen, und dass mich ihr Brüllen die ganze Nacht wach gehalten und wachsam gemacht hatte.

Dann komme ich auf die Leprakranken unter dem Baum zurück, die auf ihren Tod warten, und auf den Gedanken, dass wir als Spezies im Vergleich mit anderen Arten doch eine wenig edle Art sind.

21

Eine abgeschnittene Hand ist etwas Hässliches.
Und der Mensch, der abgeschnitten ist von der Erde,
Den Sternen und seiner Geschichte, wirkt oft erschreckend hässlich.
Größte Schönheit strömt aus einer organischen Ganzheit,
der Ganzheit des Lebens und der Dinge.

ROBINSON JEFFERS, DIE ANTWORT

Eine Morgenbrise lässt die Wedel der Kokospalme rascheln und erzeugt so das nostalgische Hintergrundgeräusch, das man überall auf der Erde an tropischen Küsten hören kann. Das Wort »Kokos« hat zwar vermutlich seinen Ursprung im Portugiesischen – es bedeutet dort »Same« oder »Kern« –, aber eine hübschere Geschichte ist, dass »Koko« umgangssprachlich für »Clown« steht. Europäische Seeleute in Afrika vergaben demnach diesen Namen, weil sie die drei Punkte am Ende der Nuss an ein Clownsgesicht erinnerten.

Der Himmel ist gefleckt mit graublauen Kumuluswolken, über mir verfolge ich das Rauf- und Runterfliegen eines Hornvogels. Gestern hatten wir unseren längsten Tag – rund dreißig Meilen legten wir zurück –, und es war schon dunkel, als wir unser Camp erreichten. Den größten Teil des Weges kamen wir an *shambas* vorbei oder gingen durch Giriami-Dörfer, in denen die Frauen ihre *kangas* nicht mehr nur um die Hüften wickelten, sondern sie weiter oben zusammenbanden, um ihre Brüste zu verdecken.

Der Weg, an dem wir jetzt stehen, führt nach Osten – in die Richtung, in die wir wollen. Aber wir sind unschlüssig, ob wir ihn einschlagen sollen, ehe wir nichts Genaueres wissen. Eine kleine Menschenmenge hat sich in unserer Nähe versammelt, und wir fragen, ob uns jemand den Weg von hier zur Küste zeigen will. Unserer Schätzung nach ist sie ungefähr zwanzig Meilen von unserem Standort entfernt. Niemand sagt etwas, einzig ein junger Mann, der etwas abseits steht und sich die Zähne putzt. »Ich bringe euch hin«, gibt er uns zu verstehen, und wir vereinbaren einen angemessenen Lohn.

Unser Führer putzt sich im Gehen weiter die Zähne. Bongo meint daraufhin: »So nennen wir den Burschen doch ›Zahnbürste‹.« Der Weg führt an Feldern vorbei, die mit Stacheldraht umzäunt sind, auf der einen Seite wachsen Papayabäume, auf der anderen Kokospalmen. Wir alle erwarten, dass wir auf dem Weg zur Küste ständig solchen Pfaden zwischen Ackerland folgen werden. Deshalb überrascht es uns, als uns Zahnbürste durch einen Wald mit knapp zehn Meter hohen Bäumen lenkt. Es handelt sich dabei um *Acacia nilotica*, die ägyptische Dornakazie, die wegen ihres harten, termitenresistenten Holzes bekannt ist und deshalb zur Herstellung von Farmwerkzeug verwendet wird. Die Baumrinde ist dunkel und tief eingerissen, und die mit kleinen, kanariengelben Blüten verzierten Äste bilden ein Dach, das den Weg überschattet.

Am Ende des Waldes gelangen wir auf ein offenes Feld, auf dem wildes Gras und Buschwerk wächst. Wir entdecken keinerlei Anzeichen von landwirtschaftlicher Nutzung. Es erstaunt uns erneut, wie wild diese Gegend ist, und Bongo ist der Ansicht, dass es sich wahrscheinlich um eine jahreszeitlich überflutete Ebene handelt, wodurch eine Anpflanzung nicht möglich ist. Beim Anblick dieses wilden Gebietes in der ansonsten domestizierten Region kneife ich die Augen zusammen und stelle mir eine Elefantenherde vor, die Blattwerk abrupft, während eine Schar von Madenhackern auffliegt und sich auf dem saurierartigen Rücken eines Flusspferdes niederlässt.

»Das vermittelt einem eine Vorstellung davon, wie diese Gegend hätte sein können, wenn man Dads Idee, den Park bis ans Meer auszudehnen, aufgegriffen hätte«, sagt Danny.

⋆

Bill Woodley hatte in den Anfangstagen des Tsavo die Vision, den Park über seine jetzigen Grenzen auszuweiten, sodass er sowohl nördlich als auch südlich des Sabaki das Land bis hin zum Ozean umfassen würde. Schon 1948 wäre das eine gewaltige Herausforderung gewesen, die die Umsiedelung der in dieser Region lebenden Waliangulu, Giriama und Orma erfordert hätte. Wäre Bills Vorstellung je verwirklicht worden – was vorausgesetzt hätte, die Einheimischen an den Plänen eines solchen Reservats zu beteiligen –, wäre der Tsavo heute einer der wenigen Parks auf der Erde, der ein umfassendes Ökosystem aufgewiesen hätte.

Die Idee solcher kompletten Ökosysteme steht seit gut dreißig Jahren im Zentrum intensiver Debatten. Sie wurde erstmals anhand von Lebenssystemen auf Inseln entwickelt. Dann erkannten Ökologen, dass durch Ackerbau, Viehzucht, Straßenbau und Rodungen die verbleibenden Parzellen unberührter Natur auch als Inseln einzustufen waren. Hier griffen dieselben Prinzipien: je kleiner die Insel, desto weniger Arten.

Dies führte zu Überlegungen, wie groß ein Park oder ein Reservat sein sollte, um lebensfähige Populationen der gesamten Flora und Fauna einer Region zu bewahren. Einige Wissenschaftler schlugen vor, dass es besser wäre, wenn man nur begrenzte Mittel für Reservate zur Verfügung hat (was in jedem Land der Welt der Fall ist), ein großes Reservat anstelle von beispielsweise fünf kleinen einzurichten. Andere argumentierten, eine höhere Zahl kleinerer Reservate sei besser, weil so für eine größere Landschaftsvielfalt gesorgt sei. Das löste unter Ökologen einen Feuersturm von Kontroversen aus, der über zehn Jahre lang tobte.

Thomas Lovejoy, ein amerikanischer Ökologe, der mit dem World Wildlife Fund zusammenarbeitet, machte den Vorschlag, am Amazonas ein entsprechendes Experiment durchzuführen, um so

Gewissheit zu haben. Er verabredete mit der brasilianischen Regierung, in einer Region des Regenwalds, der zugunsten einer riesigen Rinderzucht abgeholzt werden sollte, Bereiche des ursprünglichen Urwalds zu erhalten. Jedes Areal sollte von unterschiedlicher Größe sein, rundherum sollte das Land gerodet werden. 1979 begannen Lovejoy und seine Kollegen diese »Inseln« zu studieren, um zu sehen, was auf lange Sicht mit den dort »gestrandeten« Pflanzen und Tieren geschah. Die bisherigen Ergebnisse sind nicht eindeutig. Betrachtet man kleine Tierarten, wie etwa Frösche, dann ist ein kleines Biotop besser als ein riesiges Reservat mit karger Umgebung. Aber in Bezug auf große Säugetiere, wie etwa den Jaguar, sind die Resultate so, wie es einem der gesunde Menschenverstand suggeriert: Große Tiere brauchen ein großes Habitat.

Und wie sieht es im Fall des Tsavo aus?

»Der Tsavo hat unwahrscheinliches Glück, weil er mit einem Umfang von 22 000 Quadratkilometern einer der größten Parks der Welt ist und von den Menschen in seiner Umgebung nicht, wie so viele andere, abgelehnt wird.« Das war die Meinung von Joyce.

»Ich kenne keinen geschlosseneren Park als den Tsavo«, sagte David Western. »Aber es mangelt ihm noch an verschiedenen Lebenssphären, um komplett zu sein. Daher wäre ich sehr dagegen, den Tsavo je zu umzäunen, weil einige der großen Bewegungen, die zwischen dem Park und der Umgebung stattfinden, eingeschränkt würden. Die Folge wäre auf lange Sicht eine kleinere Anzahl von Tierarten.«

Selbst wenn Joyce und David in Details nicht übereinstimmten, glaubten sie wie Daphne Sheldrick daran, dass in fünfzig Jahren der Tsavo vermutlich immer noch die feste Burg für wilde Tiere sein wird, die er heute ist. »Der Tsavo weiß, wie er selber für sich sorgen muss«, meinte Daphne. »Es ist ein schwieriges Land, das nicht sehr anheimelnd ist und keine Trottel erträgt.«

*

Ich glaube, es gibt noch einen weiteren Grund, optimistisch zu sein. Joyce Poole, Cynthia Moss und Iain Douglas Hamilton – diese drei Forscher informieren Hunderttausende von Menschen in aller Welt, dass Elefanten in vielerlei Hinsicht ein ähnliches Leben wie sie selbst führen. Die Leute spüren, dass ihr eigenes Schicksal, das ihrer Familien, ihrer Freunde und ihrer Gesellschaft mit dem dieser Tiere zusammenhängt, ganz so, wie es Häuptling Seattle vor über hundert Jahren prophezeit hatte. Und bei den Elefanten bedeutet die Tatsache, dass immer mehr Menschen nach Afrika reisen wollten, um diese Tiere zu sehen, einen ständigen Zustrom von Touristendollars – und infolgedessen ein andauerndes Interesse, zum Wohle aller Beteiligten diese Dickhäuter zu erhalten.

*

Wir müssen keine Elefanten oder Nashörner mehr essen, ihr Fell gerben, ihre Hörner zu Potenzmitteln zerreiben oder ihre Stoßzähne zu Schmuckstücken verarbeiten, um uns zu bemühen, sie wertzuschätzen. Wir können daran arbeiten, sie zu erhalten, ob sie nun etwas zu unserer Gewinnrechnung beitragen oder nicht. Der Wandel in unserem Denken greift umso tiefer, je genauer wir uns unsere Beziehung zu wilden Tieren in den letzten 10 000 Jahren ansehen. Natürlich sind fünfzig oder hundert Jahre zu wenig, um ein neues Verhaltensmuster zu entwickeln. Aber ich würde meinen, dass dieser Zeitraum genügt, um einen Anfang zu machen.

Die zentrale Hoffnung für Afrikas große Säugetiere – und für große und kleine Säugetiere weltweit – liegt darin, sich nicht nur für deren Erhalt, sondern auch mit Nachdruck für die Ausweitung ihrer wilden Habitate einzusetzen. Dieser Kampf ist durch die Auseinandersetzung um den Lebensbereich unserer eigenen Spezies erschwert. Aber im Grunde müssen wir uns an das erinnern, was mir Danny sagte, als wir in die Nashorn-Freilassungszone kamen:

»Nashörner sind vom Aussterben bedroht, aber die Menschen nicht. Wenn eines angreift, ist jeder auf sich selbst gestellt, denn wir werden es nicht erschießen.« In Dannys Belehrung steckt meiner Ansicht nach eine Lektion, ähnlich der Warnung von Häuptling Seattle. Am Ende eines Tages müssen wir uns vor Augen halten: Was immer mit den Tieren passiert, das geschieht auch mit dem Menschen.

Wenn man die Streitpunkte zwischen den Naturschützern aus der Distanz betrachtet, erkennt man, dass wir vor einem Paradigmenwechsel stehen, was die Beziehung unserer Spezies zu den Großtieren betrifft, mit denen wir die Erde teilen.

»Wir müssen unsere Kinder den wahren Wert unserer wilden Tiere lehren«, hatte mir Stephen Gichangi gesagt. »Nicht nur den greifbaren Wert, nicht, dass ein Impala zwanzig Dollar wert ist, weil sein Fleisch und sein Fell so viel bringen. Er geht weit darüber hinaus.«

Mir scheint, Stephen Gichangi ist ein guter Grund, Hoffnung für das Schicksal der Wildnis und der wilden Tiere Afrikas zu hegen. Wenn die Länder, die den Steppentieren der Erde einen sicheren Hafen geben, mehr Gichangis hervorbringen, gibt es Zuversicht. Wenn nicht, dann könnten diese Tiere aussterben.

»An der Gesamtsituation zu verzweifeln ist eine vernünftige Alternative«, schrieb der amerikanische Wissenschaftsjournalist und Schriftsteller David Quammen in *Der Gesang des Dodo*. »Aber das Unbefriedigende an der Verzweiflung ist nicht nur, dass sie zu nichts führt, sondern auch, dass sie viel weniger spannend ist als die Hoffnung.«

»Ich wünschte mir nur, Bill Woodley wäre noch hier«, sagte Stephen Gichangi, »damit er sehen könnte, was ich gemacht habe. Und was ich machen werde.«

⋆

Wir folgen einer Straße, deren Rand Paternosterbäume säumen und auf der sich zerkleinerte Korallenstückchen befinden, was der erste direkte Hinweis ist, dass wir uns der Küste nähern. Gelegentlich sind Häuser zu sehen, und je weiter wir kommen, desto besser wird die Straße und mit ihm der Zustand der Gebäude. Gelegentlich ist uns ein flüchtiger Blick auf den breiten Fluss möglich. Als ein Unwetter vom Meer her Regen schickt, der die Luft abkühlt, suchen wir Schutz unter einer breit ausladenden Bougainvillea.

Nach einer Weile können wir weitergehen; ein *mzungu* auf einem knatternden Moped fährt an uns vorbei. Er sieht wie einer jener Italiener aus, die in den letzten Jahren Ferienwohnungen, Hotels und Restaurants in Malindi erworben haben. Ich vermute, dass er uns entweder aus Hochnäsigkeit ignoriert oder dass für ihn alles, wir eingeschlossen, gleichermaßen ungewöhnlich aussieht. Wir wandern einen Kiesweg entlang und haben schon längst die Gänsemarschformation aufgegeben, die wir im Tsavo bevorzugten. Ich laufe hinter Bongo und Danny, beide balancieren ihr Gewehr locker auf den Schultern. Alle scheinen guter Laune zu sein. Heute fiel noch keine einzige spitze Bemerkung. Was hatte Bongo zu Beginn der Reise gesagt? Die Woodleys können leicht aufbrausen, aber ebenso schnell verzeihen. Ich habe auch bemerkt, dass Iain viel entspannter ist, und so bin ich erleichtert, dass die Reise in einer so freundschaftlichen Stimmung zu Ende geht.

Während wir marschieren, frage ich mich, was die Zukunft wohl Bongo und Danny bringen mag. Nach unserem Treck hatte ich Gelegenheit, darüber mit einer engen Freundin der Woodley-Familie zu sprechen, der Amerikanerin Lucile Ford. Sie war Schauspielerin, als sie Bill vor etlichen Jahren während eines Besuchs in den USA traf. Sie nahm ihn beim Wort, als er ihr anbot, nach Afrika zu kommen. Sie verliebte sich in Kenia und machte es zu ihrer Heimat.

»Hier draußen zu leben, das ist immer mit Gefahren verbunden«, sagte sie mir. »Wenn du im Busch bist, kannst du von gefährlichen Tieren, Banditen oder Wilddieben ausgehen. Es können sich überall Schlammlawinen, Blitzfluten oder bewaffnete Überfälle ereignen. Wenn man hier groß wird, kommt einem das fast wie ein Teil der Landschaft vor. Und denken Sie daran, dass insbesondere Bongo mit Geschichten von Menschen aufwuchs, die von den Mau-Mau gefangengenommen und zu Tode gefoltert worden waren. Ich war entsetzt, als ich hörte, dass man kleinen Kindern diese Gräueltaten in allen Einzelheiten erzählte.

Weiße Kenianer neigen dazu, immer in einer Art Wettbewerb zu leben, wer beispielsweise am besten auf Bedrohungen gefasst ist. Danny hat mir gesagt, dass er einen imaginierten Feldwebel auf der Schulter sitzen hat, der ihm ins Ohr schreit, wenn er einen Fehler macht. Und für Bongo hängt alles von den Details ab.«

Luycs Äußerungen erklärten mir die Reibereien, die Iain und ich mit Bongo gehabt hatten. Dass der Abstieg vom Kilimandscharo zwei Stunden länger dauerte, weil Iain eine bestimmte Weggabelung nicht kannte, waren für den älteren der Woodley-Brüder zwei Stunden, die man hätte sparen oder an anderer Stelle nutzen können. Obwohl zwei Stunden an jenem Tag keinen Unterschied machten, lebt Bongo in einer Welt, in der zwei Stunden über Leben und Tod entscheiden können.

Mir wurde klar, dass das auch für Danny galt, besonders bei seinem Kampf gegen Wilddiebe und Banditen und bei der Kontrolle von Elefanten und Löwen. Ich kam wieder auf das zurück, was für Danny das Wichtigste gewesen war, das er von seinem Vater gelernt hatte: zu leben und zu denken wie ein Jäger. In Afrika waren aber die Zeiten der Jäger vorbei. Ich fragte mich daher, ob Danny sich vielleicht als jemand betrachtete, der in die falsche Zeit hineingeboren wurde.

Einen Hinweis für meine Vermutung bekam ich, als wir ein zweites Mal Kasiki Cha Mzungu besuchten und für das Dorf das Fest mit dem gegrillten Schaf organisierten. Wir hatten nach Sonnenuntergang noch mehrere Stunden getanzt und Palmwein getrunken, bis wir uns endlich entschlossen, in unser Camp zurückzukehren, das eine knappe Meile entfernt lag. Wir beglichen unsere Rechnung mit dem Weinhändler, dankten den Waliangulu und sagten auf Wiedersehen.

Als wir schließlich loszogen, wandte sich Bongo an mich und sagte: »Das ist auch der Abschied von einem Stamm von Jägern, die ihre Zeit überlebt haben.«

Danny war hinter uns, und ich weiß nicht, ob er wusste, dass ich hören konnte, wie er im Palmweinnebel vor sich hinmurmelte: »Genau wie ich.«

*

Jetzt säumen Häuser beide Seiten der Straße, und hinter einer niedrigen Steinmauer sieht uns ein alter *mzee*, der im Garten arbeitet. Er ruft seinem Kumpel etwas zu. Die beiden Männer stehen da und starren uns an. Man kann wohl annehmen, dass sie keine bewaffneten *Mzungu*-Offiziere auf Patrouille mit ebenso gut bewaffneten Afrikanern in Tarnuniform gesehen haben, seit Kenia 1963 von Britannien unabhängig wurde. Ich winke – und die beiden Männer winken zurück.

»Da ist er!«, sagt Bongo.

In der Ferne, etwa drei Meilen vor uns, gesprenkelt vom Schatten der Passatwindwolken, liegt der Indische Ozean.

Eine Stunde später und noch eine knappe Meile vom Strand entfernt, erreichen wir die Küstenautobahn. Wir gehen etwa hundert Meter an der Straßenböschung entlang, bis wir den Sabaki River erreichen. Als wir zum Fluss kommen, wird dort eine neue Brücke mit Hilfe eines japanischen Entwicklungsprojekts gebaut. Nach den vielen Tagen in der freien Natur ist der Lärm der Bagger, Planierraupen und Betonlaster für uns ein Schock. Wir suchen das Flussufer auf, um von hier aus Richtung Strand zu gelangen, aber das bambusartige Elefantengras ist undurchdringlich – und wir haben aus gutem Grund Bedenken, durch dieses zu wandern. Schlangen könnten darin verborgen sein. Wieder auf der Autobahn, sehen wir zwei kleine Jungen von vielleicht acht Jahren. Bongo meint sofort: »Fragen wir mal die *totos*, ob sie einen Weg zum Strand kennen.«

»Oder noch besser, beschäftige sie als unsere Führer«, sage ich.

Mir gefallen die beiden: Sie haben wache Augen und ein breites Lächeln. Als wir ihnen ein Angebot machen, nicken sie und erwidern: »Folgt uns!« Ich kann sehen, was ihnen durch den Kopf geht: Zu Hause werden wir eine Menge zu erzählen haben!

Die *totos* führen uns auf einen Pfad, der am Flussufer entlang führt. Jetzt ist es nicht mehr weit bis zum Strand. Der Fluss weitet sich zu einer brackigen Lagune, die sich seicht über den weißen Sand erstreckt und von kleinen Wellen gemustert ist, verursacht vom Passatwind. Wir nähern uns einer Schar Flamingos, die in einer rosa Wolke auffliegt und sich hundert Meter weiter vor uns wieder niederlässt. Etwas näher ist eine bunte Ansammlung von Ibissen, Silberreihern und Pelikanen. Es gibt keine Anzeichen von Häusern oder Menschen, und der Lärm der Autobahn ist längst verklungen. Ich bin überrascht und angetan, wie wild die Gegend wirkt. Bongo hält an und deutet auf eine Flusspferdspur, die unseren Weg kreuzt und in der Deltalagune verschwindet. Ich freue mich, dass an dieser Stelle, an der das Wasser vom Kilimandscharo in den Indischen Ozean fließt, das Grunzen eines Flusspferds das gedämpfte Hintergrundgeräusch übertönt, das die Brandung an dem der Küste vorgelagerten Riff erzeugt.

Wir durchqueren eine feuchte Ebene am Rande der Lagune. Ich spüre das warme Wasser an meinen Zehen und erinnere mich an einige Zeilen, die ich bei Henry David Thoreau gelesen habe: »Denk täglich an dein Leben in der Natur – um die Materie zu erkennen und mit ihr in Kontakt zu kommen, mit Felsen, Bäumen, dem Wind auf den Wangen!« Ich spüre die Brise von der See her und rieche die salzhaltige Luft. »Kontakt!« Die Flamingos erheben sich wieder in einer Wolke von Rosa und Weiß. »Kontakt!«

»Kontakt!« Das ist es, was ich auf dieser Wanderung gesucht habe. Das ist es, weshalb ich in eine der wenigen verbliebenen Regionen des wilden Afrika gekommen bin. Um es zu erfahren, um es zu riechen, zu kosten, zu spüren. Um Teil davon zu sein, und nicht davon getrennt.

*

Die beiden *totos* blicken immer wieder zurück, um sich zu vergewissern, dass wir ihnen folgen. Ich will diese letzten Meter nicht überstürzen. Wir gehen Sanddünen hinauf und hinterlassen Fußspuren. Mit unseren Gewehren und der wettergegerbten Haut kann man sich leicht vorstellen, wir wären eine Beduinenpatrouille, die mit Lawrence durch Arabien zieht. Das Tosen der Brandung wird lauter. Der letzte Sandhügel! Der Salzwind streicht uns übers Gesicht, und dann ist er da, der Ozean: türkisfarben jenseits der vorgelagerten Sandbänke, aber rot gefärbt da, wo sich der Fluss mit dem Meer vereint – das Tsavo-Rot. Wir ziehen uns aus, lassen die Kleidung auf dem heißen Strand liegen und laufen schreiend ins Wasser. Sogar die Ranger folgen uns.

Ich tauche ins Wasser hinein, spüre das Salz im Mund, komme hoch, tauche wieder unter, komme hoch und denke: So schwer hast du noch nie im Leben geschuftet, um im Meer schwimmen zu können.

Ich packe Iain, umarme ihn, werfe ihn dann in die Wellen und denke, dass wir eines Tages auf einem hoch gelegenen kahlen Felsvorsprung biwakieren und uns an diesen Tag erinnern werden, an das warme Wasser des Indischen Ozeans. Ich schüttle Dannys Hand, umarme auch ihn, und bespritze Mohamed mit Wasser, der nur in Unterwäsche in den Ozeanwellen sitzt und auf dieses wie ein Kind patscht.

Wir schwimmen weiter mit den Wogen, als ich mich umdrehe, um nach Bongo zu schauen. Er sitzt im Sand neben unserer Kleidung, er sitzt alleine da, und aus irgendeinem Grund ermöglicht mir seine Einsamkeit, ihn mir als kleinen Jungen vorzustellen, der in den Aberdares mit seinem Vater Streife fährt. Nur sie beide sind unterwegs, zwischen ihnen das Gewehr vom Kaliber .416. Einen Augenblick lang wünsche ich mir, er würde entspannen, sich ausziehen, ins Wasser springen und lachen und jubeln. Aber er greift in seinen Rucksack, holt das GPS-Gerät heraus, schaltet es an und wartet darauf, dass es mit den Satelliten Kontakt aufnimmt, und als es so weit ist, drückt er den entsprechenden Knopf und wartet auf die genauen Koordinaten des von uns erreichten Ziels.

Glossar

Ostafrikanische Wörter und Begriffe auf Kisuaheli

ayah	Haushälterin oder Kindermädchen
bandas	Hütten
boma	Mauer aus Dornbuschzweigen, die errichtet wird, um gefährliche Tiere von einem Dorf oder Lager fernzuhalten.
Commiphora	Eine in Ostafrika heimische Laubbaumart, die fünf bis zehn Meter hoch wird, eine abschilfernde, graue Rinde und lange, spitze Dornen hat. Diese Bäume sind im Tsavo so weit verbreitet, dass ein großer Teil des Habitats botanisch gesehen als *Commiphora*-Dornbuschland bezeichnet wird.
kanga	Ein Stück Stoff in verschiedenen Farben und Mustern, in das sich Frauen im Allgemeinen von der Brust bis zu den Knien hüllen.
kikoi	Knallbunt bedrucktes Baumwolltuch, das sich Männer von der Hüfte bis zu den Knöcheln umwickeln
KWS	Akronym für den Kenia Wildlife Service, die Agentur, die Kenias Nationalparksystem verwaltet.

lugga	Je nach Jahrszeit ein Flussbett, ein Abflusskanal oder eine Senke, deren Boden normalerweise sandig und vegetationsfrei ist.
manazi	Der in der Gegend verbreitete Palmwein; hergestellt wird er aus dem Herzsaft von Dum- oder Kokospalmen.
Mellifera	Ein Strauchgewächs, das zur heimischen Akazienfamilie gehört, bis zu drei Meter hoch werden kann und scharfe Dornen mit Widerhaken hat. Im Tsavo und anderen Tiefland-Buschregionen Ostafrikas weit verbreitet.
Miraa	Der immergrüne Kathstrauch, der in Arabien als *Qat* bekannt ist und in Somalia als *Khat* oder *Kat*. Seine kurzen Stängel wirken beim Kauen als leichtes Aufputschmittel.
Morani	Ein Massai-Krieger. Pluralform: *Il-Moran*
mzee	Ein alter oder älterer weiser Mann
mzungu	Ein Kaukasier oder Europäer
nyika	Die Busch-Wildnis, die sich wie ein breites Band von der Küstenregion bis zum Hochland im Landesinneren erstreckt.
shamba	Ein Farmgrundstück mit Haus

shifta	Somali-Banditen, die sowohl aus Somalia als auch, noch häufiger, aus dem Nordosten Kenias stammen.
shuka	Die lange, farbenfrohe Toga, die von Massai-Männern getragen wird.
toto	Ein kleines Kind
Wakamba	Häufig auch nur als *Kamba* bezeichnet. Diese Gruppe ist der viertgrößte Volksstamm Kenias und bewohnt das ausgedehnte Buschland nördlich und westlich des Tsavo-East-Nationalparks. Sie lebte traditionell von der Jagd und vom Fallenstellen, hat sich aber heute mehr oder weniger erfolgreich auf Ackerbau und Viehzucht verlegt.
Waliangulu	Ein kleiner Stamm eines ehemaligen Jägervolks, das die Gegend zwischen der Ostgrenze des Tsavo-East-Nationalparks und der Küste bewohnt. Während die Stammesmitglieder heute Bauern am Existenzminimum sind, die auch einige Ziegen und Schafe halten, waren sie historisch gesehen berühmte Elefantenjäger und Meister im Umgang mit dem Langbogen und ihren Giftpfeilen.
Wata	So nennen die Waliangulu den eigenen Stamm. Das Wort bedeutet: »das Volk«

Danksagung

Susie Caldwell, meine rechte Hand bei meinen Unternehmungen, bewies auch bei diesem Projekt wieder einmal ihre vielfältigen Talente, lektorierte das Buch und kommentierte meine Ideen. In der letztgenannten Funktion war sie das, was Hemingway als wesentliches Instrument für gutes Schreiben ansah, nämlich »ein eingebauter unerschütterlicher Stuss-Aufspürer«.

Ohne die anfängliche Unterstützung durch John Wilcox von American Adventure Productions, Peter Englehardt vom Outdoor Life Network, Michael Crooke und George Grabner von der Kelty Pack Company wäre der Marsch vom Kilimandscharo zum Meer nie verwirklicht worden. Ermutigung zum Schreiben dieses Buches gaben mir meine Agentin Susan Golomb und meine Freundin Ann Clark. David Sobel vom Verlag Henry Holt befürwortete unser Projekt, bevor die Wanderung abgeschlossen war. Wie ich, war er der Ansicht, dass ich die Geschichte eines abenteuerlichen Marsches durch Ostafrika aufschreiben würde. Was letztlich entstand, war etwas ganz anderes, als wir beide ursprünglich gedacht hatten.

Es gab fünf Personen, die uns auf Teilstrecken des Trecks begleiteten und denen ich für ihre Kameradschaft danken möchte: Michael Crooke, Dan Emmett, Pete Trevor, Clive Ward und Dave Simpson. Zudem war Pete Trevor sehr hilfreich bei der Planung und Festlegung der Routen, während Dave Simpson, als Herausgeber von *Swara*, der Publikation der East African Wildlife Society, mit Recherchen und Ratschlägen half. Pete Fuszard möchte ich dafür danken, dass er die Videodokumentation unseres Trecks angefertigt hat und den ganzen Weg mit uns gegangen ist, auch wenn ihn Iain Allan damit aufgezogen hat, dass er von Loitokitok einige Meilen in einem Land Cruiser mitgefahren ist, um den Kilimandscharo in einer Totalen ins Bild zu bekommen. Lucile Ford aus Nairobi war eine enorme Hilfe bei Recherchen, trug Archivfotos zusammen, arrangierte Interviews und half mir, als gute Freundin der Woodleys mit einer herzlichen Zuneigung zu Bill, besser zu verstehen, was für eine Art Mensch er gewesen war.

Ich danke allen, die sich für Interviews zur Verfügung stellten: Ian Parker, Pete Jenkins, Stephen Gichangi, Joe Kioko, Daphne Sheldrick, David Western, Peter Beard, Bill Stanley, Ted Goss, Jared Diamond, Jay Mellon, Judy Destri, Richard Leakey, Patrick Hamilton, Jon Bowermaster, Joyce Poole, Benjamin Woodley, Brian Heath, Tony Dyer.

Viele der in diesem Buch verwendeten Fotos wurden von Peter Beard beigesteuert und von seinem Assistenten Rick Burkoff zusammengetragen: Sie sind ein aussagekräftiger Beitrag zu diesem Werk, und ich danke Peter von Herzen dafür. Pete Jenkins, Ian Parker, Mohamed Salim, Daphne Sheldrick, Clive Ward, Bongo, Danny und Benjamin Woodley gestatteten mir ebenfalls großzügig, Bilder aus ihren Sammlungen zu übernehmen. Dank gilt auch dem Field Museum of Natural History für das Foto von Col. J. H. Patterson sowie Curt Grosjean von The Darkroom in Northridge, Kalifornien, für die stets exzellente Arbeit beim Entwickeln der Filme.

Ich danke Jon Bowermaster, Joanna Greenfield, Jay Mellon, Ian Parker und Daphne Sheldrick für die Genehmigung, aus ihren Werken zu zitieren, sowie allen anderen, die Zitate genehmigten. Die Unterstützung durch das Team von Adventure Photo and Films und ihr Engagement in der Agentur während meiner Abwesenheit war unentbehrlich. Die Kelty Pack Company rüstete uns hervorragend mit Zelten, Rucksäcken und Schlafsäcken aus. Weitere Ausrüstungsgegenstände wurden großzügig zur Verfügung gestellt von: La Sportiva Boots, Camelbak Hydratationssysteme, Patagonia Bekleidung, Leki Wanderstöcke und Chukar Cherries Snacks.

Dank an Clement Kahin, George Njoroge, Joseph Wanaina, Bernard Kyongo, Evans Mutiso und Kanau Warui von Tropical Ice in Nairobi für die Versorgung unseres Trecks im Feld und im Camp. Ein besonderer Dank gilt meinen Kameraden, die die gesamten zweihundertfünfzig Meilen vom Gipfel des Kilimandscharo bis zum Indischen Ozean mit mir gingen: Mohamed Hamisi, David Lokiyor, Danny Woodley, Bongo Woodley, Iain Allan, Pete Fuszard. Ein abschließender Dank ist meiner Frau Jennifer und den Kindern – Connor, Cameron und Carissa – vorbehalten, weil sie mir so geduldig gestatten, meinen Vorlieben nachzugehen.